Wieck · Untergang Königsbergs

Wiecki: Untergang Konigsbergs

MICHAEL WIECK

Zeugnis vom Untergang Königsbergs

Ein »Geltungsjude« berichtet

—

Mit einem Vorwort
von
SIEGFRIED LENZ

Programm
»HEIDELBERGER VERLAGSANSTALT«
im Universitätsverlag C. Winter Heidelberg

Sechste Auflage
Mit 37 Abbildungen

Die Deutsche Bibliothek – CIP-Einheitsaufnahme

Wieck, Michael:

Zeugnis vom Untergang Königsbergs :
Ein »Geltungsjude« berichtet / Michael Wieck.
Mit einem Vorw. von Siegfried Lenz. –
6. Aufl. – Heidelberg : Winter,
Programm Heidelberger Verl.-Anst., 1996

ISBN 3-8253-7086-0

Gesamtherstellung: HVA Grafische Betriebe, Heidelberg

Umschlag: Axel Siefert, Art + Design

Inhaltsverzeichnis

Vorwort

»Mit zwei Juden — es waren Ärzte — begann diese Gemeinde 1540 zu existieren« — gemeint ist die jüdische Gemeinde in Königsberg —, »und mit der Evakuierung von zwei Juden im April 1948 fand eine 408jährige städtische Religionsgemeinschaft ihr wohl endgültiges Ende.«

Der Mann, der uns dies in Erinnerung ruft, der Autor dieses Buches, war einer der beiden Letzten, der seine Stadt verließ. Wie durch ein Wunder hatte er überlebt. Gezeichnet in einer Zeit der Verblendung, bedroht von »Gesetzen«, die das Verbrechen zum Recht erhoben, jeden Tag gedemütigt und gefährdet, überstand er die Kriegs- und die Leidenszeit des Nachkriegs. Wer das hinter sich gebracht hat, muß wohl dem alten Auftrag folgen; er muß hingehen und erzählen, was er gesehen, gehört hat, er muß Zeugnis geben. Wir sind es denen, die stimmlos geworden sind, schuldig, daß gewisse Erfahrungen nicht vergessen werden.

Michael Wieck, der als Kind den Judenstern tragen mußte, hat an sich selbst erfahren müssen, wieviel ungleiches Schicksal ein hybrider Rassenwahn über die eigene Familie bringen kann. Er, der damals für rechtlos Erklärte, zählt zu seinen Verwandten nicht nur spätere Opfer von Auschwitz und Theresienstadt, sondern auch Wehrmachtsoffiziere und eine gelegentliche Tischdame Hitlers. Welch eine Zeit, die solch unerhörte, solch tragische Konstellation möglich sein ließ.

Mit der Empfindlichkeit, die aus früh begriffener

Gefährdung kommt, reagiert der Junge auf seine Umwelt. Er liebt seine Stadt Königsberg; Ferienreisen zur Nehrung oder an die samländische Küste sind für ihn höchstes Glück; viel bedeuten ihm Freundschaften in der Schule; doch auf einmal wird er gewahr — und es ist wie ein Stich ins Herz —, daß er in den Augen seiner Mitschüler ein anderer ist, ein Fremder, der ihrer Gemeinschaft nicht angehören kann. Das Gift amtlicher Propaganda zeigt seine Wirkung. Er erträgt die Schikanen und Demütigungen, er erduldet die Spielarten offiziell verfügter Feindseligkeit, fassungslos zunächst und schließlich mit Hilfe einer Macht, in der er Trost findet. Es ist die Musik. Aufgehoben in seinem Gottesglauben, entdeckt der Junge die unglaubliche, kraftspendende Welt der Kunst. Sie wird zum Wunder der Selbstbehauptung in extremer Lebenssituation.

Dennoch wird er nicht zum Weltflüchter; zu furchtbar sind die Erfahrungen, die die Wirklichkeit draußen für ihn bereit hält, er nimmt alles zur Kenntnis, was eine tobsüchtige Macht über die Menschen bringt: von der existenziellen Not bis zur Deportation und zum industriell praktizierten Mord. Als sich nach dem Ausbruch des Krieges die Judengesetze verschärfen, ist das Bewußtsein des Jungen für die eigene Lage so geschärft, daß er nurmehr mit einer Befristung seiner Tage rechnet. Welch eine Haltung er in dieser Phase der Befristung zeigt und wieviel er noch bereit ist, auf sich zu nehmen, das ist nicht allein ein Anlaß zum Erstaunen, es bestätigt außerdem die Erkenntnis, daß Endzeiterwartung nicht unbedingt zur Selbstpreisgabe oder Lähmung führt.

Nichts bleibt dem Jungen mit dem Stern erspart, weder Zwangsarbeit noch Hunger, weder Angst um die Seinen noch der Einbruch des Absurden — als nämlich eine blinde Bürokratie ihn in ein Musterungslokal bestellt. Während die vertrauten Menschen seiner Religionsgemeinschaft nach und nach abgeholt werden – von einer mörderischen Politik zum Tode bestimmt –, entwirft er sich, bang und mit aller Ungewißheit, eine Überlebensstrategie. Und je länger der Krieg dauert, und je erkennbarer es wird, daß die deutschen Heere sich totgesiegt haben, desto mehr wächst die Hoffnung, die Zeit der Finsternis zu überstehen. Doch glatt und auf ersehnte Weise wird diese Hoffnung nicht eingelöst: Alliierte Bombenangriffe auf die Stadt, die Wochen der Belagerung durch die sowjetische Armee, und nicht zuletzt die Begegnungen mit den Siegern führen dem Jungen vor Augen, daß das Lebensrisiko nicht abgenommen hat. Nach dem Ende des Krieges wartet auf ihn sogar die Erfahrung, daß alle Leiden, die er erdulden mußte, keineswegs anerkannt werden.

Wo alles Leben reduziert ist auf Sattwerden und Warmwerden, wo es in kalten Ruinen darauf ankommt, den nächsten Tag zu erreichen, da blühen List und Schlauheit und auch Gewalt, und der Junge, der dem Schlimmsten entkommen ist, dem die Musik immer noch Trost und Zuflucht bedeutet, entdeckt an sich Fähigkeiten, die ihn selbst überraschen. Aus dem Überlebensstrategen wird ein Überlebenspraktiker, der sich listig und furchtlos vom Sieger holt, was zur Deckung der bescheidensten Bedürfnisse notwendig ist. Es ist nur verständlich, daß er einmal auf einem Tiefpunkt ein Gelübde ablegt: falls es ihm gelingen sollte, alle Not zu überstehen – so schwört er –, werde er sein Leben lang »glücklich, dankbar und zufrieden sein«. Es gelingt, und als einer der beiden Letzten darf er seine Stadt verlassen, ausreisen, wie es heißt.

Die Euphorie dieser Ausreise, die großen Erwartungen, Familiengründung und wechselnde Berufs-

und Lebenssituationen beschreibt der Autor in einem knapp gehaltenen Anhang, oder doch in einem Schlußteil, der wie ein Anhang anmutet. Die zentrale Erfahrung seiner Existenz bleibt mit der Stadt Königsberg verbunden. Hier fand er zu sich selbst. Hier ging er durch's Feuer. Hier gelang es ihm, sich zu behaupten.

Michael Wieck ist ein bedachtsamer Schilderer seines Schicksals. Er stellt Ereignisse kontrastierend gegeneinander, fragt nach der Gleichzeitigkeit von Geschehnissen. So hebt er etwa hervor, daß zur Zeit seiner Einsegnung (Barmizwa), da er Gott zugeführt wurde, Göring den Auftrag an Heydrich gab, eine »sachliche und materielle Gesamtlösung der Judenfrage« vorzubereiten. Oder er läßt uns die Tragödie ahnen, wenn er den Besuch eines dekorierten Verwandten in Offiziersuniform beschreibt, dem er, der Sternträger, zuhört. Sich selbst als Beispiel nehmend, beschreibt er die Folgen des Antisemitismus; er spürt seinen Wurzeln nach, befragt die Meister der Verdrängung und kommt oft genug zu erschütternden Bilanzen. Er erzählt im Imperfekt, doch bei jeder Szene, die für sein Leben von Bedeutung ist, fällt er ins Präsens – gerade so, als möchte er einer Schlüsselerfahrung Dauer verleihen oder signalisieren, daß sie ihn immerfort begleitet.

Die Urteile, die er fällt – über die Mächtigen und ihre Mitläufer, über Opfer und Sieger –, offenbaren einen eindrucksvollen Geist der Gerechtigkeit. Daß alle geschichtlichen Prozesse ihrer eigenen Kausalität unterliegen, verliert der urteilende Autor nie aus dem Blick, und deshalb fragt er sich, zum Beispiel, zitternd in dem Keller seiner zerstörten Stadt, ob nicht die Granaten und Bomben, die Königsberg den Tod bringen, als Antwort angesehen werden müssen für das, was deutsche Invasoren in Leningrad und in hundert anderen Städten der Sowjetunion verübt haben. Er fragt und fragt, entsetzt manchmal, kaltblütig und auch furchtsam und mutig, und alles Fragen führt ihn immer wieder zu dem Eingeständnis, daß nur Vernunft und Toleranz eine Hoffnung für unsere Fortdauer bieten. Bei aller Erschütterung, die er hervorruft, ist Michael Wiecks Buch in diesem Sinne ein Appell.

SIEGFRIED LENZ

MICHAEL WIECK

Zeugnis vom Untergang Königsbergs

Ein »Geltungsjude« berichtet

———

Prolog

Meine beiden Großväter habe ich nicht mehr kennengelernt, und der zufällig entdeckte Lebenslauf von Arnold Hulisch — Mutters Vater — füllte nur eine Schreibmaschinenseite. Großvater berichtet da mit merklichem Stolz von seinen Vorfahren, die einer lange zurückzuverfolgenden Rabbinerdynastie entstammen, aber auch von seinem Ingenieurstudium, sowie der ersten Tätigkeit als Eisenbahnbauer. Doch was schwingt dann in der Aufzählung seiner wichtigsten Lebenserfolge alles mit: »... darf ich noch hinzufügen«, schreibt er, »daß ich bei der Inskription 1864 seit langem der erste jüdische Bauakademiker war und auch noch den ominösen für Juden bestimmten Simonschen Revers unterschreiben mußte, der aber nach der hannoverschen Annexion aus meinen Akten verschwand. Entsprechend war ich für lange in Preußen der erste jüdische Regierungsbaumeister. Ich habe es gegenüber den hergebrachten antisemitischen Verdächtigungen für meine Pflicht gehalten, alle Gewinnchancen — vielleicht mehr als nötig und klug — zu vermeiden. Es ist aber fraglos, daß mein Festhalten am Glauben und namentlich der Antisemitismus der achtziger und neunziger Jahre mich in jeder Weise sehr geschädigt haben.« Und dann kommen Resignation und das Ende sehr schnell: »... von unseren sechs Kindern blieben nur die drei im Testament genannten Töchter am Leben. 1890 wurde meine Ehe auf den (anscheinend nicht notwendigen) Antrag meiner Frau (wegen — angeblicher — unüberwindlicher Abneigung) gerichtlich getrennt. Ich ließ später noch eine jüdische Trennung folgen.

Frühjahr 1897 nahm ich infolge tief gesunkenen Kräftestandes in Frieden und Ehren meinen Abschied, so daß ich seitdem meiner Gesundheit und meinen Kindern leben konnte ...« (Das ›Vermeiden von Gewinnchancen‹ bedeutete den Verzicht auf angemessene Entlohnung, und die ›unüberwindliche Abneigung‹ war eine der gerichtlich anerkannten Scheidungsformeln.)

Bedauernswerter Großvater. Mit 52 Jahren war seine Kraft verbraucht, sein Mut gebrochen, die Ehe gescheitert.

Oma Jenny − seine Frau − erlebte ich noch. Sie starb, als ich sechs Jahre alt war. Ganz gut erinnere ich mich daran, wie dominierend ihre stille Persönlichkeit sein konnte.

Mutter, blond und blauäugig, war von kleiner Statur, aber ihre Bewegungen und auch der Gang wirkten immer großräumig. Obwohl mit gutem Verstand begabt, waren ihr die Gefühle wichtiger. Gefühlvoll sprach, musizierte und handelte sie. Sie war idealistisch, bescheiden und unpraktisch; ganz Musikerin, kaum Hausfrau, manchmal asketisch genügsam, aber auch ganz schön eigensinnig. Die Geschehnisse werden uns eng miteinander verknüpfen.

Wie anders dagegen die Großeltern Wieck. Selbstbewußt, wohlhabend, allseits geachtet. Auch er war Ingenieur und zufällig zur selben Zeit in Rumänien beim Eisenbahnbau tätig wie Großvater Hulisch. Vielleicht haben sie sich sogar gekannt. Später wurde er Direktor, Amts- und Gemeindevorsteher in Berlin-Grunewald, wo es eine Zeitlang zu seinen Ehren eine Bernhard-Wieck-Straße gab, die heute in einen Park umgewandelt ist. Neben ihm blieb Großmutter Wieck im Hintergrund. Sie war Schwedin, eine geborene Palme, Großtante von Olof Palme, dem Kopf der schwedischen Sozialdemokraten, der 1986 ermordet wurde.

Vater sah in seinen besten Jahren wie die Männer aus, die Manet so oft malte. Er war gut gewachsen, immer gepflegt, hatte dunkle Haare, trug Bart und korrekte Kleidung. Man konnte den Eindruck haben, daß er den kultivierten Menschen mit Geist und Anspruch herauskehren wollte. Oft sprach er von seinem Elternhaus, in dem Brahms und Clara Wieck-Schumann – eine entfernte Verwandte – zu Besuch waren und Joseph Joachim mit seinem Streichquartett geprobt hatte. Denn die Großeltern Wieck lebten in einem geräumigen Haus – in der Hertha-Straße 4 – und nicht weit davon entfernt stand die Villa der Familie Mendelssohn, in der ebenfalls Künstler jener Zeit logierten und musizierten.

Diese beiden Häuser, so erzählte Vater, waren Treffpunkte, fast schon Zentren der musikalischen Aktivitäten in Berlin. Aber auch die Maler Max Liebermann und Adolph v. Menzel prägten sich meinem 1880 geborenen Vater ein. Wenn er frühere Zeiten beschwor, war immer alles herrlich und schön, auch wichtig und bedeutsam. Seine Generation tat sich ja noch schwer, über die Schattenseiten des Lebens, über Schwächen und womöglich auch Versagen zu sprechen, und der scheinbar ungetrübte Stolz bekam dann auch für mich eine positive Bedeutung: nämlich die, daß nach Talent und Begabung gar nicht erst gefragt zu werden brauchte. Wer aus so einer Familie stammt, der war auf jeden Fall zu Höherem berufen, da konnte gar nichts schiefgehen; und das war kein schlechtes Erbe, es war dann sogar ein äußerst hilfreicher, kraftspendender Trugschluß nicht nur für den werdenden Musiker.

Glücklicherweise fielen mir die Kriegserinnerungen (1870/71) meines Großvaters Bernhard Wieck erst sehr viel später in die Hände. Was für eine Überraschung. Nun verwandelt sich nämlich mein verklärter Ahnherr in einen konservativen, deutschnationalen Spießbürger, der er für damalige Verhältnisse sicherlich nicht einmal war. Seine Kriegserinnerungen sind auch in Reimen verdichtet. Strophe 8 und 9 seines vielstrophigen Epos hören sich so an:

> Denn Fritz gab dem Raubgesindel
> Tüchtig etwas auf den Bündel;
> Willem steckt die grande nation,
> Frossard, Bazaine, Mac-Mahone
> Canrobert, Napoleone
> Alle, alle ins Prison.
>
> Dann kam noch die Republique
> Mit 'ner neuen Räuberklique
> Turkos, Spahi, Gum, Zephyr.
> Alle wurden sie gehauen
> Heut noch tut man sie verblauen
> Riesengross ist das Pläsir.

Selbst wenn es — wie er schreibt — humorvoll gemeint und ein Gelegenheitsgedicht war, was schwingt auch hier alles mit! Hurra-Patriotismus, Kriegsheldentum, das Bewußtsein, in jedem Fall etwas Besseres zu sein, und die Verachtung aller anderen. — War das nicht schon der Boden für die späteren Auswüchse? In der Tat bedurfte es nur noch zweier Generationen, und Halbbruder Peter — Sohn aus Vaters erster Ehe — wurde ein erfolgreicher, vom Nationalsozialismus überzeugter Wehrmachtsoffizier, der auszog, die Welt zu beherrschen, während ich dem Bestreben der Nazis, mich ›auszumerzen‹, nur knapp entkam. Ausmerzen war ein Ausdruck, den der spätere Nobelpreisträger Konrad

Lorenz benutzte, als er 1940, in einem Aufsatz, die nationalsozialistische ›Rassenpflege‹ aufforderte, »Fremdrassige züchterisch auszuschalten« und »auf eine noch schärfere Ausmerzung ethisch Minderwertiger bedacht zu sein, als sie es heute [1940] schon ist«. Das war ein Jahr nach dem Beginn der Euthanasietötungen und eineinhalb Jahre vor der Wannseekonferenz, auf der die physische Vernichtung aller Juden beschlossen wurde. –

Für mich spielfreudigen und lebensfrohen Jungen wurde es dann ein paradoxer Zustand, einerseits mit bewunderten Persönlichkeiten verwandt zu sein, andererseits zu den offiziell Verfemten zu gehören. Die Tochter des Bruders meines Vaters – Cousine Dorothea Wieck – war als gefeierte Filmschauspielerin der dreißiger Jahre mehrfach die Tischdame Hitlers, während wenig später Tante Fanny in Auschwitz oder Riga, Tante Rebekka in Theresienstadt umkamen und Mutters Cousine Lotte Beth sich das Leben nahm, als sie deportiert werden sollte. Und wer denkt, dies sei eine besonders extreme Familiensituation, dem kann ich noch eine Variante des Wahnsinns jener Tage, am Beispiel der Familie meiner Tante Betty, verraten: Großeltern Hulisch hatten drei Töchter, Betty, Miriam und meine Mutter Hedwig. Betty heiratete in München und verlangte 1934 von ihrer Mutter (Großmutter Jenny war 84 Jahre alt), daß sie eine vorverfaßte Erklärung unterschreibe, wonach sie, Betty, nicht ihr leibliches, sondern ein angenommenes Kind sei, jedenfalls nichtjüdischer Abstammung. Großmutter tat es nach einigen Weigerungen und überlebte diesen für sie schweren Schock nicht lange. Tante Betty brauchte diese Erklärung, damit ihre Söhne in Hitlers SA oder SS eintreten konnten. (Zu Bettys Entschuldigung muß ich anfügen, daß ihr Mann und ihre Söhne sie zwangen, so zu handeln.)

Selbstverständlich brach jeder Kontakt zu ihnen ab, und ich weiß weder wie es ihr, noch wie es ihren Söhnen weiterhin ergangen ist. Denkbar ist nun auch, daß meine Cousins diejenigen waren, die ihre nahen Verwandten mütterlicherseits zu Tode brachten. Wahrlich ein Gedanke, der den Stoff für klassische Tragödien abgeben könnte. –

Kurz bevor ich im Juli 1928 geboren wurde, traf Mutter den Königsberger Rabbiner Lewin. Ihn fragte sie nach der Religionszugehörigkeit ihrer Kinder. »Jedes von einer jüdischen Mutter geborene Kind ist jüdisch«, war seine Antwort. So wurden meine 1925 geborene Schwester und ich bei der jüdischen Gemeinde angemeldet und jüdisch erzogen. Aus diesem Grund bezeichneten uns die Nazis später als »Geltungsjuden«. Wir wurden allen für Juden ersonnenen Gesetzen unterstellt und mußten später mit dem gelben Judenstern gekennzeichnet herumlaufen. Das blieb christlich erzogenen Mischlingen erspart, und vielleicht deshalb wurden diese zynisch »Privilegierte« genannt.

Nach dem von Fritz Gause verfaßten Buch »Königsberg in Preußen« dürfte ich eigentlich nicht mehr am Leben sein. Er schreibt:

Ihr [der Juden] Schicksal ist ebenso unbekannt wie ihr Ziel und Einzelheiten des Abtransportes. Niemand von ihnen hat das Grauen überlebt. Soweit Königsberger Juden noch am Leben sind, handelt es sich um solche, denen die Auswanderung vor dem Krieg geglückt war.

Tatsächlich gibt es nur noch einen Sternträger aus Königsberg, der Verfolgung, Krieg und die russische Besatzungszeit überlebt hat.

Andererseits soll ich als einer der Zivilisten in der belagerten Stadt Königsberg durch die edle Handlungsweise des Festungskommandanten, General

Lasch, gerettet worden sein. In seinem Buch »So fiel Königsberg« steht:

Am ausschlaggebendsten aber war für meinen nunmehr zu fassenden Entschluß [zu kapitulieren] die Erkenntnis, daß ich bei weiterer Kampfführung nur noch Tausende meiner Soldaten und Zivilisten sinnlos würde opfern müssen. Eine solche Verantwortung aber konnte ich vor Gott und meinem Gewissen nicht mehr tragen. So entschloß ich mich, den Kampf einzustellen und dem Grauen ein Ende zu machen.

So rücksichtsvoll war er leider nicht. Denn gerade, weil er sich nicht rechtzeitig ergab, mußten wir Zivilisten den Großangriff von ca. 250 000 russischen Soldaten und das dazugehörige mörderische Bombardement ertragen. Kapituliert wurde erst, als Königsberg nach monatelanger Einkesselung und dreitägigen verlustreichen Straßenkämpfen verloren ging und die Russen vor General Laschs sicherem Bunker angelangt waren. –

Der Untergang der jüdischen Gemeinde und danach einer ganzen Stadt wird letztlich ein Vorgang bleiben, den man nicht beschreiben kann. Viele Geschehnisse gleichen bösen Geistern, die man, einmal beschworen, so schnell nicht wieder loswird. Das gilt auch für die Erinnerung daran, wie sich ein dreizehnjähriger Junge fühlt, den man unter Androhung der Todesstrafe zwingt, einen Judenstern zu tragen – ein Kainsmal, das ihn aus der Gemeinschaft der Mitmenschen aussondert und zum Freiwild macht.

Ich entging gerade noch der ›Endlösung‹, um dann, nach der Eroberung Königsbergs durch die Rote Armee, in Stalins Hände zu fallen. In dreijähriger russischer Gefangenschaft teilte ich die Not und Entbehrungen, die die verbliebene Königsberger Bevölkerung um 80 Prozent dezimierten, fast völlig auslöschten. Erst ließ Hitler die Juden, dann Stalin die Ostpreußen vernichten. In den Kellerräumen des sowjetischen Konzentrationslagers »Rothenstein« erreichen alle Qualen einen Höhepunkt. 25 Jahre später — als ich erster Konzertmeister des «Stuttgarter Kammerorchesters« geworden war — begrüßte mich Stalins Genossin und langjährige Kulturministerin, Frau Jekaterina Furzewa, als Ehrengast. Wir gaben gerade erfolgreiche Konzerte in Moskau und Leningrad.

Die Zeit davor füllte das intensive Studium aus, geschah die Blockade Berlins, heiratete ich und widmete mich den mit großen Hoffnungen unternommenen Bemühungen, im zertrümmerten Deutschland eine kulturelle Wiedergeburt zu fördern. Fricsay, Klemperer, Ansermet und Celibidache — unter vielen anderen — dirigierten das Radio-Sinfonieorchester Berlin, dessen jüngstes Mitglied ich wurde. Die ersten Konzertreisen führten in das noch kurz zuvor von Hitler überfallene und zerstörte Ausland. Sie waren ein zaghaftes Werben um Vergebung und Versöhnung. Vor den Konzerten wurden wir ausgepfiffen, danach begeistert beklatscht. Das waren beglückende Beweise für die versöhnende Kraft der Musik.

Jedoch die bitteren Erinnerungen, ein innerer Zwiespalt und der Westberlin einschließende Mauerbau veranlaßten mich, 1961 ein Angebot der »University of Auckland« anzunehmen. Anläßlich einer Konzertreise bat man mich, die erste und einzige Violinklasse in Neuseeland zu übernehmen.

Aber dann, nach sieben Jahren Heimsuche am anderen Ende der Welt, als ich entdeckte, wie sehr sich Menschen überall gleichen, zog es mich wieder nach Deutschland zurück. Dort nur, im Lande der Dichter, Denker — und leider auch Täter, finde ich jene lebensnotwendige Nahrung, die meine Musikerseele braucht.

Ein schicksalsbedingt zwiespältiges Verhältnis zu ›den Juden‹, ›den Christen‹, ›den Deutschen‹, ›den Russen‹ wird mich hoffentlich davor bewahren, einseitig zu berichten. Auf die Genauigkeit meiner Erinnerungen an alle wesentlichen Ereignisse und Empfindungen kann ich mich verlassen. Sie sind mir noch gegenwärtig und nur zu lebendig. Ganz frei von Emotionen werde ich aber nicht sein. Besonders gegenüber zwei Persönlichkeiten, die in Königsberg wirkten: Professor Konrad Lorenz und General Otto Lasch. Stellvertretend für viele andere kritisiere ich sie scharf. Es ist ihnen hinterher so gut gelungen, sich ein Image als Moralist bzw. Märtyrer zu verschaffen, obwohl beide an meinem und vieler Menschen Elend beteiligt waren, und zwar in einer für die damalige Zeit typischen, verhängnisvollen Weise — in einem Fall geistig, im anderen militärisch.

Die schrecklichen Geschehnisse von gestern können gar nicht eindringlich genug vor Augen führen, daß immer erst die Gewalttäter in Gedanken, Wort und Schrift ihr Werk verrichten, bevor dann die Gewalttäter mit Fäusten und Waffen das Quälen und Töten zu Ende bringen. —

Voll großer, tiefer Trauer denke ich an alle die so früh umgekommenen Schulfreunde, die Verwandten und die vielen Millionen Opfer menschlichen Irrwahns und hemmungslosen Machtmißbrauchs. Vielleicht kann ich zu ihrem Andenken beitragen. Auch haben sie uns doch noch viel zu sagen!

Tante Fanny

Bei dem Versuch, mich an die ersten Eindrücke zu erinnern, erscheint Tante Fanny lebendiger und klarer vor meinen Augen als Mutter. Das überrascht mich:

Ich sehe deutlich, wie mich die immer ein wenig ängstliche Tante im Kinderwagen herumfährt, und höre ihre leise Stimme. Sie kommt oft, es kann täglich gewesen sein. Immer ist sie freundlich. Doch ärgert sich da jemand über ihre Ungeschicklichkeit; es wird geschimpft. Wenn sie mich anzieht, muß sie manchmal um Hilfe bitten. Die Hosen-, Schuh- und sonstigen Schnüre machen ihr Schwierigkeiten. Sind wir dann allein auf der Straße, im nahen Park oder in der Sandkiste, erfüllt mich Freude, Glücksgefühl.

Mutter war oft in Eile, unruhig, beschäftigt mit Wichtigem. Sie mußte dauernd zu Proben und Konzerten, und wirklich da war sie nur, wenn sie Geige übte. Dann allerdings durfte ich im selben Zimmer spielen. Ich legte meinen Kopf in ihren Schoß und lutschte am Daumen: Zufriedenheit.

Es gibt da einen schwarzen Flügel, aus dem Töne erklingen: Verzauberung. Mir ist, als will Oma Jenny etwas von mir; leichtes Unbehagen. Ein Teppich, auf dessen Muster ich mit Klötzchen und Holzfiguren spielen kann. Nun taucht Mutter wieder auf. Sie umarmt mich mit temperamentvoller Zärtlichkeit. Auf Vorrat ausgeteilte Mutterliebe? Keine Erinnerungen an Vater. Er wohnt ja auch auf der anderen Straßenseite.

Verwunderlich ist es, daß mir in all diesen Bildern meine drei Jahre ältere Schwester Miriam immer noch nicht erscheint. Auch Großmutter bleibt eigentlich zu sehr im Dunkeln. Hunde, Katzen, Vögel und Pferdewagen sind gegenwärtiger.

Mutters Wohnung in der Goltzallee Ecke Alte Pillauer Landstraße hatte einen langen Korridor, und mein Zimmer war am hinteren Ende. Nachts fühlte ich mich verlassen. Angst, von der ich nicht wußte, woher sie kam, bereitete die ersten qualvollen Stunden.

Überall bewegt sich etwas. Dann entstehen geheimnisvolle Lichter an den Wänden — Vorboten der sich aus der Ferne nähernden Autos, lange bevor sie zu hören sind. Geräusche, Tierlaute, immer fühle ich mich bedroht, und in meiner Hilflosigkeit steigere ich jede nur denkbare Gefahr ins Unerträgliche. In höchster Verzweiflung rufe ich — schreie. Ganz selten kommt Mutter, die ihr Zimmer am anderen Ende des Korridors hat und sicherlich oft auch gar nicht zu Hause ist.

Sie war Bratschistin im »Königsberger Streichquartett«, und Vater spielte darin die zweite Geige. Er organisierte alles, plante Proben und Konzerte. Sie gaben Beethoven-Zyklen und reisten bis nach Berlin. Sogar einen Bund für neue Tonkunst gründeten sie, und nach vierzig und mehr Proben wurden Hindemiths und Schönbergs Quartette erstaufgeführt. Außerdem hatten beide Eltern viele Schüler und mußten ständig üben. Deshalb wohnten sie getrennt, denn schalldicht waren ihre Zimmer nicht.

Mit drei Jahren — so wurde mir später erzählt — überquerte ich die Straße und klingelte oder klopfte an dem Haus, in dem Vater wohnte. Als jemand öffnete, fragte ich: »Ist der Wieck zu Hause?« Meinen Vater nannte Mutter eben noch aus langjähriger kollegialer Angewohnheit ›den Wieck‹. Jedoch so sehr ich mich anstrenge, die ersten Erinnerungen sind vaterlos, und etwas fremd blieb mir ›der Wieck‹ dann auch sein ganzes Leben lang.

Einige Zeit später ist Ostern. Die Nachbarn, zu denen ich manchmal gebracht werde, lassen mich unter einem in der Kommode sitzenden Stoffhasen kleine Zuckereier finden. Doch hauptsächlich schaukele ich auf der im Türrahmen befestigten Schaukel. Das finde ich herrlich.

Ab und zu geht die Nachbarin nachsehen, ob der Hase wieder etwas gelegt hat. Dabei versteckt sie, von mir unbemerkt, die neuen Eier, die ich beim nächsten Nachsehen finde. Ständig geschieht Merkwürdiges, Erstaunliches, und in verwandelter Weise hat sich das bis heute nicht geändert. —

Wir feiern Chanukka. Jeden Tag wird ein neues Licht angezündet. Acht Lichter, acht Feiertage. (Chanukka soll an die Befreiungskämpfe der Makkabäer und die Wiedereinweihung des Tempels erinnern. Das war 165 v.Chr., als bei den Feierlichkeiten zu aller Verwunderung und Freude das heilige Lämpchen auch ohne Öl — das man nicht hatte — acht Tage lang brannte.) Tante Rebekka kommt. Sie ist immer dunkel angezogen, ernst und ruhig. Großmutter und Rebekka tun alles bedächtig und bewegen sich würdevoll. Wie sehr ähneln sich die Schwestern. Dann Unbehagen durch Vater, der, zwar noch ziemlich blaß, in die Erinnerungsbilder eindringt. Er schmückt den Weihnachtsbaum, hat dabei aber schlechte Laune. Findet in Kleinigkeiten Anlaß zu brummeln und zu nörgeln; Enttäuschung, Zigarrengeruch.

Ich erinnere mich an viel Schnee und Schneeburgen, Schneemänner und große Pferdeschlitten mit Glockengeklingel. Manchmal — einige Zeit später — hängen mehrere Kinderschlitten an so einem Pferdegespann. Meine Schwester Miriam taucht in diesem Zusammenhang auf. Sie ist geschickt und flink. Drei Jahre älter als ich, versteht sie es, den Schlitten, auf dem ich sitze, nachlaufend an solche Schlittenschlangen anzuhakeln. Großes Entzücken über hin und her schlingernde Schlittenfahrten. Später schmerzen kalte Finger, die unter fließendem Wasser auftauen. Die unterkühlten Füße jucken. Heißer Kakao und süßer Kuchen trösten.

Von dem beruflich angespannten Vater erlebte ich nur selten Momente väterlicher Zuneigung und Aufmerksamkeit. Auch verhinderten sicherlich täglich wachsende Sorgen die sehnlichst gewünschten Gemeinsamkeiten, oder vielleicht mußte ein Kind erst zum Gesprächspartner heranwachsen, damit es ihm etwas bedeutete; ich weiß es nicht. Klar und lebendig erscheint Vater erst nach 1933 vor meinem inneren Auge, als ich immerhin schon fünf Jahre alt bin. Sein Einfluß wird dann deutlich stärker.

Etwas später ist Mutter nur noch zu Hause. Sie durfte nicht mehr in öffentlichen Konzerten und Veranstaltungen spielen. Ihr Quartett löste sich infolgedessen auf. Geldnot zwang die Eltern, in eine billigere Wohnung zu ziehen, und das war für uns alle der Beginn einer sich ins Unermeßliche steigernden Verschlechterung der äußeren und auch der inneren Lebenszustände. —

Aber daß sich meine ersten Eindrücke und Ent-

deckungen so auffällig mit Tante Fanny beschäftigen, beweist mir unsere besondere Verbundenheit.
Da sie unverheiratet blieb, ersetzte ich ihr wohl auch
das eigene Kind. Jedenfalls verbrachte sie viel Zeit
mit mir. Einmal erwähnte Vater, daß Fanny nicht
besonders klug sei. Wahrscheinlich hat man ihr deshalb so wenig Respekt entgegengebracht. Wenn
mich aber jemand fragen würde, wann ich zum ersten Mal bewußt menschliche Zuneigung wahrge-
nommen habe, an die ich mich heute noch erinnern
kann, dann war es bei den Ausflügen mit der liebe-
vollen, fürsorglichen Tante Fanny. Daß mich auch,
wenn ich an sie denke, besonders bitterer Schmerz
befällt, liegt an einem für uns beide erschütternden
Moment, den wir später in Zeiten schlimmer Verfolgung erlebten.

Ich war wohl schon dreizehn Jahre alt, als ich sehr,
sehr schuldig an ihr wurde. Sie suchte und brauchte
meine Hilfe − die sie dann nicht bekam. Das war, als
wir von bewaffneten Posten begleitet in einem langen Zug trauriger Menschen von der Sammelstelle
− einer ehemaligen Reithalle − zum Güterbahnhof
des Königsberger Nordbahnhofs marschierten: Der
Abtransport von Juden hatte schon Monate vorher
begonnen. Meistens in relativ unauffälligen Kontin-
genten. Die erste Zeit brauchten die Königsberger
nichts zu bemerken, wenn sie nicht wollten − und
sie wollten nicht. Anders an jenem Tag. Man hatte
viele hundert Menschen zur selben Zeit an eine bestimmte, zentral gelegene Sammelstelle beordert. Jeder hatte genaue Verhaltensvorschriften zugeschickt
bekommen. Mitnehmen durfte man nur 30 Kilogramm Gepäck. Alle hatten aber mehr. Unglaublich
zu sehen, was man sich für Lasten zumutete. Kein
Zweifel: an diesem Tag gab es in Königsberg viele
schlechte Gewissen. Man konnte die Betroffenheit

einzelner deutlich spüren. Die Vertreibungsaktion war zu umfangreich und blieb niemandem verborgen. Den ganzen Morgen zogen doch die bepackten Juden zu Fuß durch die Stadt. Manche mußten nach wenigen Schritten pausieren, andere behalfen sich mit kleinen Leiterwagen. Ihre Gesichter wirkten leer, resigniert, aber auch angespannt. Diese Verjagten hatten keine Zukunft, auf die sie hoffen konnten. Sie boten einen jammervollen Anblick, der nur äußerlich eine Entsprechung in den späteren Flüchtlingsströmen zerbombter Städte hatte. Als schuldlos Verfemte gingen sie durch Straßen, in denen, von wenigen Ausnahmen abgesehen, die ehemaligen Mitbürger, Patienten, Kunden, Freunde oder Nachbarn untätig daneben standen, zusahen oder wegsahen. Einige ganz gewiß mit bitteren Gefühlen und dem Wissen um das schlimme Unrecht und die eigene Ohnmacht. Aber an den zurückgelassenen Gütern, Häusern, Wohnungen, Möbeln, Büchern und beruflichen Vakanzen profitierte in der Regel bedenkenlos, wer Gelegenheit dazu hatte. –

In diesem Transport waren nicht nur viele meiner Klassenkameraden, sondern auch die von mir so verehrte Deutschlehrerin Rosa Wolff, und die nicht minder verehrte und bereits geliebte Ruth Marwilski mit ihrer ganzen Familie. Meinen Schulfreund und Banknachbarn Manfred Echt traf es auch, Herbert Schimmelpfennig, Siegfried Veit, Heinz Markowsky, Rita Jordan, Julius Rosenstein, Rahel Schlabowski, Irmgard Augstuschalsky, überall sah ich die mir vertrauten Gesichter. Ich war völlig verwirrt und wollte helfen, wollte bei ihnen bleiben, ja am liebsten mit ihnen mitgehen und grämte mich, keinen Sammelbefehl erhalten zu haben.

Man sammelte sich den ganzen Vormittag über. Das Wetter war gut, nur ziemlich kalt. Die große

Halle hatte ein breites, geöffnetes Tor. Dort standen die SS-Männer oder hockten an Tischen mit viel Papier und Aktenordnern. Bei ihnen ging alles sehr korrekt zu, vereinzelt sogar freundlich korrekt, besser: zufrieden korrekt. In der Halle aber herrschte ein schlimmes Durcheinander. Die Menschen saßen auf ihren Koffern oder lagen auf Mänteln und Decken. Es war so voll, daß es kaum Wege zum Durchgehen gab. Alle trugen den Stern, der als immer wieder auftauchender gelber Fleck das zumeist schwarze Gewimmel wie mit einem Muster versah. Auch ich trug diesen Stern genau über dem Herzen, wie es die strenge Vorschrift befahl. Aber selbst mit meinem gelben Stern gehörte ich an diesem Tag nicht zu ihnen. Noch stand ich nicht auf einer das Todesurteil bedeutenden Liste — was verständlicherweise damals niemand wahrhaben wollte. Ich hatte mich zum Abschiednehmen hineingeschmuggelt, und vielleicht nur, weil ich noch ein Kind war, ließen mich die Posten immer wieder die Sperre passieren. Man bat mich ständig um irgendwelche Gefälligkeiten. Es waren noch eilig geschriebene Briefe zu besorgen, und dann wollten einige auf einmal Geldscheine in Münzen umwechseln lassen. Was man sich davon versprach, weiß ich nicht. Angespannt lief ich jedesmal wieder fort, um Geschäfte zu finden, die die Geldscheine wechseln konnten. Geschäftsinhaber und Verkäufer sahen den gelben Stern und verhalfen mir zu den gewünschten Münzen. Die zurückgebrachten Geldstücke wurden sorgsam versteckt.

Da saßen oder lagen sie nun — herausgerissen aus ihren vertrauten Kammern — und bangten einem Schicksal entgegen, über das sie sicher nicht den Mut hatten nachzudenken. Nein, es war bestimmt nicht fehlender Mut, sondern das Gefühl der völligen Sinnlosigkeit, über das Unabwendbare zu spekulieren. Zwar wußten wir von einigen Bekannten, die vorher Selbstmord verübt hatten, zum Beispiel Frau Dr. Gottschalk, Mutters Ärztin, aber war das nicht eine zu vorzeitige Kapitulation?

Irgendwo in der riesigen Halle war auch Tante Fanny. Ich hatte sie aus den Augen verloren. Ständig würgte mich dieser schlimme Abschiedsschmerz.

Und dann kam der Moment, als die vielen Menschen innerhalb weniger Minuten aufbrechen mußten. Ich befand mich in der Nähe von Fräulein Wolff und ergriff sofort ihre weit über dem Limit von 30 Kilogramm liegenden Gepäckstücke. Um jeden Preis wollte ich mit ihnen allen so lange wie möglich zusammenbleiben, nicht allein zurückgelassen werden. Ich wollte helfen. Nur — jetzt hätte ich die Halle endgültig verlassen müssen. Ich ahnte noch nicht die Gefahr, in die ich mich begab. Die Posten waren nun keineswegs mehr neutral und korrekt. Auf einmal wurde kommandiert und herumgeschrien. Plötzlich gab es da eine ganze Kompanie Uniformierter. Die Registrierung und Isolation der Abzutransportierenden war abgeschlossen, und längst hätte ich draußen sein müssen. Stattdessen trug ich das Gepäck von Fräulein Wolff, als sich die Menschenmassen in Bewegung zu setzen begannen. Niemand wußte ja, daß wenige Stunden danach die größeren Gepäckstücke in einen separaten Waggon verladen wurden, der dann abgekoppelt auf dem Bahnhof zurückblieb. (Bei einem anderen Transport, der vom Hauptbahnhof abging, konnten wir dies dann mit eigenen Augen beobachten.) Die geraubten Sachen wurden — nachdem man sicher Wertvolleres selber behielt — an ausgebombte Volksgenossen verteilt.

Doch wo war Tante Fanny? Sie mußte im vorderen Drittel der Kolonne gewesen sein, denn wir waren noch gar nicht sehr lange marschiert — rechts

und links von vielen Abstand haltenden, mit aufgepflanzten Bajonetten bewaffneten Posten begleitet –,
als ich sie plötzlich auf der Bordsteinkante sitzen
sah, mit von großer Anstrengung gerötetem Kopf
und flehentlichem Blick. Sie konnte schon jetzt nicht
mehr weitergehen. Ich wußte nicht, was ich tun sollte, und zögerte viel zu lange. Schon war ich einige
Schritte an ihr vorbei, bepackt mit all dem schweren
Gepäck, welches meine alte Lehrerin niemals allein
hätte weitertragen können. Die Kolonne schob mich
voran und erschwerte ein Stehenbleiben. Ganz kurz
drehte ich mich noch einmal um, und wieder begegneten sich unsere Augen, traf mich ihr bittender und
nun auch vorwurfsvoller Blick – zum letzten Mal,
denn ich sah sie niemals wieder.

Was hätte ich tun können, tun müssen? Aus der
Kolonne heraustreten? Mich um sie kümmern? Sie
umarmen? Zu trösten versuchen? Bei ihr bleiben, bis
sie Hilfe bekommen hätte, gleich, was unsere Bewacher befahlen oder androhten? Unfähig zu handeln,
marschierte ich weiter. Dieser Moment wurde zum
Trauma, hinterließ zwei zutiefst verletzte Herzen;
eine Verletzung, die bei mir – durch das Schuldge-
fühl zusätzlich verschlimmert – niemals heilen
kann.

Auf dem streng bewachten Bahnhof angelangt,
mußte ich auch an meine Eltern denken, die ja nicht
ahnen konnten, wo ich war und was ich tat. Außerdem hatte ich den größeren Koffer vor dem ominösen Waggon abstellen müssen, den Eisenbahner be-
luden. Fräulein Wolff forderte mich in höchster Sorge auf, den Bahnhof sofort irgendwie zu verlassen.
Es war uns klar, daß die Posten davon ausgingen,
daß alle diese Menschen zu dem Transport gehörten
und die zuvor sorgsam ausgewählten Opfer waren.
So bewirkte meine Erklärung, die ich einem Posten

zu geben versuchte, überhaupt nichts. Auch vom zweiten und dritten Posten wurde ich zurückgewiesen. Fast hätte ich mich schon mit meinem Schicksal abgefunden, da gab mir ein an einer Biegung der Postenkette stehender Soldat einen Wink, so schnell wie möglich zu verschwinden. Ich hörte ihn noch mit dem etwa zehn Schritte weiter stehenden Posten, der den Vorgang beobachtet hatte, Worte wechseln, aber ich lief so schnell ich konnte und war bald auf einer kleinen Brücke außer Sichtweite und unmittelbarer Gefahr.

Atemlähmende Trauer drohte mich zu ersticken. Es war die tränenlose Dimension der Trauer, nicht mehr zu beschreiben. Meine unerklärte Liebe — Ruth — war ebenfalls fort. Ganz vernichtet kehrte ich nach Hause zurück. Zu niemandem konnte ich bisher darüber sprechen.

Irgendjemand wird Tante Fanny noch zum Bahnhof gebracht haben. Vor den Augen der Königsberger gab es damals noch keine Erschießungen, das kam erst später, aber dann entging keiner von ihnen der ›Ausmerzung‹.

Ich versuche mir das Sterben dieser Menschen vorzustellen. Wie verlassen und einsam, wie qualvoll mag es gewesen sein? Warum überhaupt muß auch noch das Sterben qualvoll sein? Mit dem für Menschenschicksale mitverantwortlichen Gott haderte ich schon lange; aber unter all seinen Ungerechtigkeiten auf dieser Welt ist das unterschiedlich schwere Sterben der Menschen diejenige, die ich IHM am meisten übelnehme — viel mehr als die unterschiedlich schweren Leben. —

Es ist nie bekannt geworden, wohin dieser Transport fuhr. Vielleicht zu dem von Ostpreußen gar nicht so weit entfernten KZ Chelmo — in dem die

ersten Gaskammerversuche durchgeführt wurden —
oder Riga, vielleicht auch nach Auschwitz.

Diese Menschen gehörten zu mir, und ich gehörte
zu ihnen. Ihr Abtransport war die Amputation eines
Teils meines Selbst. —

Damit bin ich aber den Ereignissen weit vorausge-
eilt. Wohl deshalb, um mich gleich zu Beginn mit
einem Ruck von jener Erzählsperre zu befreien —
mich sofort auch den sehr schmerzenden Erinnerungen bewußt zu stellen.

Nidden

Mit Vater, Mutter und Schwester Miriam steige ich im Nordbahnhof in die Eisenbahn. Diese Eisenbahn hat noch eine schnaufende, rauchende, pfeifende und Ruß spuckende Lokomotive. Vom offenen Perron sehen die Dörfer so aus, wie wir sie zu Hause mit unserem Spielzeug aufbauen. Wohnhäuser und Scheunen bilden einen Hof, in dem Hühner und Enten herumlaufen. Dicht dabei ist immer ein eingezäunter Gemüsegarten, und dahinter beginnen gleich die verschiedenen Felder. Pferde und Hunde sind überall die wichtigen Lebensgefährten der Menschen, und alles fügt sich harmonisch in eine leicht hügelige Landschaft. Diesen Landstrich nennt man das Samland, und zu Recht lieben die Ostpreußen ihn sehr.

Wir fahren bis Cranz und gehen zum Hafen. Dort bin ich tief beeindruckt vom Anblick eines Dampfers, der mir riesig vorkommt und der uns auf die Kurische Nehrung nach Nidden bringen wird. Beim Überqueren der Landebrücke zum schwimmenden Schiff bin ich voller Erregung und Erwartung.

Wilhelm von Humboldt schwärmte von der Kurischen Nehrung und Nidden, das später so etwas wie ein östliches Worpswede wurde; mit Lovis Corinth, Schmidt-Rottluff, Waske und Pechstein unter den vielen Malern, sowie Humperdinck, Otto Besch, Erwin Kroll und meinen Eltern von der musizierenden und komponierenden Zunft. Man traf sich im Gasthof Blode. Die Bilder, die damals bei Blode herumhingen, wären heute der Stolz so mancher Museen. Thomas Mann hatte sein Ferienhaus in Nidden, und die naturliebende, aber dann von völkischen Heimatgefühlen leicht überschwappende Agnes Miegel soll nicht übergangen werden. Käthe Kollwitz erholte sich in Rauschen, einem anderen idyllischen Ort an der samländischen Küste.

Mehrere Jahre lang verbrachten wir die Ferien auf der Nehrung. In der Erinnerung schmelzen sie zu einem großen Gefühl zusammen, und die wesentlichen Eindrücke dieser Jahre sind stark, vielfältig und bleibend. Das ruhige, flache Haff auf der einen Seite des schmalen Landstreifens, die bewegtere Ostsee auf der anderen. Auf dieser eigenartigen Landzunge mit Sanddünen und Wald gab es Elche, seltene Vögel und urgemütliche, am Haff gelegene Fischerdörfer. Eines davon war Nidden. Eine Versammlung malerischer Häuschen, zum Teil mit Stroh gedeckt, die von liebevoll gepflegten Gärten umgeben waren. Am Haffufer hörte man immerzu Plätschern und Schmatzen; endlos klatschten die kleinen Wellen an die dicken Holzwände der Keitel- oder Kurenkähne. Das sind klobige, breite, kiellose Boote mit Seitenschwertern für flache Gewässer. Auf der Mastspitze hatten sie den Kurenwimpel als Windfahne: ein kunstvoll handgeschnitztes Gebilde voller Symbole und Abbildungen von Gegenständen aus dem täglichen Leben, gleichzeitig so eine Art Familienwappen. Überall waren kleine Anlegestege, aufgehängte Netze, Ruderstangen, Pfeife rauchende Fischer, Hunde und Katzen. Alles roch nach Fisch, der vor den Häusern getrocknet oder am Strand ausgenommen und geräuchert wurde. Zum Räuchern sammelten wir Kinder ›Kruschken‹, das waren die in Unmengen herumliegenden trockenen Tannenzapfen. Als Belohnung bekamen wir einen kleinen, frisch geräucherten Fisch; nichts konnte besser schmecken.

Täglich pilgerten wir zur anderen Seite der Nehrung, um in der Ostsee zu baden. Man badete dort nackt. Die große Freiheit für uns Kinder gab es aber erst am Nachmittag. Dann liefen wir den Fischerjungen nach, die meist Arbeiten zu erledigen hatten, und halfen ihnen dabei oder sahen zu; noch öfter störten wir bloß. Sie fühlten sich uns Städtern überlegen und waren es auch. Schließlich konnten sie ohne Sattel reiten, virtuos staken — mit einem langen Stock Boote dirigieren —, sie konnten buttern, Netze flicken, Hühner und Schweine füttern, barfuß über Stoppelfelder laufen und Dächer reparieren. Sie mußten aber auch Latrinen leeren, und das war nicht ganz ohne: abgebrüht wie sie waren, verpaßten sie uns richtige Schocks. Die Latrinen eigneten sich dafür bestens. Man stelle sich diese Latrinen vor: Sie standen hinter den Wohnhäusern, etwas abgelegen am Kartoffelfeld. Es waren einfache Holzbuden mit zwei Türen, zu denen Stufen führten. Die ausgesägten Herzen — Fenster und Lüftung zugleich — fehlten nicht, und innen war dann die Bank mit dem runden Loch. Darunter, ziemlich tief, die herausnehmbaren Kübel, welche in Abständen zu leeren waren. An die Kübel kam man von hinten heran, indem man große Klappen öffnete, die nicht nur den Blick auf die Kübel freigaben, sondern auch auf die kreisrunden Öffnungen der Sitze. Man mußte nur von unten nach schräg oben gucken. Mit teuflischem Vergnügen hatte Fischers Hans auf den Moment gewartet, bis beide Klos besetzt waren, um mich ganz leise heranzuführen. Dann hob er die Klappe vorsichtig an — ein Blick genügte, um einen unauslöschlichen Eindruck zu hinterlassen.

Abenteuer anderer Art waren Bootsfahrten, Fi-

schen oder Pferde suchen. Die Pferde ließ man nämlich frei, sobald sie nicht gebraucht wurden. Auf
dem schmalen Landstrich war das weiter kein Risiko, außer daß man sie stunden-, ja manchmal tagelang suchen mußte, wenn man sie wieder brauchte.
Zum Transport von Lasten und Personen war der
Pferdewagen das einzige Fahrzeug, wenn man von
den langsamen Booten absah. (Motorverkehr war
auf der ganzen Nehrung verboten.) Hatten wir endlich unsere Pferde gefunden, war das Einfangen die
nächste schwere Aufgabe, die oftmals mißlang,
wenn das Lockbrot vergeblich verfüttert worden
war.

Der Bruder meines Vaters, Karl, war ein hochge-
schätzter, begabter Maler. Aber auch Vater malte
gerne. Oft begleitete ich ihn mit Papier und Pastell-
stiften, und behutsam öffnete er mir die Augen. Ich
begann, Farbschattierungen, Formen, Linien und
Kontraste zu erkennen, und er war es, der in mir den
Sinn und die Liebe für die Malerei weckte. Auch auf
die zahllosen Vogelarten und ihre Rufe und Melo-
dien machte er mich aufmerksam. Aber die Störche
interessierten uns Kinder am meisten. Sie nisteten
auf den Dächern, klapperten laut und waren immer
leicht zu beobachten. Wir gaben ihnen Namen und
suchten Frösche für sie.

Ausflüge führten immer wieder zum Thomas-
Mann-Haus, einem schönen Ferienhaus auf einer be-
wachsenen Anhöhe am Rande von Nidden. Bei diesen Spaziergängen waren manchmal Schepses dabei.
Schepses waren unsere Freunde und hatten eine
Tochter in meinem Alter – Renate. Renate wurde
meine erste Liebe. Das verriet ich, indem ich sie ständig neckte und manchmal zum Weinen brachte, was
mich faszinierte; warum, weiß ich nicht.

Die einzigartig schöne Landschaft der Nehrung

entzückte täglich aufs neue. Feinster goldener Sand türmte sich zu riesigen Wanderdünen, die auf der meerabgewandten Seite fast steil zum Haff herabfielen. Achtzig Meter hoch konnten sie sein, und ganz oben auf dem Kamm stach an windigen Tagen der Treibsand wie mit Nadeln. Ohne vollständigen Kleiderschutz war das nicht auszuhalten. Manchmal rutschten wir, Sandlawinen mit uns ziehend, die Steilwände hinunter. Gerne gesehen wurde das nicht, die lockeren Sandberge wanderten auch so schon schnell genug. Dabei begruben sie alles, was im Wege war, unaufhaltsam. Hinter den sich malerisch überlagernden toten Dünen gab es wieder grasbewachsene Hügel. Daneben Kiefernwäldchen mit Blumenwiesen und über uns immer der ständig wechselnde Himmel, leuchtend blau, dann wieder mit großartigen Wolkengebilden. Käfer, Libellen, Eidechsen – alle Tiere wurden uns lieb und vertraut. Etwas unheimlich blieben nur die sich im Wald versteckenden Elche. Man mußte schon beim ersten Morgengrauen aufstehen, wenn man sie am Haffufer trinken sehen wollte. Im weichen Sandstrand schlichen wir uns dann leise an, vorbei an Holzstegen im Schilf, Booten, verankerten Kähnen, die bis ans Ufer nach Teer und, wie alles auf der Nehrung, nach Fisch rochen. Immerzu plätscherten die Wellen. Doch die scheuen Elche witterten uns früh und liefen davon.

Morgens und abends erschien auf dem oft spiegelglatten Haff ein weißer Dampfer, der zwischen Cranz und Memel hin- und herpendelte. Seine häßlichen Rauchschwaden beschmutzten jedesmal den Himmel, auch dann noch, wenn der Schmierfink schon lange am Horizont verschwunden war. Die Einheimischen, meistens Fischer, verbanden östliche Herzlichkeit mit friesischer Gemütsruhe. Man konnte sich auf sie verlassen, ihr Wort zählte. Es schien uns eigentlich unvorstellbar, daß der Frieden auf der Nehrung zu stören war. Tatsächlich dauerte es auch viel länger, bis dann plötzlich auch hier die ersten feindseligen Lieder ertönten und der von Dorf zu Dorf ziehende Kesselflicker als ›Jud‹ beschimpft wurde. Die Fahrten nach Nidden fanden nun ihr Ende, obwohl »Nida« immer noch unter »litauischer Verwaltung« stand.

Unsere Ferien auf der Kurischen Nehrung sind meine schönsten Kindheitserinnerungen. Ganz sicher haben sie dazu beigetragen, die Hoffnung niemals zu verlieren und das Leben immer zu lieben. In den schwersten Stunden gaben mir diese Erinnerungen Trost und Mut.

Andere Erinnerungen zeigen wechselnde Szenen, oft von scheinbarer Belanglosigkeit, aber sicherlich prägender Kraft, denn das kindliche Innenleben erweitert sich besonders durch die allerersten Eindrücke. Erstes Erschrecken, erste Kontakte, erstes Hauskonzert, erster Zoo-, Kindergarten-, Galeriebesuch und so fort.

Großmutter Jenny hilft Mutter und sorgt nicht nur für Ordnung, indem sie die Betten pedantisch zurechtmacht — die ich dann wieder verruschele —, sie rezitiert auch aus dem Gedächtnis Gedichte und Balladen, von denen sie sogar einige mit brüchiger Stimme singt.

Großmutter war eine vielseitig gebildete Frau mit einem erstaunlichen Gedächtnis und auch eine gute Klavierspielerin mit absolutem Gehör. Sie ermutigte mich zu Improvisationen am weich klingenden Blüthner-Flügel und erregte die Phantasie durch Erzählungen. Nur leider für eine viel zu kurze Zeit. Da gab es einmal ein Gepolter im Korridor; Großmutter war gestürzt. Sie mußte mit einem Oberschenkelhalsbruch ins Krankenhaus und danach in ein Altersheim, in dem sie noch einige Jahre verbrachte. Gelegentlich gingen wir Kinder sie besuchen. Immer lag sie im Bett, erfreute uns mit kleinen Geschenken und rezitierte irgend etwas. Aber von Mal zu Mal wurde sie schmaler, blasser, leiser, bis dann eines Tages ihr Ende gekommen war. Das bestürzte sehr, ergriff uns zutiefst. Es war meine erste Begegnung mit dem Tod.

Besuche bei Tante Rebekka sind ebenfalls sehr lebendige Erinnerungen. ›Bäckchen‹, wie sie liebevoll genannt wurde, hatte weißes struwweliges Haar, trug eine Brosche mit Frauenkopf und war umgeben von Büchern, Bildern, altmodischen Möbeln, Photographien und farbigem Porzellan. Wir, Schwester Miriam und ich, durften vorsichtig mit ihrer Schreibmaschine spielen, lernten Rommé und bekamen Kakao mit einem ›Amerikaner‹ (ein Zuckergebäck). Bei Tante Rebekka waren auch Tante Fanny und andere Mitglieder der jüdischen Verwandtschaft. Später wußte ich dann auch, daß unsere Zusammenkünfte − immer ohne Vater − Schabbatfeiern waren. Als religiöse, aber nicht orthodoxe Juden hatten sie die Gewohnheit, ihre Familienangehörigen am Freitagabend zu treffen und beim Schein zweier Kerzen einen Striezel (Mohnzopf) mit Butter zu verzehren.

Alle diese Schabbat-Familientreffen standen unter der wohl alter Gewohnheit entstammenden ungeschriebenen Übereinkunft »seid wenigstens an diesem Abend so friedfertig und freundlich zueinander, wie ihr nur sein könnt«. So prägte sich mir eine Atmosphäre des Wohlbehagens ein. Es wurde bereitwillig aufeinander eingegangen, immer mit viel Zeit und ohne Unruhe. Menschliche Harmonie und Schabbatfeiern gehörten zusammen, und das wurde die Basis für meine Hinwendung zum jüdischen Glauben. Ganz sicher war aber die allgemeine politische Entwicklung der bestimmende Faktor in meinem Verhältnis zum Judentum. Ein wiederkehrendes Thema in diesen Reflexionen, wobei meine sich ein ganzes Leben wandelnde Vorstellung von Gott eine nicht unwesentliche Rolle spielen wird.

Unvergeßliche Stunden verbrachten wir auf der Rodelbahn in Luisenwahl und mit Skilaufen am Veilchenberg. Schwimmen lernte ich in den Hammerteichen; Ausflüge führten nach Juditten und ins Samland. Wahrlich, die ›Hufen‹ waren eine schöne Wohngegend! – Dann begann die Schulzeit, die sich in meinem Fall in zwei Schulzeiten teilt. Ein Jahr lang besuchte ich die Städtische Volksschule und danach die jüdische Privatschule. Zwei Schulen, zwei Welten. So verschieden, wie etwas nur verschieden sein kann. Es war bezeichnend für die Einstellung meiner Eltern, noch im Jahre 1935 zu glauben, daß ich vielleicht doch in einer ›deutschen‹ Schule heimisch werden könnte.

Unser Nachbarsjunge Klaus ging in dieselbe Schule, und wir machten den Schulweg gemeinsam. Den gutmütigen Klaus störte es nicht, daß ich später weder dem ›Jungvolk‹ angehörte und die dazugehörige Uniform trug, noch andere NS-Veranstaltungen besuchte. Es verging ja kein Monat ohne NS-Volksfeste, Umzüge, Versammlungen usw. So fiel es aber doch nach und nach den meisten Kindern meines Alters auf, daß sich die Gelegenheiten meines Abseitsstehens, Ausgeschlossenseins ständig mehrten, und sie fingen an, darauf zu reagieren. Neben der überall zu lesenden und im Radio zu hörenden Judenhetze ließen es ja leider auch viele Erwachsene, Erzieher und manchmal sogar Geistliche nicht an diffamierenden Äußerungen fehlen. Oftmals waren es ›nur‹ die üblichen Redensarten und Witzchen vom ›Schacherjuden‹ oder ›Juden Itzig‹. Aber jetzt wurden sie sofort zur Bestätigung der offiziellen Verteufelung und machten die verlogenste Propaganda glaubwürdig. Da differenzierende oder prosemitische Meinungsäußerungen verboten waren, konnte alle Hetze wie unverdünnte Säure die Gemüter vergiften.

Unglücklicherweise bekam ich eine junge begeisterte Nationalsozialistin als Klassenlehrerin. Ihr Name war Frau Koske. Sie klebt durch einige unangenehme Ereignisse in meinem Gedächtnis: Frau Koske begrüßte die Klasse mit forschem ›Heil Hitler‹, welches wir stehend zu erwidern hatten. Da sie schon bei der Aufnahme der Personalien sofort feststellte, daß in ihrer Klasse ein Junge mit ›mosaischer‹ Religionszugehörigkeit war, versäumte sie keine Gelegenheit, verächtlich, sogar mit Abscheu, über jüdische Menschen zu sprechen. Wie die meisten Antisemiten kannte sie selbst ganz sicher keinen einzigen Juden persönlich. Im täglichen Schulbetrieb spielte sich das dann so ab: Frau Koske: »Heil Hitler, Kinder, heute habe ich Fragebogen mit eurer Hilfe auszufüllen. Ich muß den militärischen Rang und die Kriegsauszeichnungen eurer Väter notieren und feststellen, ob sie Frontkämpfer waren oder in der Etappe dienten.« Bis auf drei Jungen und mich wußten alle Siebenjährigen, was ihre Väter im Ersten Weltkrieg gewesen waren. Die drei, die es nicht wußten, durften am nächsten Tag Bescheid sagen. Ich aber wurde aufgefordert, die Klasse zu verlassen, um sogleich zu Hause nachzufragen. Meine etwas verwunderte Mutter trug mir auf zu sagen, daß mein Vater kein Frontkämpfer war, sondern in Lazaretten eingesetzt wurde. In die Schule zurückgekehrt, sagte ich, was ich erfahren hatte, und begriff im ersten Moment nicht, was Frau Koske meinte, als sie, sich nun den anderen Kindern zuwendend, sagte: »Seht ihr, das habe ich mir doch gleich gedacht. So ein Mann ist auch kein Frontkämpfer!« Daß ich Grund hatte, mich minderwertig zu fühlen, und auch gedemütigt werden sollte, empfand ich aber so stark, daß ich noch heute den Stich fühlen kann, der mich auch um meiner Eltern willen schmerzte.

Ein anderes Mal stand sie am Ende einer langen Treppe im Innenhaus der Schule. Es war kurz vor Unterrichtsbeginn, und wir mußten alle diese Treppe heraufkommen. Oben angekommen, grüßten wir sie freundlich, wobei einige »Guten Morgen«, andere »Heil Hitler« sagten. Als ich »Guten Morgen« sagte, fuhr sie mich wütend an: »Marsch, die Treppe herunter, und dann wollen wir doch einmal sehen, ob du nicht weißt, wie man im Neuen Deutschland seine Klassenlehrerin grüßt.« Ich wußte, was sie meinte, und vor meinen neugierigen Klassenkameraden und vielen anderen Jungen kam ich nun die lange Treppe ein zweites Mal herauf; einmal mehr zutiefst verletzt, aber gehorsam, sagte ich oben angekommen: »Heil Hitler, Frau Koske«. Aber das genügte ihr keineswegs. Ihre Macht und das Schauspiel genießend, befahl sie mir, noch einmal die Treppe heraufzukommen und dann gefälligst den rechten Arm zum Gruß zu erheben, »wie sich das für einen anständigen Jungen gehört«. Ich tat auch dies − was blieb mir denn anderes übrig. − Meine Mitschüler, in dieser Weise aufgehetzt, fingen an, mich immer mehr zu schikanieren und wurden nun zunehmend handgreiflich.

Eines Tages hieß es: der Führer kommt! Hitler besuchte an diesem Tag Königsberg, und alle Schulklassen wurden zum Spalierstehen auf die Durchfahrtsstraßen verteilt. Kurz vor dem etwa vier Meter breiten Straßensektor, der unserer Klasse zugeteilt war, ließ Frau Koske uns in Sechserreihen antreten. Die Straßen waren schon gesäumt von braun uniformierten SA-Männern, die als Postenketten vor den sich drängenden Menschenknäueln standen. Wir kamen auf dem Gehweg anmarschiert, und an besagter Stelle hieß es dann: »das Ganze halt« und »links um«. Nun standen wir, immer noch in Sechserreihen, am

Straßenrand. Zufälligerweise war ich in der ersten Reihe, die unverstellte und direkte Sicht auf das große kommende Ereignis bot, das, wie es hieß, in einer halben Stunde stattfinden sollte. Inzwischen füllte sich die gesamte Strecke der Anfahrt mit Menschen, Uniformen und Fahnen. Da jeder Haushalt verpflichtet war, mindestens eine Fahne aus dem Fenster herauszuhängen, glich Königsberg einem wogenden Hakenkreuzfahnenmeer. Die alle fünfzig Schritte über die Straßen gespannten Spruchbänder lieferten die Parolen: »Ein Volk, ein Reich, ein Führer« und »Es lebe unser geliebter Führer« und andere mehr. Wahrscheinlich mußten mich meine Eltern auch an diesem Tage zur Schule schicken, und ganz sicher wußten sie nicht, daß alle Schulkinder als Jubelkulisse eingesetzt werden sollten. Auf jeden Fall war ich wieder einmal in einer prekären Situation. Selbstverständlich faszinierte das Riesenspektakel, erfaßte auch mich die allgemeine Erregung und Erwartung. Bestimmt gab es auch den geheimen Wunsch, dazuzugehören und aus vollem Herzen mitjubeln zu können. Ab und zu fuhren blitzende Autos mit schwarz und braun uniformierten, ungemein wichtigtuenden Miniaturhitlers vorbei. Jedesmal dachte ich schon, daß der große historische Augenblick — so nannte es Frau Koske — bereits gekommen sei. Aber aus einer halben Stunde Wartezeit wurden eineinhalb, dann zwei Stunden. Inzwischen füllten sich die Straßen, bis sie gestopft voll waren. Jetzt konnte es wirklich nicht mehr lange dauern. Deutlich erinnere ich mich noch dieses Rauschzustandes, der jeden erfaßt hatte. Auf einmal genossen alle ein neues Selbstgefühl, und wer es nicht schon vorher hatte, der bekam es jetzt. Man war wieder ein dynamisches, tolles Volk, stark und großartig, und hatte ein von Gott gesandtes Genie zum Führer. Ein

Genie, welches in der Lage ist, jedes Problem zu lösen. Ob es um Identitäts-, Lebenssinn-, Erziehungs-, Kultur- oder Rassenfragen, Rechts- oder Wertnormen, Wirtschaft oder Arbeitslosigkeit ging, auf alles wußte er die richtige Antwort. Er, der größte Führer aller Zeiten, wie ihn seine Getreuen nannten, versprach, Deutschland zum kosmischen Mittelpunkt zu machen.

Plötzlich hörte man von fern ein Brausen, das aus tausend »Heil« schreienden Kehlen kam. Nun mußte es endlich soweit sein. Der große Augenblick war da. Doch Frau Koskes harte, scharfe Stimme traf mich wie ein Schlag (sie war erst jetzt nach vorne gekommen, um ihrem geliebten Führer so nah wie möglich zu sein): »Was, der Judenjunge steht in der ersten Reihe! Das kommt überhaupt nicht in Frage! Sofort nach hinten in die letzte Reihe und du, Horst, gehst nach vorne!« Ich sehe noch den erschreckten, ungläubigen Blick des vor mir stehenden SA-Mannes. Zum Glück war dann aber die Aufmerksamkeit aller wieder dem immer näher kommenden Getöse und geradezu hysterisch klingenden Geschrei zugewandt. Zu sehen war immer noch nichts. Wieder einmal tief getroffen, war ich dem Sturm undefinierbarer Gefühle ausgeliefert und hätte mich am liebsten in Luft aufgelöst. Zwischen den Köpfen der anderen hindurch sah ich noch − nachdem das »Heil«-Schreien auch unseren Straßenabschnitt erreicht hatte − erst einige Autos und dann die strenge, unerbittliche Männlichkeit mimende Pose des mit erhobener rechter Hand grüßend im Auto stehenden Diktators. Für mich war alles auf einmal ganz unwirklich und distanziert. Aber hinterher betrachtet, war es ein Glück, daß ich nun nicht auch noch in Jubelgeschrei ausbrach wie alle anderen um mich herum. Ich hätte es mir später nie verziehen. Im Nachhinein kommt mir noch jedes »Heil Hitler«, welches ich erzwungenermaßen sagen mußte, wie feiges Versagen oder Gotteslästerung vor. Verzeihlich nur deshalb, weil ich damals noch ein Kind von sieben bis acht Jahren war und man sicherlich doch für das, was man unter Androhung von Nachteilen tut, die Verantwortung mit dem Erpresser teilt. Ein Thema, das mich noch sehr beschäftigen wird.

Natürlich blieben solch massive Demütigungen nicht ohne Auswirkungen. Aber auch die vielen kleinen Bemerkungen, Sticheleien und die in Streitfällen immer gleich einsetzenden Beschimpfungen, die sich jedesmal mit dem Wort »Jude« irgendwie verbanden, hinterließen Wunden. Ich wurde häufiger krank, und – wie mir Mutter später berichtete – mein Schlaf immer unruhiger. Obwohl die Eltern sicherlich nur einen kleinen Teil der Geschehnisse erfuhren, erkannten sie doch die seelische Not, in der ich mich befand, nahmen mich – Gottseidank – aus der deutschen Volksschule heraus und meldeten mich in der jüdischen Privatschule an. Damit fand ein Schuljahr mit schmerzenden Erfahrungen ein Ende. Daß wenig später alles noch sehr viel schlimmer kommen würde, konnte ich nicht wissen, höchstens ahnen. Zunächst einmal war der Wechsel in die jüdische Schule eine Erlösung. In diesem Zusammenhang erinnere ich mich an einen Ausspruch meiner Mutter, die auf meine Klagen unwirsch meinte: »Werde dir klar darüber, daß es ehrenwerter ist, zu den Verfolgten zu gehören als zu den Verfolgern.«

Meine ersten Schulerlebnisse waren aber nicht unbedingt typisch für alle deutschen Schulen, das beweist das Ergehen meiner Schwester in einer Mädchenschule. Sie hatte kaum unter Antisemitismus zu leiden und wechselte erst in die jüdische Schule, als dies durch ein Gesetz befohlen wurde.

Königsberg war eine Stadt, die kindlicher Phantasie unendlich viel Nahrung gab. Fast schon eine Kindertraumstadt, mit einem imposanten Schloß im Zentrum. Davor stand ein gekrönter, säbelhochrekkender, überlebensgroßer Kaiser Wilhelm I. Im viereckigen Schloßhof war ein Weinkeller mit dem schauereinflößenden Namen »Blutgericht«. Gar nicht weit davon entfernt konnte man auf einem lieblichen Schloßteich, mit Schwänen und Enten, Boote für eine Spazierfahrt mieten. Überall spannten sich malerische Brücken über den Fluß Pregel; Ziehbrücken, die uns oftmals zu spät in die Schule kommen ließen und die auf eine im Stadtzentrum gelegene Insel führten. Der würdige alte Dom, in dem ich, ganz überwältigt, die erste Matthäuspassion gehört habe, beherrschte den ›Kneiphof‹, wie man die Insel nannte. An seiner Mauer ruht der Philosoph Immanuel Kant, dessen Worte auf einer Tafel an der Schloßmauer eingeschmiedet waren. Worte voller Bewunderung über den gestirnten Himmel — die ich mitempfand — und ein den Menschen innewohnendes moralisches Gesetz, das ich später immer vergeblich gesucht habe und an das ich nicht mehr glaube.

Die vielen alten Speicher, vor denen Lastkähne immer etwas abzuladen hatten, die winkligen engen Gassen und mächtigen Tore an den Befestigungsmauern zeugten von einer alten Geschichte und ließen die Stadt zum Schauplatz von Sagen und Märchen werden — viel besser, als es meine Bilderbücher vermochten. Auch das Opernhaus war geheimnisvoll. Dort spielte mein Vater nun Violine. (Die Leitung des von ihm gegründeten Musiklehrerinnenseminars mußte er 1935 abgeben, und sein »Königsberger Streichquartett« durfte nicht mehr konzertieren.) Beeindruckend fand ich auch die Universität oder den mehrstöckigen Buchladen Gräfe & Unzer − von uns ›Grunzer‹ genannt.

Jeden Abend las Mutter meiner Schwester Miriam und mir vor. Gelesenes, Gesehenes und Erlebtes vermischten sich zu einer Welt voller Vielfalt, Farben und Fragen, die manchmal quälten. Ab und zu bezog meine Vorstellung mich in das Gelesene ein und ließ mich zu einer wichtigen Person werden. Immer war ich dann irgendwie helfend und erfolgreich; auf jeden Fall bewundert und geliebt.

Als mich dann Mutter in der jüdischen Schule anmeldete, konnte ich nicht glauben, daß diese neuen Lehrer, diese neue Schule noch irgendetwas gemeinsam hatten mit der Schule, von der ich kam. Herr Kaelter − der Schulleiter − gab mir gleich ein Stück Kuchen. Er hatte am Tage zuvor geheiratet und war in einer sehr glücklichen Stimmung, die sich auf uns übertrug. Seine junge Frau stellte er sogleich vor und bat sie, doch noch einmal wie am Vortage das Hochzeitskleid anzuziehen und vorzuführen, was sie nach einigem Widerstand auch tat. Alles war so persönlich und freundlich. Schulleiter Kaelter gebärdete sich nicht wie ein Kompaniechef − das war ich bisher gewohnt −, und mit meinem Eintritt in die jüdische Schule begann eine ganz neue, wichtige Zeit für mich. Wie sehr erfüllte mich der Religionsunterricht, das Hebräischlernen, die jüdischen Feste und die an jedem Freitag abgehaltenen ›Schabbatstunden‹. Die Klassen waren klein, und Mädchen und Jungen lernten zusammen. Das war damals noch ungewöhnlich. Jetzt gab es keine bevorzugten oder benachteiligten

Kinder, nur mehr oder weniger sympathische oder schwierige. Heini Herrmann zum Beispiel war ein schwieriger Schüler, der sich Anordnungen widersetzte und Lehrern, die ihn aus irgendeinem Grund packen wollten, weglief. Zur Gaudi aller Anwesenden gab es dann ein Katz- und Mausspiel über Tische und Bänke, was immer damit endete, daß die Lehrer aufgeben mußten. Manfred Echt, Manfred Hopp, Erwin Pätzall und Werner Grumach wurden meine Freunde; Liesbeth Dannenberg, Hella Sass, Hella Markowsky und Ruth Marwilski erschienen abwechselnd in meinen Träumen. Die wie magnetische Ströme wirkenden menschlichen Beziehungen verwirrten und beherrschten mich, verursachten Glück und Leid, und je drohender die Nazis wurden, desto nötiger brauchten wir unsere Freundschaften und gegenseitigen Bestätigungen. Ganz bestimmt gab es auch schon heftige Liebesregungen.

Die jüdische Schule befand sich in Nebenräumen der großen Synagoge, die vom alten Dom gar nicht so weit entfernt stand — nicht mehr auf der Insel, aber gleich am anderen Ufer des Pregels. An unsere Lehrer, Herrn Erlebacher, Herrn Nußbaum, Fräulein Wolff, Fräulein Hiller und später Herrn Weinberg und Fräulein Treuherz denke ich voller Dankbarkeit. Alle haben sich sehr bemüht, so viel wie möglich zu geben und einen Ersatz zu schaffen für die unfreundliche Welt draußen.

Es fällt mir heute nicht mehr leicht, Empfindungen in Worte zu fassen, die sich mit den hebräischen Texten, den vielen Bibelstunden, Gebeten und farbigen, fröhlichen Festen verbanden. Die Thoralesungen am Schabbat, das Schofarblasen am Jom Kippur, die Chanukkalichter, die Matzen zu Pessach oder die Purimmaskeraden, alles erfüllte mich sehr und ließ uns Kindern, wenigstens für einige Jahre, anderes als unwesentlich erscheinen. Verdrängen konnten wir die politische Realität nicht. Dafür sorgten schon die ständigen Verabschiedungen der auswandernden Kinder, die Herr Kaelter in der Schabbatstunde mit der symbolischen Anknüpfung eines ›Herzfadens‹ sehr eindrucksvoll vornahm. Das war jedesmal ein bedrückender Moment, bei dem schon Tränen flossen. Auch wurden die Briefe der bereits Ausgewanderten vorgelesen, und Woche für Woche wiederholten sich solche Zeremonien.

Als die Feindseligkeiten täglich zunahmen, gab es wohl kein Zuhause, in dem man nicht die Möglichkeit einer Auswanderung besprach. Aber die Schwierigkeiten, die alle Länder machten, bevor sie den entrechteten deutschen Juden eine neue Heimat zu geben bereit waren, waren unvorstellbar. Die ganze Welt wußte doch Bescheid über die von Monat zu Monat strenger werdenden Judengesetze. Gesetze, die diesen Menschen die Lebens- und Existenzgrundlage entzogen.

Dennoch muß ich zurückblickend sagen, daß die Jahre 1936 bis 1938 für mein kindliches Gemüt so reich an Anregungen waren, an Erfahrungen, Sehnsüchten und oft genug auch Erfüllungen, daß ich eigentlich erst jetzt erkenne, wie sehr mein ganzes Leben – besonders das Innenleben – durch diese Jahre bestimmt wurde. Wir Kinder profitierten von den sich nun mehr und mehr auf das Geistige und Kulturelle verlagernden Aktivitäten der Erwachsenen. Gelegentlich habe ich in jenen Jahren noch auf der Straße mit anderen Kindern gespielt, ab und zu ein Filmtheater besucht – die radikaleren Verbote wurden erst später erlassen –, aber es war gewiß keine Freude für mich oder andere Juden, überall auf nationalsozialistische Propaganda stoßen zu müssen. Zum Beispiel wurden in Wochenschauen oder Vorfilmen regelmäßig böse, verleumderische Angriffe eingefügt. Jedenfalls war das in Ostpreußen, unter dem Regime des berüchtigten Gauleiters Erich Koch, ganz besonders schlimm. Aber noch konnten wenigstens wir Kinder diesen Dingen etwas aus dem Wege gehen. Ich übte Geige, bekam die Klassiker vorgelesen, oder wir studierten mit verteilten Rollen ganze Theaterstücke ein, die normalerweise für wesentlich ältere Kinder angemessen gewesen wären. Das Schöngeistige und die Musik versetzten uns aus einer schlimmen Realität in eine schönere, zwar abstrakte, aber doch auch wirklich vorhandene Welt.

Mit Violinstücken von Bach und Mozart, mit Werken von Shakespeare und Schiller — wir lernten ja noch ganze Balladen auswendig —, bei jüdischer Geschichte, Gebeten und Bibeltexten, durch Turn- oder Tanzstunden, gemeinsame Synagogenbesuche und Naturkunde im Hofgarten der Schule oder bei gelegentlichen Ausflügen hatte noch keines von uns Kindern Grund, den Glauben an das Gute völlig zu verlieren. Jedenfalls nicht zu diesem Zeitpunkt.

Aufregend war es zwar, wenn uns nach Schulschluß von ganzen Gruppen ›Jungvolks‹ — manchmal sogar richtigen Banden — aufgelauert wurde und wir Prügel bezogen, wobei sich einige mutig und manchmal erfolgreich wehrten. Aber oft mußte doch Herr Erlebacher — der ein trainierter Boxer war — geholt werden, um festgehaltene oder umzingelte Schüler freizuboxen. Da ich nicht ›jüdisch‹ aussah, hatte ich unter diesen Attacken weniger zu leiden als meine Kameraden. Später, als wir alle den gelben Stern trugen, mußte auch ich mehrmals feige und brutale Überfälle erdulden. Ein wuchtiger Schlag auf meinen ahnungslosen Kopf, ausgeführt von jemand, der darauf sofort weglief, ist mir als besonders böser Vorfall in Erinnerung geblieben. —

Eigentlich würde der Bericht über diese intensive Zeit, mit der stufenweisen Eskalation diktatorischen Machtmißbrauchs und Kriegsvorbereitungen auf der einen Seite, dem Erwachen erster Liebesgefühle, Religiosität und künstlerischen Neigungen auf der anderen, ein ganzes Buch für sich füllen.

Mein Vater, der sich mit Sinologie beschäftigte, führte gerne philosophische Gespräche mit mir. So kam es wohl, daß ich ziemlich früh und intensiv über Gott und auch den Tod nachdachte, wobei ich mein damaliges Verhältnis zu Gott als kindlich-persönlich und altersgemäß bezeichnen würde, während mich der Tod maßlos ängstigte.

Einen Höhepunkt erfuhr diese Angst — es ist kaum zu glauben — in einer »Freischütz«-Aufführung der Königsberger Oper: Ich weiß nicht genau, in welchem Jahr und wie alt ich war. Aber kurz vor den Sommerferien, als die Oper nicht mehr so gut besucht wurde, hatte Vater die Idee, meiner Schwester und mir den »Freischütz« zu zeigen. Mutter traute sich nicht mehr, ins Theater oder in die Oper zu gehen, und so setzte Vater uns Kinder allein in die erste Reihe. Wir konnten ihn, wenn wir uns über die Brüstung beugten, im ›Orchestergraben‹ spielen sehen. Außerdem hatten wir auch den Dirigenten, Staatskapellmeister Reuß, dicht vor uns. Dann ging das Licht aus, und meine erste Opernaufführung nahm ihren mich total überwältigenden Verlauf. Ich wurde von der Musik und dem Geschehen auf der Bühne so ergriffen, daß mich, als es zur Wolfsschluchtszene kam, solche Angstzustände überfielen, wie ich sie bis dahin noch niemals und auch nie wieder später erlebt habe. Die Qualen waren so groß, daß sie mir heute noch in ihrem ganzen Schrecken gegenwärtig sind. Wie jemand, der ertrinkt oder von einem Turm stürzt, fühlte ich mich, und ganz gewiß

werde ich auch niemals wieder dem möglichen Tod
so viel Widerstand entgegensetzen wie damals. Warum sich musikalisches Erleben und Todesfurcht in
solcher Stärke verbanden, weiß ich mir nicht zu erklären. Als meine Angst ein solches Ausmaß erreicht
hatte, daß ich glaubte, nun keine Möglichkeit mehr
zu haben, dem Tod oder etwas noch viel Schlimme-
rem zu entrinnen, passierte Merkwürdiges. Etwas,
wovon ich heute glaube und hoffe, daß es allen
Sterbenden und unerträglich Leidenden zu einem
bestimmten Zeitpunkt ebenfalls geschieht: Aus Verzweiflung und Erschöpfung gab ich mich preis, gab
mich völlig auf, gab mich in die Hände eines wie mir
schien unabwendbaren Geschickes, und – o Wunder
– ich war befreit von meiner Angst, und zwar
urplötzlich. Als ob ein unerträglicher Schmerz
schlagartig aufgehört hätte, so war ich geheilt und
gleichzeitig gewappnet für alle nun erst kommenden
wirklichen Todesgefahren. Womöglich war das der
wichtigste Augenblick meines Lebens, als ich die
Todesangst – und vielleicht dadurch jede andere
Angst – überwand. Keinen Zweifel habe ich heute
mehr daran, daß ein Sterbender eine ähnliche Art der
Befreiung erfährt, nur noch viel umfassender und
erlösender.

Ich war damals zu jung, um die Handlung der
Oper richtig zu verstehen, und das etwas kitschige
»Schieß nicht, Max, ich bin die Taube« hatte mit
dem letzten Stadium meiner großen Umwandlung
nichts zu tun. Es waren die von Musik und Bühnen-
bild ausgelösten inneren Vorgänge, denen ich erlegen war. – Am Abend bekam ich Fieber und soll
kreidebleich gewesen sein. Krank wurde ich nicht.
Ich war bereits geheilt, hindurch oder drüber weg –
wie man es nennen soll – , und rückblickend komme
ich mir fast wie ein Siegfried vor, der an diesem

Abend in etwas eingetaucht war, was für alle Zeiten unverletzbar machte. Alles was dann kam, ob Bombenhagel, Gefangenschaft, Hungersnot oder Krankheit, konnte mir im allertiefsten Kern nichts anhaben. Ängste und Sorgen waren von nun an mehr oberflächlicher Natur. Dieses Erlebnis gab mir nicht nur Kraft, sondern schuf auch die Voraussetzungen für ein elementares Glücksgefühl — Freude und Dankbarkeit, lebendig zu sein.

Kristallzeit

Wie konnte eine hier und da bestehende Animosität — so möchte ich den Antisemitismus nennen — zu so viel individuellem Haß, zu solch einer Haßpsychose anwachsen?

Schon 1933, nachdem Hitler durch das »Ermächtigungsgesetz« und immer neue Verordnungen die Demokratie abgeschafft hatte, begannen die Verfolgungen der jüdischen Menschen. Boykotte jüdischer Geschäfte und Gesetze zur Ausschaltung der Juden aus dem Berufsbeamtentum (7. April 1933), aus der Reichskulturkammer (22. September 1933) und aus den Medien durch das Schriftleitergesetz (4. Oktober 1933) waren die ersten Maßnahmen. Danach folgte eine Zeit systematischer Propaganda, bevor die 1935 erlassenen Nürnberger Gesetze die völlige Aussonderung der Juden befahlen. Das »Reichsbürgergesetz« und das »Gesetz zum Schutz des deutschen Bluts und der deutschen Ehre«, die praktisch jeden intimen Kontakt zu Juden — später bei Todesstrafe — untersagten, sowie die Unterscheidung von »Reichsbürgern« und Bürgern minderen Rechts, die man »Staatsangehörige« nannte, waren der Anfang für eine mit Vernichtungslagern endende Minderheitendiskriminierung. Allein bis zum Kriegsbeginn 1939 wurden mehr als 250 antijüdische Maßnahmen verkündet.

Wie so oft im Zusammenleben der Menschen brauchte der Mächtige nur deutlich zu machen, was er will, und schon sind unzählige Karrieristen da, die sich mit übereifrigen Initiativen beliebt zu machen versuchen. Verwaltungsbeamte, Richter, Professoren, Schullehrer, Künstler, Journalisten, sogar einige Theologen verbreiteten auf einmal antisemitische Beschuldigungen. Es gab nichts Negatives, wofür sie nicht die Juden verantwortlich machten. Damit schufen viele für sich die Voraussetzung zu beruflichen Vergünstigungen oder Beförderungen, aber gleichzeitig für andere die Voraussetzungen für unsägliches Leiden und schließlich mitleidlosen Massenmord.

Es ist gewiß richtig, daß niemand in Deutschland sich der nationalsozialistischen Propaganda entziehen konnte. Rundfunk, Presse, Plakate und Rundschreiben indoktrinierten jeden. Wer in ein Kino ging, sah am Eingang ein Schild »Juden unerwünscht« und hörte immer wieder in der dem Hauptfilm vorangestellten Wochenschau »Die Juden sind unser Unglück — an allem schuld — und bereiten den nächsten Krieg vor«. Dann las man dasselbe in der Zeitung und hörte die Wiederholung auf der Partei- oder Betriebsversammlung. Selbst Parkbänke, Geschäfte und Restaurants trugen Schilder mit »Juden nicht gestattet«. Karikaturisten, Fotomonteure, Liedermacher und Gedichteschreiber dienten antisemitischer Volksverhetzung. So schnell man konnte, wurden Schul- und Lehrbücher umgestaltet, und wehe dem, der auch nur zaghaft versuchte, Juden zu verteidigen. Bücher, Bilder, Kompositionen — alles, was auf den großen jüdischen Anteil am deutschen Kulturleben verwies, wurde entweder verbrannt oder verboten. Der ›Arierparagraph‹ konnte von jedem Berufsverband benutzt werden, um Juden auszuschließen. Verordnungen und Rechtsentscheide nahmen Juden den Rechtsschutz. — Sicherlich konnten immer noch die meisten Deutschen denken, daß nicht alles mit Massenmorden enden würde. Aber durfte man soviel Entrechtung und Demütigung deutscher Mitbürger anderen Glaubens — und wenn sie getaufte Juden waren, nicht einmal das — tatenlos hinnehmen?

Wen wundert es da, daß sehr bald schon nicht nur Kinder und Jugendliche die Juden zu Prototypen des Bösen machten. Der schwarze Mann, die Hexe und der Teufel waren vergleichsweise harmlos. Kommunisten und Zigeunern ging es nicht viel besser. Aber als man später in den KZs kriminelle, politische und jüdische Häftlinge unterschiedlich kennzeichnete, tat man dies, um für Juden die schlechteste Behandlung, Verpflegung, Arbeit oder Unterbringung verfügen zu können. Alle diese Maßnahmen wurden leider gleichzeitig durch pseudowissenschaftliche Rechtfertigungen ehrgeiziger Wissenschaftler legitimiert, wobei ›Rassenkundler‹ eine ganz besonders schlimme Rolle gespielt haben.

Der spätere Nobelpreisträger Konrad Lorenz schrieb 1940 als Ordinarius für Allgemeine Psychologie in Königsberg: »... so müßte die Rassenpflege dennoch auf eine noch schärfere Ausmerzung ethisch Minderwertiger bedacht sein, als sie es heute schon ist [...]. [...] So wie beim Krebs [...] der leidenden Menschheit nichts anderes geraten werden kann als möglichst frühzeitiges Erkennen und Ausmerzen des Übels [...]. [...] wir müssen — und dürfen — uns hier auf die gesunden Gefühle unserer Besten verlassen und ihnen die Gedeihen oder Verderben unseres Volkes bestimmende Auslese anvertrauen.« (Ich komme noch ausführlicher darauf zurück.) Die ›Besten‹ — das waren doch damals schon die Rechtsbrecher und Mörder — brauchten genau solche Wissenschaftler, um bei ihrem Vorgehen gegen geistig und körperlich Behinderte, Juden, Zigeuner und natürlich alle Oppositionelle, die sie einfach ›Volksfeinde‹

nannten, gerechtfertigt zu sein. An dieser Stelle soll der unzähligen Opfer gedacht sein, die ihrer anderen Überzeugungen wegen sterben mußten. Wie groß der Anteil derjenigen war, die unter dem Unrecht litten und sich wirklich der unheilvollen Massenpsychose entzogen, kann niemand mehr genau sagen. Natürlich gab es sie in der ersten Zeit in großer Zahl; Erschrockene, Eingeschüchterte, Bedrohte und Verfolgte. Aber leider wurde die Zahl der Verführten immer größer — unglaublich groß.

Mit der Einführung einer Kennkarte für Juden und den Zwangsvornamen »Sarah« und »Israel« sowie der Kennzeichnung der Pässe durch ein großes »J« war ein wichtiger Schritt zur unmißverständlichen Markierung der ›Auszumerzenden‹ getan. Eine weitere Steigerung solcher Maßnahmen konnte nur noch der gelbe Judenstern sein — den man dann auch 1941 einführte — sowie die vollkommene Isolierung in KZs und Ghettos. Das waren dann die Orte, denen kaum jemand entfliehen konnte, und wo man mit dem ›Ausmerzen‹ in großem Stil begann. Aber zuerst einmal war auch das Niederbrennen der Synagogen, die Zerstörung jüdischer Geschäfte und jüdischer Schulen die logische Folge von Hetze und ständig neuen Verordnungen. Man kann sich vorstellen, wie solche Geschehnisse ein Kind zwischen acht und elf Jahren belasteten.

Es ist nur scheinbar ein Widerspruch, daß gleichzeitig die späten dreißiger Jahre eine intensive und durch viele Erlebnisse schöne Zeit waren. Die kindliche Welt hat sehr viel Autonomie, und nicht vergessen darf man etwa den Kaufmann, der, wenn niemand im Laden war, Bonbons schenkte, oder einzelne Nachbarn, die betont freundlich und herzlich waren. Ich registrierte das immer mit großer Erleichterung.

Daß sie alle auch sehr viel Angst hatten, haben konnten, blieb mir nicht verborgen. Später − nach der Einführung des Judensterns und des Kriegsrechts − mußten sie berufliche und sogar lebensgefährdende Nachteile befürchten. Die Zeit für wirkungsvolle Proteste hatte man ungenutzt verstreichen lassen. Diesen Vorwurf muß man ganz besonders den offiziellen Vertretern der Kirche machen, denn als sie gegen das Entfernen von Kruzifixen aus den Klassenzimmern und gegen die Tötung von Geisteskranken energisch protestierten, hatte das sehr wohl Erfolg. Waren nicht der Volksschrei »Kreuzigt ihn« und Christi Leiden eindrucksvolle Warnungen vor gefährlichen Verhaltensweisen der Menschen? Was haben die gläubigen Christen der Hitlerzeit denn von Golgatha gelernt, wenn sie schweigend zusehen und tolerieren konnten, wie die Bezeichnung ›Jude‹ zum Anlaß für Verfolgung und Vernichtung unschuldiger Mitbürger genommen wurde? Maria, Josef, Jesus und die Jünger waren doch alle − und wer wußte das nicht − Juden.

Immer häufiger wurden Wände von Häusern mit «Juda verrecke» beschmiert, und wir mußten tagtäglich diese Parole, die uns den Tod wünschte, an Synagoge und Schule zur Kenntnis nehmen. Hitler, der bereits den nächsten Krieg systematisch vorbereitete, sagte (in der Reichstagsrede vom 30. Januar 1939): »Wenn es dem internationalen Finanzjudentum in und außerhalb Europas gelingen sollte, die Völker noch einmal in einen Weltkrieg zu stürzen, dann wird das Ergebnis nicht die Bolschewisierung der Erde und damit der Sieg des Judentums sein, sondern die Vernichtung der jüdischen Rasse in Europa ...«

So war der Jahreswechsel 1938/1939 ungemein spannungsgeladen. Alle befürchteten schlimmes Unheil. Die kurze, scheinbare Ruhepause um die Zeit der Berliner Olympiade lag zwei Jahre zurück.

Natürlich verstanden wir Kinder die politischen Vorgänge nur vage. Ich spürte lediglich die Sorgen der Eltern und die drohende Gefahr. Schließlich drehten sich die Gespräche ständig um irgendwelche beunruhigenden Geschehnisse, um neue Judenverordnungen, die Mutter, Schwester und mich als nicht getaufte und jüdisch erzogene Mischlinge voll betrafen. Aber trotz alledem füllten ganz andere Dinge viel stärker meine Gedanken und Empfindungen. So erzählte mir Mutter eines Tages, daß die Familie Herrmann auswandere und ich mehrere Märklin-Baukästen haben könnte. Allerdings nur, wenn jemand sie am selben Tag holen käme. Ich machte mich sofort auf den Weg und bekam auch vier schwere Kästen mit Eisenteilen, Schrauben, Muttern und Rädern. Aber — diese Kästen waren so schwer, daß ich mir fast einen Herzknacks holte, als ich sie mit größter Mühe die lange Schrötterstraße von der Straßenbahnhaltestelle Luisenkirche bis nach Hause zur Steinmetzstraße schleppte. Aber die Freude war nachher groß, und herrliche Kräne und Maschinen wurden gebaut. Unser Nachbarsjunge, Klaus, kam mich ständig besuchen, um mit mir zu spielen. Seine Familie, Norra, ließ sich nicht aufhetzen. Sie hatten ja immer unmittelbaren Kontakt zu uns und konnten uns gut leiden. Selbstverständlich mußte Klaus seine Besuche verbergen und geheimhalten. Das war nicht schwer, da nur Norras und wir in der dritten Etage wohnten. So spielten der Hitlerjunge Klaus — oft in der braunen Uniform — und der Judenjunge Michael mit dem Märklin-Baukasten oder anderem Spielzeug. Es fügte sich auch gut, daß meine drei Jahre ältere Schwester Miriam und die vier Jahre ältere Schwester von Klaus, Lilo, sich ebenfalls gut verstanden. Manchmal wurde eine ›Laterna Magica‹ herausgeholt, und, immer wieder aufs neue fasziniert, erzählten wir dieselben Geschichten vom Zwerg Nase, Dornröschen usw. Wenn mich Mutter zur Geigenstunde beorderte, spielte Klaus im Nebenzimmer allein, während ich »La Follia«, Variationen von Corelli, übte. Ich liebte meine Geige und übte meistens gern. Auch freute ich mich auf das Vorlesen an jedem Abend, wobei Mutter es verstand, auch die anspruchvollsten Klassiker für uns Kinder spannend und interessant werden zu lassen. Natürlich war ich für Goethes »Iphigenie« oder gar »Torquato Tasso« noch zu jung, Schillers »Räuber« oder »Wallenstein« waren aber genau das Richtige. In die Schule ging ich sowieso sehr gerne, und auch meine Bücher bereiteten mir Freude. Im jüdischen Sportverein »Barkochba« war ich einer der besten Leichtathleten. Ziemlich schwach war ich dagegen in Rechtschreibung und im Rechnen. Aber alle anderen Fächer, Hebräisch, Religion, Musik, Deutsch, Biologie usw. interessierten mich. Mein Malen, Dichten und Komponieren fand Anerkennung.

Die jüdische Einsegnung – Barmizwa genannt – wird in der Regel lange Zeit vorbereitet, damit man als Dreizehnjähriger Thoratexte ›vorleinen‹ (singen) kann. Das geschieht während des Schabbat-Gottesdienstes vor der ganzen Gemeinde. So ging ich schon jetzt zu meinem Barmizwa-Unterricht und lernte mein »Mapach, Paschdo, Munach, Segol«. Das waren die musikalischen Floskeln, mit denen der in über fünfzig Abschnitte eingeteilte Thoratext jeden Schabbat vorgesungen wurde. Die Thora – die fünf Bücher Moses – ist mit diesen vorgeschriebenen Gesangschemata versehen. Damit verhindert man jede willkürliche, sinnentstellende, individuelle Betonung. Die Thora aber – eine immer handgeschriebene Pergamentrolle — enthält diese musikalischen Vorleseanweisungen nicht, und deshalb müssen sie aus speziellen Büchern auswendig gelernt werden. Eine gar nicht so leichte Sache. (Die Thora ist das Heiligtum der Juden. Kein Mensch weiß ganz genau, wie alt sie eigentlich ist. Als Entstehungszeit nimmt man das 10. bis 5. Jahrhundert v. Chr. an.) Die beiden Rollen werden immer mit Silber, Gold und Samt umkleidet in der Synagoge als Allerheiligstes behandelt und in schön geschnitzten Schreinen aufbewahrt. Das Vorlesen aus ihr ist der jeweilige Höhepunkt des Schabbat-Gottesdienstes. Am Barmizwaschabbat darf der dreizehnjährige jüdische Junge zum ersten Mal und ganz allein einen Teilabschnitt der Thora vor›leinen‹. Dazu legt er sich den weißen, oft mit schwarzen und Silberfäden durchwirkten ›Tallit‹ um. In zwei Jahren sollte ich soweit sein. Ich nahm meinen Barmizwa-Unterricht ernst und spürte eine Verpflichtung, meine Sache gut zu machen. Das »Schmah Jisrael« und ein Dutzend hebräischer Segenssprüche konnte ich schon.

Wie selbstverständlich akzeptierte man die Tatsache, daß durch die Barmizwa — die ja nur den jüdischen Mann einweiht — die jüdische Frau zu einer untergeordneten Rolle bestimmt wird. Deshalb hat sie auch im Gottesdienst keinerlei mitwirkende Funktion. Man kann aber nicht sagen, daß diese Diskriminierung mit geringerer Achtung verbunden wäre. Eher das Gegenteil ist der Fall. Da aber die Frau in erster Linie der Familie zu dienen hat, ist die Lage der unverheirateten jüdischen Frau besonders unbefriedigend. Aber auch die verheiratete Frau muß natürlich mit der ihr zugeordneten Rolle einverstanden sein. Alle diese Verhaltensweisen entstammen der Thoraauslegung, das heißt, sie sind aus den fünf Büchern Mose abgeleitet, und der fromme Jude versucht sein ganzes Leben nach den Geboten der Thora auszurichten; ein schier unmögliches Unterfangen. Gerade die Speise- und Reinlichkeitsgesetze sind für unsere heutigen Begriffe absurd. So absurd, als wollte man die Verkehrsregeln für Wüstenkarawanen auf unseren modernen Straßenverkehr anwenden. Aber wenn man ein guter Jude sein will, bemüht man sich, möglichst viele Gebote zu befolgen, und jeder Schabbat bringt einen in Schwierigkeiten. Man soll nicht arbeiten — was ist nun genau Arbeit? —, man soll nicht fahren, Geld bei sich haben oder etwas kaufen und vieles mehr. Inkonsequenzen und Auslegungsschwierigkeiten machten mich ganz krank, aber ich fühlte mich als Jude und wurde akzeptiert.

Eines Morgens waren meine Eltern sehr aufgeregt und voller Sorgen. Sie untersagten mir an diesem Tag, zur Schule zu gehen, und erzählten, daß die Synagoge — damit auch unsere Schule — zerstört und abgebrannt sei. Die Kinder aus dem dicht danebenstehenden Waisenhaus hätte man nachts in ihren Schlafanzügen auf die Straße gejagt. Herr Wollheim — Hilfskantor und Leiter des Waisenhauses — wurde schlimm geschlagen, und man wollte ihn in den auf der anderen Straßenseite fließenden Pregel werfen, unzählige jüdische Männer wurden verhaftet und in die Gefängnisse der Gestapo gebracht. Frau Winter — eine Bekannte — sammelte am frühen Morgen die Waisenkinder zusammen und nahm sie zu sich nach Hause. Wir wußten, daß sie noch ein geräumiges Zuhause hatte.

Ich war ganz benommen und wollte unbedingt Kontakt mit meinen Schulfreunden aufnehmen. Aber an diesem Tag bangte man bereits um Leben, Freiheit und Gesundheit, deshalb durfte ich unsere Wohnung nicht verlassen. Rundfunk und Zeitungen berichteten von einem Mord in Paris. Herschel

Grynszpan hatte ein Mitglied der deutschen Botschaft erschossen. Grynszpan wollte sich dafür rächen, daß seine Eltern bei einer Vertreibungsaktion von 17000 ›staatenlosen‹ Juden am 28. Oktober 1938 über die Grenze nach Polen gejagt wurden. Göring und Goebbels ergriffen sofort die Gelegenheit, nun endlich Synagogen und jüdische Geschäfte womöglich endgültig aus deutschen Städten ›auszumerzen‹. Gleichzeitig wurde der von SS- und SA-Leuten in Zivilkleidern verübte Pogrom als spontaner Ausbruch des Volkszorns deklariert, der der Welt die ›wahre‹ Einstellung der Deutschen zu ihren jüdischen Mitbürgern demonstrieren sollte. Den materiellen Schaden der Kristallnacht mußten — obwohl er nur jüdisches Eigentum betraf — die Juden in Form einer Geldbuße von über einer Milliarde Mark bezahlen.

Erinnern wir uns, daß einenhalb Jahre später Konrad Lorenz den Satz schreibt: »... wir müssen — und dürfen — uns hier auf die gesunden Gefühle unserer Besten verlassen und ihnen die Gedeihen oder Verderben unseres Volkes bestimmende Auslese anvertrauen ...« Hat Lorenz zu diesem Zeitpunkt womöglich gewußt, daß Hitler am 1. September 1939 in einem Brief an den Chef der Führerkanzlei, Philipp Bouhler, und seinen Begleitarzt, Dr. Karl Brandt, eine Blankovollmacht zur Tötung geistig Behinderter erteilt hatte? Entsprechende Aktionen waren doch im vollen Gang. Bischof Theophil Wurm, Pastor Friedrich von Bodelschwingh — und viele andere — protestierten deshalb auf das schärfste. Am 3. August 1941 drohte Bischof Graf Galen in öffentlicher Predigt mit Anzeige wegen Mordes. — Demgegenüber muß man Lorenz' Satz, »... so müßte die Rassenpflege dennoch auf eine *noch* schärfere Ausmerzung ethisch Minderwertiger bedacht sein, als sie es heute schon ist ...«, als Aufforderung verstehen, zu noch effektiverer Vernichtung überzugehen, der dann mit Auschwitz ja auch entsprochen wurde. (Einige Seiten weiter werde ich seine Zitate in größerem Zusammenhang wiederholen.)

Als ich wieder ausgehen durfte, führte mein Weg sofort zur Synagoge. Erschüttert stand ich davor und sah zum ersten Mal ein zerstörtes und verbranntes Bauwerk. Nur ein paar Jahre später sah ganz Königsberg genauso aus, und wenn man wollte, konnte man darin ein Gottesgericht sehen. Ich konnte es nicht. Was dann kam, ›strafte‹ uns und viele andere genauso und oftmals mehr, als die wirklich Schuldigen.

Als ich Lehrerin Wolff traf, erzählte sie mir, daß man alle Thorarollen auf der Straße verhöhnt und zerrissen habe. Aber das Waisenhaus könne man wieder herrichten, und dann würden wir dort die Schulstunden fortsetzen. Aufgeben dürften wir niemals. Einige Zeit jedoch blieb die Schule geschlossen. Wir arbeiteten schwer, und nach und nach kamen die meisten verhafteten Männer wieder frei. Diese Verhaftungsaktion war wohl als Hauptprobe gedacht – ein Vorgriff auf Kommendes. Auch wenn die Gestapo das verharmlosende Wort ›Schutzhaft‹ gebrauchte, spürte jeder von uns eine tödliche Gefahr. Während seiner Gefangenschaft blieb die schöne Stimme meines zeitweiligen Hebräischlehrers, Kantor Dr. Rudolf Pik, nicht unbemerkt. Das erzählte mir später seine Tochter Ursel. So verlangten die Gestapoleute von ihm, ihnen das Horst-Wessel-Lied vorzusingen, worauf Pik die ›Techesaknah‹ sang, eine jüdische Hymne. Ärgerlich zwang man ihn, den Text zu übersetzen. Er lautet: »Stärkt Eure Hände, Brüder, wo Ihr auch seid, verstreut in der Welt. Euer Mut soll nicht fallen. Fröhlich und jubelnd kommt, wie ein Mann, zur Hilfe des Volkes.« Darauf mißhandelten sie Pik und schlugen ihn böse ins Gesicht.

Alle waren wir zutiefst bedrückt. Jeder bemühte sich um Auswanderung, aber eben in vielen Fällen erfolglos. Als wir mit dem Schulunterricht wieder anfangen konnten, erlebten wir tagtäglich die große Ruine der ehrwürdigen Synagoge wie ein stumm leidendes und anklagendes Mahnmal. Ich glaube, erst die zerstörten Gotteshäuser der Juden hatten viele im In- und Ausland hellhörig werden lassen. Vor allem diejenigen, die bis dahin geglaubt hatten, daß in einem Kulturstaat wie Deutschland das Schlimmste schon nicht passieren würde. Brennende Synagogen als Warnschreie! Trotzdem erleichterten die Regierungen anderer Länder den Juden die Einreise immer noch nicht. Private Vereine, Einzelpersonen und religiöse Gruppen der Nachbarländer halfen. So boten die Quäker Freiplätze an, um dreizehnjährige jüdische Kinder in englischen Boardingschools unterzubringen. Die Kosten wurden zum Teil von anonym gebliebenen Personen übernommen.

Unsere Freunde Schepses hatten so einen Boardingschoolplatz für ihre Tochter Renate angeboten bekommen. Renate war aber zu jung, und außerdem erreichte einer ihrer Verwandten doch noch eine Einreiseerlaubnis nach Amerika. Den somit frei gewordenen Boardingschoolplatz in Schottland boten sie meiner Schwester Miriam an. Meine Eltern sagten sofort zu, und eines Tages zog diese kleine große Schwester mit Gepäck und Geige zum Bahnhof, um uns auf unbestimmte Zeit zu verlassen. Wir haben uns erst nach zehn Jahren wiedergesehen. Ihr einsames Schicksal, in einem fremden Land unter fremden Menschen, der fremden Sprache unkundig, mag ihr vielleicht das Leben gerettet und ganz bestimmt gräßliche Vergewaltigungen oder Verschleppung durch die Russen erspart haben, leicht aber ist ihr das frühe Exil nicht gefallen, und ihre Erzählungen aus jener Zeit bewegten mich später sehr.

Nach Miriams Abreise war ich noch mehr als zuvor in meine Religion eingetaucht, und das verband mich noch intensiver mit meinen Schulfreunden und -freundinnen. Ganz besonders klammerte sich jetzt mein Herz an Liesbeth Dannenberg, ein blondes, sommersprossiges Mädchen mit zartem Busen, die etwas älter und sicherlich viel reifer war als ich. Ich verliebte mich wieder einmal und fühlte mich unsicher, verwirrt und voll Sehnsucht. Es bedurfte großer Anstrengung, mir nichts anmerken zu lassen; aber irgendwie verstand ich es doch einzurichten, daß bei den häufig wechselnden Unterrichtsfächern und damit auch Klassenzimmern mein Platz direkt hinter dem ihren war. So hatte ich manchmal ihre wunderschönen langen Zöpfe auf meiner Schulbank vor mir, was mich ganz selig machte.

Wenn es mir nur nicht so schwer gefallen wäre, ihre Aufmerksamkeit auf mich zu lenken! Sie wollte einfach keine Notiz von mir nehmen, bis ich einmal eine folgenschwere Idee hatte: Es war in der Deutschstunde bei Fräulein Wolff. Ich hatte zufällig − oder absichtlich − ein paar Reißnägel dabei, und als Liesbeths Zöpfe wieder einmal auf meiner Holzbank lagen, rammte ich sie mit mehreren Reißnägeln fest. Kaum geschehen, stellte auch schon Fräulein Wolff eine Frage an sie. Nach damaliger Gewohnheit mußte man sofort aufstehen und antworten. Jedoch bei dem Versuch aufzustehen, zog es ihren Kopf gewaltig nach hinten, bevor sich die Reißnägel losrissen. Als kluges Mädchen erfaßte sie die Sachlage sofort, und ehe ich mich versah, hatte ich eine so saftige Ohrfeige hingelangt bekommen, daß meine

Backe noch zu Hause rot war. Fräulein Wolff erkannte die Situation ebenfalls erstaunlich schnell, und da sie fand, daß sich Vergehen und Strafe entsprachen, überging sie den Vorfall, als wenn nichts geschehen wäre. Sie intensivierte nur den Unterricht ein wenig. Ich wußte sofort, daß ich gerade etwas Bleibendes erlebt hatte. Etwas, woran ich mich immer erinnern werde. Irgendwann nach dieser Stunde fing ich an, Ruth Marwilski zu lieben.

Kriegsbeginn

Vaters Wutanfälle erschrecken. Einmal geht die Heizung aus, dann ist das Eßbesteck nicht sauber genug, der Mittagsschlaf gestört, sein Nachmittagskuchen angefuttert — von mir —, das Essen schlecht gewürzt. Immer wieder gibt es unerwartet Schläge. Einer Einladung seiner Verwandten aus Schweden folgt er nicht. Es wäre unsere Rettung gewesen. Ihm fehlt der Mut, mit fast sechzig Jahren in die Fremde zu gehen und etwas Neues beginnen zu müssen. Sein Gewissen peinigt ihn. Er lernt intensiv Chinesisch und spricht mit mir über Laotse und Konfuzius.

Alle flüchten wir in andere Welten. Mutter übt Geige, sooft sie kann, und spielt mit einem Pianisten Sonaten. Sie hält mich dazu an, meine Zeit zu nutzen — was immer sie darunter versteht — und kontrolliert meine Schularbeiten auf gute Leistung. In den wenigen Stunden meines Alleinseins versuche ich mich aufzuklären. Ich ziehe unseren vielbändigen »Meyer« zu Rate. Mit Hilfe der Hinweise — »siehe Frau« — »siehe Vagina« — »siehe Geschlechtsverkehr« — »Geburt« usw. möchte ich verstehen, was mir keiner erklärt. Den schlüpfrigen Bemerkungen der anderen Kinder mißtraue ich. Fragen gäbe es viele, aber es geht auch so. Wenn doch alles irgendwie zusammenpassen würde! Meyers Lexikon, Christi »Liebet eure Feinde« — »Hängt die Polacken auf« —, Mozart-Sonaten, »SA marschiert«, Goethes »Edel sei der Mensch, hilfreich und gut« — aber wohl nicht gegenüber Juden, Zigeunern, Homosexuellen, Zeugen Jehovas, Franzosen, Slawen und Volksfeinden. –

Deutschland dehnte sich immer mehr aus. Die Wehrmacht marschierte in Wien ein. Österreich wird Teil des Deutschen Reichs. Dann ist Sudetenland an der Reihe, und sechs Monate später wird das restliche tschechische Staatsgebiet besetzt. So nebenbei im gleichen Monat auch noch das Memelgebiet. Die Westmächte bemühten sich mit allen Mitteln, den Frieden zu bewahren.

Herr Dossow – der Kolonialwarenhändler von gegenüber – und Herr Rogalli aus dem ersten Stock – unser Blockwart – tragen jetzt SA-Uniform. Dossow droht meinem Vater Folgen an, wenn weiterhin Juden zu uns kämen. Wir kümmern uns aber nicht darum. Später sollte Vater seine Stelle als beamteter Geiger im städtischen Orchester verlieren, und so bat er seine berühmte Nichte – Dorothea Wieck – um Hilfe. Bei Göring erreichte sie eine Order an die Königsberger Stadtverwaltung. Vaters Entlassung wurde daraufhin einstweilig widerrufen.

In der Schule führen wir Wilhelm Tell auf. Ich darf den Tell spielen und baue mir eine Armbrust. Es gibt viel Text zu lernen, aber das sind wir gewöhnt. Auswendig lernen mußten wir immer schon; Gedichte, Balladen, Lieder, Gebete und Vokabeln. Am Freitag nach der Schabbatstunde – die letzte Unterrichtsstunde in der Woche – bringt Herr Weinberg allen, die es wollen, das Tanzen bei. Er spielt dabei ganz herrlich auf dem Klavier. Eigentlich bin ich noch viel zu jung, aber Herrn Weinberg stört das nicht, und außerdem weiß er, wie sehr ich sein Spiel bewundere. Er hat eine große Begabung und kann Sinfonien und alles, was er kennt, nach dem Gehör spielen. Einmal legte er ein Laken auf die Tasten und spielte immer noch genausogut. Wir waren so verblüfft und ehrfürchtig, daß er eines Tages auch noch einen Bettbezug mitbrachte. Stolz versammelte er uns Kinder um das Klavier und, wieder mit einem Laken auf den Tasten, stülpte er sich diesmal auch noch den Bettbezug mit genießerischem Hokuspokus über Kopf und Körper. Alles sah weiß und geisterhaft aus, besonders als er sich in Rage spielte. Er wirkte zwar wie ein furchterregendes Gespenst, aber die Tatsache, daß er uns ja nicht sehen konnte, animierte zum Schabernack. Zuerst hielt Manfred Echt eine olle Schirmmütze über seinen Kopf, und dann holte jemand seinen großen Filzhut vom Garderobenständer. Wir konnten unser Lachen kaum noch geräuschlos halten. Keiner hörte mehr auf sein immer schwungvoller werdendes Spiel, da passierte es: Erwin, der den Hut dicht über dem Kopf mal so, mal anders hielt, ließ ihn plötzlich fallen. Auf dem Höhepunkt unseres Amüsements war der Spuk urplötzlich zu Ende. Nicht nur, daß Herr Weinberg fürchterlich erschrak, er war auch tödlich gekränkt und beleidigt. Es dauerte Wochen — wenn nicht Monate —, ehe er wieder ein Klavier anrührte.

In der Steinmetzstraße genau uns gegenüber wohnten Stocks. Dr. Stock war auch nicht ganz ›reinrassig‹, vom Herrenmenschenstandpunkt aus betrachtet, und hatte sicherlich ebenfalls darunter zu leiden. Seine Frau und die Tochter entsprachen aber dem in jener Zeit typischen Idealbild der deutschen Frau; die Mutter war blond mit Mittelscheitel und Dutt, die Tochter hatte zur Schnecke eingedrehte Zöpfe. Beide spielten, wie sich das gehörte, Klavier. Tochter Ute — zwei Jahre älter als ich — auch noch Blockflöte. Ich lauschte verzückt zu ihr hinüber und übte manchmal bei offenem Fenster in der Hoffnung, etwas Bewunderung zu erregen. So war ich sehr zufrieden, als Vater erzählte, daß Stocks von meinen Fortschritten sehr beeindruckt seien. Das war mir aber nicht genug. Ich wollte auch Bedeutsames malen und womöglich Michelangelo übertreffen. Inspiriert von Kopien des Deckengemäldes der Sixtinischen Kapelle malte ich philosophische Gemälde mit Unterwelt und himmlischen Paradiesen. Mein Zimmer stank nach billigen Ölfarben.

Sonntagvormittags zelebrierte Vater in der Regel einen langen Spaziergang, zu dem er mich oftmals mitnahm. Mutter verließ kaum noch das Haus. Auf diesen Spaziergängen wurde auch Hochphilosophisches gesprochen. Möglichst aus alter Zeit. Vielleicht half ihm das, die beängstigende Tatsache zu verdrängen, daß sich die Straßen immer mehr mit Uniformierten füllten. HJ und BDM, SA und SS, Heer, Luftwaffe und Marine. Uniformen mit den verschiedensten Farben und Rangabzeichen. Wie alle Jungen interessierte es mich aber, Mannschafts- und Offiziersgrade zu unterscheiden. Immer wenn wieder ein Uniformierter vorbeikam, sagte es in mir: Leutnant, Scharführer, Gefreiter, Fähnleinführer usw. Ohne Frage genossen die meisten Uniformträger ihren nach außen dokumentierten Rang, und es gab ganz sicher Momente, in denen ich bedauerte, niemals eine schöne Uniform tragen zu dürfen. Das militärische Element wurde im Straßenbild immer präsenter. Die sich mehrenden Paraden mit Panzerfahrzeugen und Kanonen fand ich faszinierend. So bekam ich manchmal das Gefühl, wohl auch auf der anderen Seite gestanden haben zu können. Es war ja mein Schicksal, Verfolgter zu sein, keineswegs mein persönliches Verdienst. Wäre ich kein Jude, so müßte auch ich irgendeiner uniformtragenden Gruppe angehören und kann leider nicht ausschließen, daß die allgemeine Begeisterung mich angesteckt hätte.

Wie reif ist denn schon ein Kind — ich war elf Jahre alt.

Mein Kinderspielzeug und die Utensilien in meinem Zimmer spiegelten die gegensätzlichen Einflüsse wider: eine kleine Thorarolle und die Hitlerköpfe in der Briefmarkensammlung, der Chanukkaleuchter und die Zündplättchenkanone, meine Geige und der Karton mit Christbaumschmuck, Zinnsoldaten und Teddybär, Katapult und Dichterquartett, Indianerkostüm und etwas später ein Tallit, der jüdische Gebetsschal.

In jener bewegten Zeit nahmen mich Stocks mit in den Dom. Dort führte man die Matthäuspassion auf:

Ich werde zur Vorsicht ermahnt und weiche allen Gesichtern aus, die ich kenne oder die mich kennen. Im überfüllten Dom ergreift und erschüttert mich die herrliche Musik. So wird, an der Seite von Ute, Bachs Passion zum zweiten musikalisch überwältigenden Erlebnis. Schlimm finde ich nur den Text. (Vom »Judas, der ihn verriet« über »Judas verrecke« bis Auschwitz sehe ich eine deutliche psychologische Verbindung.) Immer wenn der Evangelist den Namen Judas singt, schrecke ich zusammen, und mir ist, als wenn er mich meint.

Die Primitivität menschlicher Emotionen kann groß sein. Außer den Römern lebten in Jerusalem vorwiegend Juden (Semiten). Aber Juden werden mit dem wie Jude klingenden Judas in Verbindung gebracht, nicht mit Christus. Auf die Frage: »Warum haßt ihr die Juden?« kam oft die Antwort: »Sie haben Christus gekreuzigt, und Judas hat ihn verraten«. Christus gleich Christen und Judas gleich Juden. Noch heute, nachdem alles vorbei ist — ist es das wirklich? —, verursachen die Worte des Evangelisten dieselbe Beklemmung, wann immer ich eine Passion spiele oder höre.

Die Militärparaden, die eine Demonstration der Macht und eine Drohung an alle Nachbarn sein sollten, sowie gleichzeitig abgehaltene Gottesdienste mit der Botschaft Jesu und der Darstellung seiner Leiden (wie bei der Matthäuspassion im Dom) sind symbolisch für das Nebeneinander und oft genug Miteinander von Kirche und Krieg. Anstatt für Liebe und Frieden mutig einzutreten und konsequent jeden Haß abzulehnen, arrangiert man sich mit den Hassern und ermöglicht diesen so zu tun, als handelten sie auch noch im Einvernehmen. Leider muß man die Frage stellen: Wieviele Kriege hat die Kirche denn schon aktiv und erfolgreich zu verhindern gewußt? Ganz abgesehen von denen, die in ihrem Namen geführt wurden!

Die Spannungen wuchsen täglich. Hitler provozierte die anderen und spielte mit dem Risiko eines Krieges. Für den Krieg arbeitete die Rüstungsindustrie schon lange, baute man Autobahnen zur Truppenverschiebung, bildete man die Jugend aus, betrieb man eine systematische Propaganda. Sogar der überraschende Abschluß eines Nichtangriffspaktes mit der Sowjetunion konnte nur Unheil für andere bedeuten, und so war es dann auch.

Nachdem die jahrelange Judenhetze auf einmal von einer vehementen Polenhetze begleitet wurde, gab es sofort auch den Haß auf die Polen und das Schimpfwort vom dreckigen Polacken. So schnell ging das, und als Hitler am 1. 9. 1939 verkündete: »Ab heute wird zurückgeschossen« (als wenn das schwache Polen das starke Deutschland überfallen hätte), war der Zweite Weltkrieg in Gang gesetzt, und des Unheils vorletztes Kapitel konnte beginnen. Durch den schnellen Sieg über Polen und die anderen danach überfallenen Nachbarn — Dänemark, Norwegen, Holland, Belgien —, schließlich die Kapitulation Frankreichs, befanden sich Hitler und seine Anhänger auf dem Höhepunkt ihrer Macht. Um uns herum jubelte alles. Ständig wurden Siege und Kapitulationen der überrannten Staaten gefeiert. Jeder Haushalt mußte dann mindestens eine Hakenkreuzfahne zum Fenster heraushängen. Man lobhudelte Hitler zum größten Staatsmann, größten Feldherrn, größten Deutschen aller Zeiten hoch; ganz Deutschland befand sich in einem durch Wahn verursachten Rauschzustand — dem Wahn, daß es möglich ist, ungestraft sich selber als etwas Besseres, Edleres, Wichtigeres über alle anderen zu erheben. Bevor aber solch ein Irrglaube zu einem bösen Ende führte, gab es noch viel Zeit für viel Unglück.

Barmizwa

Die Monate um meine Barmizwa herum waren angefüllt mit Ereignissen, von denen jedes für sich genommen große Sorgen, Umstellungen und Beschränkungen brachte. Die Lebensmittelrationen für Juden wurden ständig gekürzt und die Zuteilungskarten nun auch noch extra mit einem »J« gestempelt. Wir mußten Lebensmittel zu ganz bestimmten Zeiten in besonderen Geschäften kaufen. An Luftschutzübungen durften wir nicht teilnehmen. Eine Ausgangssperre verbot Juden das Betreten der Straße ab 20 Uhr. Mit vierzehn Jahren zwang man alle Juden zum Arbeitseinsatz, vorwiegend an gesundheitsschädigenden Orten wie chemischen Fabriken, Bergwerken oder bei der Müllabfuhr. Meine Mutter arbeitete bereits zehn Stunden täglich in der chemischen Fabrik Gamm & Sohn.

Der Überfall auf Rußland — am 22. Juni 1941 — hatte erste Luftalarme und kleine Bombenexplosionen durch russische Schlachtflieger zur Folge. Aber vorläufig wurde immer noch gesiegt, und bisher diente der Krieg der glorreichen Selbstbestätigung der Nazis. Außer der Schweiz war ganz Zentraleuropa besetzt und teilweise auch der Balkan. Im Mai wurden Jugoslawien und Griechenland überfallen, Norwegen und Dänemark hatten die Waffen gestreckt, und sicher wäre Hitler auch bei den Schweden einmarschiert, wenn diese die Transporte über ihr Territorium und Eisenerzlieferungen abgelehnt hätten. Die Welt schien wehrlos gegenüber Hitlers Aggressionen.

Trotz Judenverfügungen und Kriegsberichten, Geigenspiel und Jugendliebe, Konfuzius und Karl May bestimmte aber meine Barmizwa den Monat Juli und wurde für mich zu einem Ereignis, das alles andere verdrängte.

In einer sehr dicht bebauten Wohngegend des alten Königsberg gab es die Seilerstraße (ehemals Synagogenstraße), und dort, in einer kleinen Seitenstraße, stand die Synagoge der »Adass Jisroel«. Die »Adass Jisroel« war eine selbständige Gruppe orthodoxer Juden, die sogar zwischen 1899 und 1921 aus der ihnen zu liberal gesonnenen Königsberger jüdischen Gemeinde ausgetreten waren. Das geschah nach langjährigen religiösen, aber auch finanziellen Differenzen. In der Kristallnacht wurden die Einrichtung und Kultgegenstände zwar zerstört, Feuer legen konnten die Gottesschänder aber nicht. Sie hätten die ganze Umgebung gefährdet. So ließ sich der Schaden beheben, und man hielt wieder Gottesdienste ab. Jedoch die Hausherren waren – anders als bei der abgebrannten Synagoge – orthodoxe Juden. Sie bestanden auf strenger Einhaltung von Vorschrift und Ritus.

Mein eher liberaler Lehrer war inzwischen ausgewandert, und der strenggläubige Herr Benjamin nahm sich meiner an. Er war ein gütiger Mensch, der durch die Einhaltung aller Gebote eine Art Unverletzbarkeit zu erreichen glaubte. Er lebte so, daß er mit gutem Gewissen davon ausgehen konnte, Gott zufriedenzustellen. Und da alles durch Gottes Willen geschieht, konnte er sich diesem unbesorgt anvertrauen. Gottes Wille offenbart sich ja im Schicksal der Menschen, meinte er. So gab es kaum noch Probleme, außer dem, wie man sich am besten verhält, um Gottes Wohlwollen möglichst mehr als andere zu verdienen.

Dieser gottesfürchtige Mann beeindruckte mich sehr, und ganz gewiß übertrug er seine Religiosität und Denkweise auch auf mich. Er kannte noch den Bruder meines Großvaters, Israel Hulisch, den er als einen frommen Rabbiner hoch schätzte, und wer der Neffe eines solchen Großonkels war, der mußte ebenfalls das Zeug zum frommen Juden haben, hatte er wohl gedacht. Oftmals lud er mich nach dem Schabbatgottesdienst zu sich nach Hause ein. Bevor wir uns an den festlich zurechtgemachten Mittagstisch setzten (zu essen gab es nur ganz wenig), wusch sich jeder die Hände und sprach einen Segens- und Dankesgruß, eine »Bracha«. Dasselbe geschah vor dem ersten Bissen und vor dem ersten Schluck: »Gelobt seist Du, Ewiger unser Gott, König der Welt, der der Erde das Brot entnimmt«, oder »... der die Frucht des Weinstocks erschuf«. Selbstverständlich waren bei so viel Einbeziehung des lieben Gottes alle Gespräche vorwiegend geistiger Natur. Die Predigt, ein Psalm, die jüdische Geschichte, Moses Gebote und ihre Auslegung waren die bevorzugten Themen.

Ich wurde ein orthodoxer Jude. Jeden Morgen legte ich Tefillin an (Gebetsriemen, mit denen man die Morgengebete spricht), lernte fleißig Hebräisch und war auf meine Barmizwa vorbereitet. Den Eltern entfremdete ich mich in dieser Zeit, und ich entsinne mich noch des entsetzten Blickes meines Vaters, als er mich bei der Morgenandacht überraschte. Mir war sein Zurückschrecken sehr peinlich. Mutter wußte nicht so recht, was sie sagen sollte. Eigentlich hätte ich nun auch alle Speisegesetze befolgen wollen und müssen, doch da stieß ich bereits auf unüberwindliche Schwierigkeiten. Schließlich kochte nicht ich, und alle Lebensmittel wurden sehr knapp. Es blieb mir keine Wahl, seit jeher herrschte bei uns die Regel, alles zu essen, was auf den Tisch kam.

Am Schabbat durfte der fromme Jude nicht fahren; aber bis zur Synagoge war es weit, ich hätte lange laufen müssen. Pessach sollte man nur ungesäuertes Brot (Mazzen) essen und Jom Kippur fasten. Um alle diese Gebote halten zu können, hätte es unbedingt der Unterstützung durch meine Eltern bedurft. Nur etwas freundliche Toleranz genügte da nicht. So kam es zu einem ständigen Wechsel zwischen Gebote halten und Gebote brechen – eine zwiespältige Situation. Da es mir mit meiner Gottesbeziehung tiefster Ernst war, bedrückte mich diese Heuchelei. Vorerst blieb aber keine andere Möglichkeit, als mit Widersprüchen, Gesetzesverletzungen und einer Art Doppelrolle zu leben. In der Schule, der Synagoge und bei jüdischen Freunden war ich orthodoxer Jude. Zu Hause aß ich weder koscher, noch konnte ich andere Vorschriften konsequent einhalten. Herr Benjamin sah in mir den guten Juden, meine Eltern den folgsamen Sohn.

Als nun endlich der Tag meiner Barmizwa gekommen war, fühlte ich ein so starkes Eingebundensein in die Formen der jüdischen Gottesverehrung, daß Gott und jüdische Rituale nicht mehr voneinander zu trennen waren. Der Tag, an dem ich vor das »Antlitz Gottes« trat – so nannte es Herr Benjamin –, war der Tag, an dem das Antlitz Gottes alttestamentarische Züge hatte. Als ehrfürchtiger Jude verneigte ich mich vor ihm. Ich erinnere mich:

Der Morgen war schön und die Sonne heiß. Es war Ende Juli und Mutter hatte meinen Anzug mit den langen Hosen sorgfältig zurechtgelegt. Ich betete meine Morgengebete so andächtig ich konnte, aß und trank nichts und legte meinen Tallit in eine blaue Samttasche. Vater hatte Orchesterprobe, und wie mir schien, wollte er auch nicht allzuviel mit meiner Barmizwa zu tun haben. Ihm war alles fremd und vielleicht sogar nicht sehr sympathisch. Ich weiß es nicht und nehme lieber an, daß er als Christ meine jüdische Gottesverlobung nicht stören wollte. Mutter sagte ich, daß ich zu Fuß zur Synagoge gehe und nicht, wie sonst manchmal, die halbe Strecke fahren werde.

Viel zu früh verlasse ich das Haus, und Mutters Abschied ist — das spüre ich deutlich — gleichzeitig ihr Segen. In der Synagoge sind wir ja nach jüdischer Sitte getrennt, und wiedersehen werde ich sie erst, wenn alles vorüber ist.

Viele Gedanken bewegen mich auf meinem langen Weg. So viele, daß der Weg noch doppelt so lang sein könnte. Als ich in die Seilerstraße einbiege, treffe ich Schulfreunde und Ruth, die mir verschämt und errötend eine Blume schenkt. Sie ist ein stilles und fein empfindendes Mädchen, und ich liebe sie mit ständig wechselnden Gefühlen.

Es ist wirklich mein Tag. Wie gut, daß nur ich allein Barmizwa habe. Durch einen engen Korridor kommen wir in den Synagogenraum, wo man mir einen besonderen Platz anweist. Alle sind aufmerksam und behandeln mich wie einen verdienstvollen Erwachsenen. Meine Erregung steigert sich ständig. Etwas Sorge habe ich, ob ich alles wirklich gut gelernt habe. Mein Text ist ein ziemlich langer Absatz aus der Thora. Den ganzen Anfang des Gottesdienstes nehme ich nicht so recht wahr. Das Lampenfieber wird immer stärker. Mein großer Moment läßt unendlich lange auf sich warten. Dann ist es aber soweit.

Feierlich hat man die Thora aus ihrem Schrein geholt und auf den altarähnlichen Tisch gelegt. Ich weiß, daß ich einige Absätze abzuwarten habe, ehe ich dran komme, aber ich fühle mich nun sicherer.

Jahrelang habe ich alles gelernt. Mit Samtkäppchen und Tallit trete ich vor, als der Aufruf erfolgt. Der Kantor geht zur Seite, und ich berühre beide Holzgriffe der Thorarollen, verneige mich tief und sage den hebräischen Segensspruch: »Gelobt seist Du, Ewiger unser Gott, König der Welt, welcher uns die Worte der Wahrheit offenbart hat«. Rabbiner, Kantor und Beisteher ermutigen mich mit Blicken und Gesten, während ich an die linke Seite der Thora trete. Noch bin ich nicht mit Lesen an der Reihe. Ich stehe jetzt neben dem Kantor, der den letzten Absatz – vor dem von mir einstudierten – mit lauter, klangvoller Stimme vor›leint‹. Dann ist auf einmal die Stille da, welche ich auszufüllen habe. Aller Ohren und Aufmerksamkeit ist nun auf das gerichtet, was aus meinem Mund zu hören sein wird. Das Aufsagen der Bracha war nur eine Vorstufe des großen Moments, der jetzt gekommen ist. Die Schrift der Thora ist ja unpunktiertes Hebräisch; Vokale und Gesangsanweisungen muß ich jetzt auswendig wissen. Als ich die ersten Worte singe, klingen sie etwas heiser und leise. Ich merke es sofort und zwinge mich, laut und deutlich zu sein. Es gelingt, und fehlerlos bringe ich meinen Abschnitt zu Ende. Nun trete ich an die rechte Seite der Thora, und der Kantor setzt mit dem nächsten Absatz der Lesung fort. Es dauert nur wenige Minuten, dann verneige ich mich wiederum und sage eine andere Bracha. Der Rabbiner segnet mich und spricht ein Gebet für meine Eltern. Das haben wir vorher verabredet. Danach kehre ich auf meinen Platz zurück und warte das Ende der Thoralesung ab, denn nun folgt die Predigt, die auf mich gemünzt sein wird. Diese Predigt ist sehr eindringlich, und er redet viel von Treue und Standhaftigkeit. Sein Gleichnis vom Wanderer, der sich in seinen Mantel hüllt, wenn es stürmt und schneit, ihn aber ablegt, wenn die Sonne wärmt, bezieht er auf das Judentum, auf die in Notzeiten Schutz spendende jüdische Religion. Im weiteren Verlauf meines Lebens werde ich noch sehr oft daran denken und mich damit auseinandersetzen. In diesem Moment glaube ich, daß er recht hat. Ich bin ergriffen, erregt und glücklich. Hinterher gratulieren mir alle. Es ist spät geworden, Mutter versucht mich zu überreden, mit der Straßenbahn nach Hause zu fahren. Heute will ich es auf keinen Fall, und wieder gibt mir der lange Rückweg Gelegenheit zum Nachdenken. Ich spüre deutlich, daß in der Predigt der Zweifel zum Ausdruck kam, ob ich meinem Judentum treu bleiben werde. Was anderes konnten die Ermahnungen bedeutet haben?

Damals bezog ich Treue zum Judentum auf das Einhalten der vielen Gebote, mit denen ich nie so recht etwas anfangen konnte. Auch abgesehen von den Speisegesetzen, fehlten vielen Geboten die logischen Begründungen, und unlogisch zu handeln, nur weil Moses vor einigen tausend Jahren bestimmte Verhaltensweisen verlangt hat, fiel mir ausgesprochen schwer. So konnte es durchaus sein, daß ich bald den Mantel des Judentums etwas lockerer tragen würde.

Keine Zweifel hatte ich darüber, daß in schweren Zeiten — jeder fühlte, daß noch viel schwerere Zeiten kommen würden — Gottes Wohlwollen besonders lebenswichtig ist. Heute finde ich den Umstand sehr bedenklich, daß angesichts einer drohenden Massenvernichtung Gedanken und Sorgen um die rechte Erfüllung biblischer Gebote kreisten. Zukunftssicherung durch Nichtbenutzung von Straßenbahnen am Schabbat; passive Ergebenheit in jedes Schicksal als Gottesdienst.

Wieviele Millionen grausam umgekommener Menschen aller Religionen haben sich vorher aufopferungsvoll um Gottes Wohlwollen bemüht? Spekulationen, daß Gott denen, die er besonders liebt, auch ein schweres Schicksal auflädt, wären für den, der sich mit den Vorgängen in KZlagern befaßt hat, eine zynische Verhöhnung der Ermordeten. Das Leid, das eine Mutter, ein Vater oder das Kind erfährt, wenn man vor dem nahenden Tod voneinander getrennt wird — wie es vor Vergasungen und Erschießungen oft der Fall war —, ist so unbeschreiblich groß und tief, daß diese Form des Leidens nicht mehr in die Kategorie Gottesprüfungen aufgenommen werden kann. Eine so furchtbare Bestrafung würde den Prüfer zum grausamsten Wesen machen, das menschliche Phantasie sich vorzustellen in der Lage ist. Er wäre kein ›Vater im Himmel‹, der die Prädikate gnädig, gerecht oder liebend verdiente. – Doch alle diese Gedanken keimten erst später, und mit ihnen begann das ›Antlitz Gottes‹ sich zu wandeln.

Die Barmizwa ging recht unfeierlich mit allerlei Geschenken zu Ende. Die große Bedeutung dieses Tages steht aber außer Zweifel. Wenn sich auch mit zunehmender Reife, anderen Lebenserfahrungen und Einsichten die Gottesvorstellung änderte, so bleibt meine Barmizwa eine wichtige Auseinandersetzung mit Gott. Andere Konfrontationen fanden in Todesgefahren und auch bei der intensiven Suche nach IHM statt. Selbst in blitzartigen Momenten hellsichtiger Innen-, Zukunfts- oder Menschenschau offenbarte sich jenes unvorstellbare Etwas — Gott. Nach und nach wird Gott für mich zur Kraft, zu einer allem innewohnenden Urenergie. Spinozas Ethik, die Bhagavadgita und der Buddhismus, die Liebesbotschaft Christi und sogar die natürliche Vernunft wurden zu verschiedenen Linsen, die meine Gottessicht veränderten und wegführten von Ritualen, mit denen ich Gottes Aufmerksamkeit zu erregen hoffte.

Zur gleichen Zeit, als meine Barmizwa stattfand, beauftragte Göring Heydrich mit der Vorbereitung für eine »sachliche und materielle Gesamtlösung der Judenfrage« im deutschen Einflußgebiet Europas. Nur wenige Wochen später wurden im KZ Chelmno bei Posen und in Auschwitz die ersten Versuchsvergasungen vorgenommen und bei einem Judenmassaker in Babi Jar bei Kiew 34 000 Menschen ermordet.

Der gelbe Stern

Mutter sorgte dafür, daß mein Interesse für Literatur und Poesie lebendig blieb und als schöner, hoffnungsvoller Kontrast wirkte. Die Musik entfaltete ihre Kraft und übernahm, wie in allen Notzeiten, die Rolle der Trösterin. Weisheiten stärkten den Glauben an das Gute, und jeder Ausdruck menschlicher Wärme machte uns glücklich, gab Halt. Obwohl ich noch nicht wissen konnte, daß die letzten Monate meiner Schulzeit und des Zusammenseins mit allen Schulfreunden begonnen hatten, erlebten wir eine Intensität im Tun und Fühlen, wie sie nur durch eine Ahnung kommenden Unheils zu erklären ist. Erwin Pätzall schrieb an einer bereits hundert Seiten umfassenden Arbeit über ein jüdisches religiöses Thema. Manfred Hopp imponierte mit einem phänomenalen Gedächtnis für Geschichtsdaten, und ich versuchte mich mit tiefsinniger Prosa. Zu Hause entstand Bild um Bild, und auf der Geige wurden das Mendelssohn-Konzert und die Rhode-Etüden studiert. Außerhalb der Schulzeit lud uns Fräulein Wolff zu sich nach Hause ein, um Shakespeare mit verteilten Rollen zu lesen. Ich mußte extra in die Stadt — mit dem Fahrrad —, und alles Sehnen galt Ruth, der ich dabei zu begegnen hoffte. Wenn wir uns dann wie zufällig trafen, bemühte sich jeder, ganz unauffällig zu erscheinen. Spielte der Teufel mit, dann brüskierten und verletzten wir uns. Aber meistens gab man sich Beweise gegenseitiger Zuneigung und Anteilnahme. So bereitete man sich gelegentlich Zweifel und Schmerz — als wenn es davon nicht schon genug gegeben hätte — und natürlich auch großes Glück, nach dem wir uns alle sehnten.

Nachbar Klaus kam regelmäßig. Wenn ich ihn besuchte, um mit seiner schönen Eisenbahn zu spielen, wurde das Spielzimmer von außen abgeschlossen, damit keine zufälligen Besucher oder andere Verwandte entdecken konnten, daß Norras Kontakt mit Juden hatten. Diffamierungen, antisemitische Plakate, Verordnungen konnten wir Kinder verkraften. Bis zu diesem Zeitpunkt waren meine Erfahrungen und Enttäuschungen durch die unglaublichen politischen Umstände vielleicht bemerkenswert, aber keineswegs von so außergewöhnlicher Natur. Ein Kind, das schielt oder irgendeine andere Behinderung hat, wird genausoviel Abwertung und Enttäuschung erfahren.

Die große Politik und der Krieg behielten für mich etwas Unbegreifliches. Etwas, dem man machtlos ausgeliefert war wie dem Wetter. Mit seltsamer Erregung verfolgte ich den Vormarsch in Rußland, und jede neu eroberte Stadt markierte ich mit bunten Stecknadeln auf einer Landkarte, die in meinem Zimmer an der Wand hing. Warum tat ich das?

In jenen Tagen besuchte mein Halbbruder Peter seinen (meinen) Vater; Peter war Nazi und hochdekorierter Offizier, der den Polen-, Frankreich- und Rußlandfeldzug an vorderster Front im Panzerwagen mitgemacht hatte. Verständlicherweise bestand große Spannung zwischen Vater und Peter, und wir wußten nicht, wie er auf Mutter und mich reagieren würde. Er war dann auch uns gegenüber stolz und sehr kühl und lehnte jede Gefälligkeit ab. Während er mit Vater im Wohnzimmer sprach, hing seine Offiziersmütze im Korridor neben einem Spiegel. Mutter war in der Küche. Leise und vorsichtig nahm ich die Mütze, setzte sie mir auf und schaute lange in den

Spiegel. Was ging wohl in mir vor? Ich kann es heute nicht mehr sagen, nur eines ist gewiß: Ohne Neigung zur gleichen Eitelkeit, mit der so viele junge Männer Uniformen und Tapferkeitsabzeichen trugen, hätte ich die Mütze nicht aufgesetzt. So verschieden waren wir wohl doch nicht, wie es Eisernes Kreuz und Judenstern glauben machen sollten.

Vater brauchte einige Tage, bis er schockierende Einzelheiten aus den Berichten seines Sohnes wiedererzählte. Mein besonderes Erschauern erregte die Erwähnung, daß sie — wer waren sie? doch nicht etwa Peter? — einen mit hohen Auszeichnungen dekorierten Russen mit Benzin übergossen und angezündet hätten. Peter wurde vor Moskau verwundet und überlebte sicher deshalb den Krieg, weil er nur noch als Ausbilder eingesetzt werden konnte. Nach dem Zusammenbruch besann er sich seiner schwedischen Verwandten und entzog sich dem Anblick des von ihm mitverursachten Scherbenhaufens.

Dann erscholl jener Klageschrei unserer Nachbarin. Er hallte durch Tür und Wände und disharmonierte in krassester Weise mit Siegesfreuden und ›Deutschland erwache‹-Gesängen. Das Telegramm mit der Nachricht vom Heldentod ihres Sohnes Helmut zerschmetterte die Eltern. Eine russische Schlachtfliegerbombe beendete sein junges Leben. Helmut war die große Hoffnung der kleinbürgerlichen Familie Norra gewesen. Er hatte ein hervorragendes Abitur gemacht und war auf dem Weg, alle ihnen bekannten Vorfahren auf der sozialen Stufenleiter zu überholen. Ihr ganzer Stolz war Helmut, nicht Klaus oder Lilo. Für Norras war der Traum vom Großdeutschen Reich kein Thema mehr. Immer wieder klagten sie ihr Leid und waren untröstlich.

Als Fausthieb für uns kam der Befehl — nicht einmal mehr überraschend —, einen gelben Judenstern zu tragen. So wurde der zweite Jahrestag des Kriegsbeginns ein Datum mit Wendepunktcharakter. Konnte man bis dahin noch glauben, daß alle Maßnahmen gegen Juden auf berufliche, finanzielle, rechtliche und soziale Einschränkungen abzielten, so wurde ab jetzt unzweifelhaft klar, daß man eine völlige Ausschaltung beabsichtigte. Erste Deportationen bestätigten diese Annahme, und mehr und mehr Ortsnamen wurden nun mit KZs in Verbindung gebracht. Am 23.10.41 verbot eine neue Verordnung jede weitere Auswanderung von Juden. Die Falle war zugeschnappt. Das Planen der ›Endlösung‹ (das war das seit einiger Zeit immer wieder benutzte Wort) konnte beginnen. Alle Juden wurden nun schon jahrelang als rassisch minderwertig und volksschädlich bezeichnet. Jegliche Schmach der deutschen Geschichte wurde ihnen angelastet. Wieder hatte man Sündenböcke, und an ihrer Verteufelung nahmen unzählige Menschen bedenkenlos teil, die sich der großen Tradition des deutschen Geisteslebens verbunden fühlten. Verteufelungen sind aber die Saat, aus der Böses wächst. Damit kann man die Voraussetzungen für Entfremdung, Abgrenzung und schließlich sogar Massenmord schaffen, und nur dadurch bekamen Verbrechen den Anschein legaler Aktionen zur Rettung des deutschen Volkes. Wie eine ›wissenschaftlich‹ gefaßte Aufforderung zur Euthanasie und zu ›rassenpflegerischen Maßnahmen‹ genauer aussah, mögen die folgenden Auszüge aus Konrad Lorenz' 1940 in der »Zeitschrift für angewandte Psychologie und Charakterkunde« erschienener Arbeit über »Durch Domestikation verursachte Störungen arteigenen Verhaltens« zeigen.

Es handelt sich um einen ›Graugänse‹-Aufsatz. Im Schlußsatz seiner Einleitung betont er das Ziel seiner

Arbeit: »... Ich hoffe vielmehr, die weit anspruchs-
vollere Aufgabe zu erfüllen, *die Augen des zur Auslese
Berufenen auf ganz bestimmte Werte zu lenken, deren
Pflege schon deshalb der Auslese vorbehalten bleiben muß,
weil sie durch Erziehung und Erworbenes grundsätzlich
unbeeinflußbar sind.*«

Die folgenden Zitate sollen in aller Umfänglich-
keit verdeutlichen, wie menschenverachtend und gefühllos Theoretisieren sein kann und wie kalt es sich
über menschliches Leid hinwegsetzt. In nationalso-
zialistischem Jargon schreibt Lorenz von »Parasiten
des Volksganzen«, über »ethisch Minderwertige«
oder »sozial minderwertiges Menschenmaterial«.
Alle müssen unbedingt ausgemerzt werden, sowohl
die mit »Ausfallserscheinungen Behafteten«, als auch
die Fremdrassigen, deren »züchterische Ausschaltung« deshalb so einfach ist, weil man sie ja leichter
erkennen kann als die anderen. Das Gegenteil dazu
sind die »vollwertigen Artgenossen« in einem »gesunden Volkskörper«. »Güter des Bluts« und die
»höchsten Erbgüter« müssen seiner Meinung nach
durch »Ausmerzungen« vor dem kleinsten Verfall
geschützt werden, denn »nichts kann den weiteren
Bestand und die weitere Entwicklung alles dessen,
wofür wir leben und kämpfen, so schwer gefährden«. Noch stärker konnte man Nazimaßnahmen
zur Euthanasie und Juden-Vernichtung nicht fördern
und unterstützen. (Eine Entschuldigung, daß er ›nur‹
kriminelle Elemente gemeint hat, kann bei seinen
Formulierungen nicht gelten.) Man überzeuge sich
selbst:

... Sollte es mutationsbegünstigende Faktoren geben, so
läge in ihrem Erkennen und Ausschalten *die wichtigste Aufgabe des Rassepflegers überhaupt;* denn das immer von neu-
em mögliche Auftreten von Menschen mit Ausfällen im
arteigenen sozialen Verhalten bildet eine Schädigung für

Volk und Rasse, die schwerer ist als die einer Durchmischung mit Fremdrassigen, denn diese ist wenigstens als solche erkennbar und nach einmaliger züchterischer Ausschaltung nicht weiter zu fürchten. Sollte sich dagegen herausstellen, daß unter den Bedingungen der Domestikation keine Häufung von Mutationen stattfindet, sondern nur der Wegfall der natürlichen Auslese die Vergrößerung der Zahl vorhandener Mutanten und die Unausgeglichenheit der Stämme verschuldet, so müßte die Rassenpflege dennoch auf eine noch schärfere Ausmerzung ethisch Minderwertiger bedacht sein, als sie es heute schon ist, denn sie müßte in diesem Falle buchstäblich alle auslesenden Faktoren ersetzen, die im natürlichen Freileben die Auslese besorgten. Auch müßte dann diese Auslese auch nach einmal erfolgter Ausmerzung der Ausfallmutanten ständig weiter wachen und mit dem erneuten Auftreten der homologen Mutationen rechnen. [...]

Ein kleiner Ausfall irgendeiner sozialen Hemmung, der die mit ihm behaftete Sippe in einem Bauern- oder Fischerdorf nur benachteiligen würde, kann sie unter den Bedingungen des Großstadtlebens befähigen, die vollwertigen Artgenossen zu übervorteilen und zum gefährlichen Parasiten des Volksganzen zu werden. Jedermann kann sich unbegrenzt viele wirklich vorkommende Fälle vergegenwärtigen, in denen auf diese Weise die sozial wertvollen Eigenschaften der Vollwertigen mit negativer Auslese »belohnt« werden. Diese Erscheinung führt überall dort, wo Raumkonkurrenz der Artgenossen der einzige auslesende Faktor ist, dazu, daß ein sozial minderwertiges Menschenmaterial gerade *durch* diese Minderwertigkeit instand gesetzt wird, den gesunden Volkskörper zu durchdringen und schließlich zu vernichten. Ganz dasselbe tun in weitestgehender biologischer Analogie die Zellen bösartiger Geschwülste in dem Zellstaate höherer Organismen. [...]

Aus der weitgehenden biologischen Analogie des Verhältnisses zwischen Körper und Krebsgeschwulst einerseits und einem Volke und seinen durch Ausfälle asozial gewordenen Mitgliedern andererseits ergeben sich große Parallelen in den notwendigen Maßnahmen. So wie beim Krebs — von einigen unwesentlichen Teilerfolgen der Strahlungsbehandlung abgesehen — der leidenden Menschheit nichts anderes geraten werden kann als möglichst frühzeitiges Erkennen und Ausmerzen des Übels, so beschränkt sich auch die rassehygienische Abwehr gegen die mit Ausfallserscheinungen behafteten Elemente auf die gleichen recht primitiven Maßnahmen. [...]

Jeder Versuch des Wiederaufbaues der aus ihrer Ganzheitsbezogenheit gefallenen Elemente ist daher hoffnungslos. Zum Glück ist ihre Ausmerzung für den Volksarzt leichter und für den überindividuellen Organismus weniger gefährlich als die Operationen des Chirurgen für den Einzelkörper. Die große technische Schwierigkeit liegt in ihrem *Erkennen*. In dieser Beziehung aber kann uns die Pflege unserer eigenen angeborenen Schemata, mit anderen Worten unseres gefühlsmäßigen Reagierens auf Ausfallserscheinungen viel helfen. Ein guter Mensch in seinem dunklen Drange merkt sehr wohl, ob ein anderer ein Schuft ist oder nicht ...[...]

Dennoch muß diese Rolle von irgendeiner menschlichen Körperschaft übernommen werden, wenn die Menschheit nicht mangels auslesender Faktoren an ihren domestikationsbedingten Verfallserscheinungen zugrunde gehen soll. Der rassische Gedanke als Grundlage unserer Staatsform hat schon unendlich viel in dieser Richtung geleistet. Die nordische Bewegung ist seit jeher gefühlsmäßig gegen die »Verhaustierung« des Menschen gerichtet gewesen, alle ihre Ideale sind solche, die durch die hier dargelegten biologischen Folgen der Zivilisation und Domestikation zerstört werden würden, sie kämpft für eine Entwicklungsrichtung, die derjenigen, in der sich die heutige zivilisierte Großstadtmenschheit bewegt, gerade entgegengesetzt ist. Für keinen biologisch Empfindenden kann ein Zweifel bestehen, welcher dieser beiden Wege der Weg der eigentlichen Evolution, der Weg nach »oben« ist! [...]

Die wirksamste rassenpflegerische Maßnahme ist daher wenigstens vorläufig sicher die mögliche Unterstützung der natürlichen Abwehrkräfte, wir müssen — und dürfen — uns hier auf die gesunden Gefühle unserer Besten verlassen und ihnen die Gedeihen und Verderben unseres Volkes bestimmende Auslese anvertrauen. Versagt diese Auslese, mißlingt die Ausmerzung der mit Ausfällen behafteten Elemente, so durchdringen diese den Volkskörper in biologisch ganz analoger Weise und aus ebenso analogen Ursachen wie die Zellen einer bösartigen Geschwulst den gesunden Körper durchdringen und mit ihm schließlich auch sich selbst zugrunde richten. [...]

Die vorliegende Arbeit sei mit einer Mahnung geschlossen: Wir empfinden das vollkommene Vorhandensein aller art- und rasseeigenen Eigenschaften unserer Mitmenschen gefühlsmäßig und zwangsläufig als einen der höchsten Werte, die wir überhaupt kennen. Das Wort »schön« bezeichnet, auf einen Menschen angewendet, ihr Vorhandensein im Körperlichen, »gut« dasjenige im ererbten arteigenen Verhalten, die Worte »häßlich« und »schlecht« ihr Fehlen. Die höchste und noch weit über die des Schönen hinausgehende Wertschätzung des »Guten« ist voll und ganz berechtigt, die biologische Überlegung gibt unseren innersten Gefühlen bis ins Letzte hinein recht: In Nichts, auch in der Schönheit nicht, liegt die Wurzel rassischer Gesundheit und die Kraft zu künftiger stammesgeschichtlicher Höherentwicklung so unmittelbar verankert wie im ererbten arteigenen sozialen Verhalten. Nichts kann den weiteren Bestand und die weitere Entwicklung alles dessen, wofür wir leben und kämpfen, so schwer gefährden wie jeder kleinste Verfall dieser Güter des Blutes. Diese Wertung der höchsten Werte darf uns indes nicht hindern, ihre tiefe und unlösbare Naturgebundenheit voll zu erkennen. Kein dünkelhafter Glaube an irgendwelche nur für den Menschen geltende Sondergesetzlichkeiten in der Natur darf uns davon abhalten, in bescheidener Selbsterkenntnis zu unseren einfacheren und eben deshalb leichter verständlichen Mitgeschöpfen hinabzusteigen, um bei ihnen jenes Tatsachenwissen zu erwerben, dessen wir zur Erhaltung und Pflege unserer höchsten Erbgüter bedürfen!

Was für ein wortreiches Gedankengebäude, dessen wacklige Grundpfeiler die nirgendwo klar analysierten Begriffe eines »vollwertigen«, bzw. »ethisch Minderwertigen« oder mit »Ausfallserscheinungen behafteten« Menschen sind. Begriffe, mit denen man innerhalb einer brutalen Diktatur hemmungslosen Mördern Rechtfertigungen lieferte. Auch tut Lorenz so, als ob man von einer rassischen Einheitlichkeit irgendeines europäischen Volkes reden könnte, wobei er die Menschen auch noch in »schöne« und »gute«, bzw. ihr Gegenteil, »häßliche« und »schlechte« aufteilt. Immer wieder betont er die Notwendigkeit des »Ausmerzens« und beschwört, um dieser Aufforderung den größten Nachdruck zu verleihen, das Schreckgespenst eines von Krebszellen befallenen Körpers. − Für diejenigen, die wissen wollen, wie man die nicht fremdrassigen Krebszellen erkennt − also die mit ›Ausfallserscheinungen‹ Behafteten −, hat er den für einen Wissenschaftler bemerkenswerten Satz parat: »Ein guter Mensch in seinem dunklen Drange merkt sehr wohl, ob ein anderer ein Schuft ist oder nicht.« Und die Auslese und das ›Ausmerzen‹ will er den ›Besten‹ überlassen. Wer das im Dritten Reich war, setzt er als selbstverständlich bekannt voraus.

1940 mußte Lorenz doch gewußt haben, wozu er anstiftete. Unmißverständlich hat er die bis dahin praktizierte Rassenpolitik belobigt und eine »*noch schärfere Ausmerzung ethisch Minderwertiger*« verlangt. Außerdem dürfte die symbolische Eindringlichkeit der Königsberger Synagogenruine ja nicht ausgerechnet dem Professor für Humanpsychologie dieser Stadt entgangen sein. Jedes Königsberger Kind wußte damals, daß sich die von ihm für gut befundene Rassenpolitik gegen Juden, Zigeuner, Neger, Slawen, Volksfeinde (Oppositionelle), Behinderte und Asoziale richtete.

Wie viele haben sich bemüht herauszufinden, wie es möglich war, daß tausende sogenannte normale Menschen sich in eine Mordmaschinerie haben einspannen lassen. Sie müßten doch eigentlich auf derlei Artikel gestoßen sein. Mit Hilfe solcher Krebsgeschwürargumente konnte es am Ende gelingen, in so großem Umfang das Gewissen auszuschalten und das Unglaubliche zu rechtfertigen. – Offen bleibt für mich die Frage, warum diejenigen, die zu kriminellen Handlungen aufforderten, hinterher nicht nur nicht angetastet oder zur Rechenschaft gezogen, sondern auch noch mit den höchsten Ehren bedacht wurden, während man die von ihnen Verführten hinrichtete oder bestrafte. Ist es wirklich so viel weniger schlimm, das »Ausmerzen« von Menschen zu wollen, zu verlangen und zu begründen, als es auszuführen? Diese Gedanken kamen mir nicht erst, als sich die Stadt Wien entschloß, den Nobelpreisträger Lorenz zum Ehrenbürger zu machen!

Unter den von Konrad Lorenz später kritisierten vielen ›Todsünden‹ der Menschen vergaß er leider eine der allerschlimmsten zu erwähnen – den über Leichen gehenden Opportunismus! –

Als ich bei der jüdischen Gemeinde den faserigen gelben Stoff mit dem aufgedruckten Judenstern abholte und bezahlte, begann eine Zeit, in der es nun nicht mehr möglich war, so zu tun, als wenn man dazugehörte, oder anders gesagt, zeitweise zu vergessen, daß man nicht dazugehörte. Bisher gab es noch Momente, in denen Ruth und ich ein Boot mieteten und auf dem Schloßteich bei schönem Wetter eine unbeschwerte Stunde auf dem Wasser verbrachten. Wir ruderten unter überhängenden Weiden hindurch, an Enten und Schwänen vorbei, und niemand konnte wissen, daß es für uns verboten war. Ganz selten besuchte man mit einigem Herzklopfen ein Kino oder fuhr mit dem Vorortzug an die See zum Baden. Jetzt aber mußte an jedem Oberbekleidungsstück ein gelber Stern angenäht und über dem Herzen offen getragen werden. Zuwiderhandlung konnte immer gleich Abtransport in irgendein KZ bedeuten.

Es kostete große Überwindung, als Gekennzeichneter die Straße zu betreten und den erstaunten, neugierigen, ablehnenden, aber auch mitfühlenden Blicken ausgesetzt zu sein. Wegen der mitfühlenden Menschen kam nur einen Monat nach Einführung des Judensterns eine weitere Verfügung heraus (RSHA [Reichssicherheitshauptamt] IV 84b − 1027/ 41 24. Okt. 41), die besagte: »Alle deutschblütigen Personen, die in der Öffentlichkeit freundschaftliche Beziehungen zu Juden zeigen ... sind in Schutzhaft zu nehmen bzw. in schwerwiegenden Fällen bis zur Dauer von drei Monaten in ein KZ einzuweisen. Der jüdische Teil ist in jedem Fall bis auf weiteres unter Einweisung in ein Konzentrationslager in Schutzhaft zu nehmen.« − Mitgefühl wurde polizeilich verboten. ›Krebszellen‹ schützt man nicht, und auf keinen Fall kommuniziert man mit Juden. Die meisten kritischen Gemüter, solcherweise verängstigt, trauten sich nicht mehr, irgendwelche Sympathie zu zeigen.

Wie kann man den Zustand und das Gefühl beschreiben, mit einem Kennzeichen herumzulaufen, das zum Verabscheuen auffordert? Mein Aussehen als dreizehnjähriger Junge würde man als typisch deutsch bezeichnet haben. Genausowenig hatten meine Schulkameraden die in der Nazipropaganda beschriebenen unsinnigen Merkmale des ›minderwertigen Rassejuden‹ − lange schwarze Haare, Buckel und krumme Nase; ungefähr so, wie der großartige Philosoph Moses Mendelssohn aussah, den seine

Zeitgenossen, unter ihnen Lessing und Lavater, so verehrten. Jetzt, da es den Stern gab, brauchte man keine gebogene Nase mehr zu haben. Der gelbe Fleck genügte, um Haßreaktionen auszulösen, auch wenn die Gezeichneten wie die eigenen Kinder oder Eltern aussahen. Damals erklärten sieben national-kirchliche Kirchenführer, unter ihnen der Präsident des Landeskirchenamtes Sachsen und der Landesbi-schof von Mecklenburg:

»Als Glieder der deutschen Volksgemeinschaft stehen die unterzeichneten deutschen Evangelischen Landeskir-chen und Kirchenleiter in der Front dieses historischen Abwehrkampfes, der u. a. die Reichspolizeiverordnung über die Kennzeichnung der Juden als der geborenen Welt- und Reichsfeinde notwendig gemacht hat, wie schon Dr. Martin Luther nach bitteren Erfahrungen die Forderung erhob, schärfste Maßnahmen gegen die Juden zu ergreifen und sie aus deutschen Landen auszuweisen . . . Durch die christliche Taufe wird an der rassischen Eigenart eines Juden, seiner Volkszugehörigkeit und sei-nem biologischen Sein, nichts geändert. Eine deutsche Evangelische Kirche hat das Leben deutscher Volksgenos-sen zu pflegen und zu fördern. Rassejüdische Christen haben in ihr keinen Raum und kein Recht«.

Die Rechtlosstellung der Juden war so vollständig, daß man sie ungestraft vom Bürgersteig auf die Straße schicken, schlagen, bespucken, ja wenn man wollte, töten konnte.

Zwar besagte die strenge Vorschrift, daß der Stern immer deutlicher sichtbar getragen werden müsse, aber ein zufällig zur Nase geführter linker Arm ist ja nicht allzeit zu kontrollieren, und nur so war es möglich, den Stern kurz zu verstecken.

In der ersten Zeit erregte man vorwiegend Neu-gier, aber nach und nach änderte sich das. Wenn ich einmal von den zwar unangenehmen, aber ver-gleichsweise harmlosen Neckereien und Spottrufen anderer Kinder absehe, bleiben doch einige unbegreifliche Verhaltensweisen Erwachsener in der Erinnerung, die ich erzählen möchte.

Wie schon vorher erwähnt, war der von hinten mit großer Wucht ausgeführte Schlag auf meinen Kopf die bitterste Erfahrung. Wie groß muß der Haß sein, um so etwas zu tun! Daß der Täter sogleich davonlief, deutete aber ein schlechtes Gewissen an, wenn es nicht aus Feigheit geschah.

Ein anderes Mal, einige Monate später, ging ich wie üblich zur Arbeit, als ein Zivilist auf mich zukam und im brüllenden Befehlston verlangte, daß ich ›Judensau‹ gefälligst auf der Straße gehen sollte und nicht auf dem für ›anständige‹ Bürger vorgesehenen Bürgersteig. Ich mußte am Rinnstein der mit Pferdewagen, Autos und Radfahrern befahrenen Straße gehen, bis ich weit genug aus der Sichtweite dieses Herrn war. Verweigerung hätte – besonders, wenn es sich um einen Amtsträger handelte – als Widerstand gegen die Staatsgewalt zur sofortigen Deportation führen können. Gerichtsverhandlungen gab es für Juden nicht mehr. Die Staatspolizei hatte diesbezüglich ihre speziellen Anweisungen.

Nicht weniger schockierend war es, angespuckt zu werden. Es passierte einige Male, meistens waren es junge Männer, die mir unerwartet plötzlich ins Gesicht spuckten. Um ihnen zu entgehen, war ich bald nur noch mit dem Fahrrad unterwegs. Im Vergleich zu dem Verhalten anderer Städtebewohner ihren ›Gezeichneten‹ gegenüber – zum Beispiel Hamburg, Berlin oder Köln – scheint mir die ostpreußische Bevölkerung besonders erfolgreich aufgehetzt gewesen zu sein, wohl eine Folge der vielen Hetzreden des ehrgeizigen und pathologisch antisemitischen Gauleiters Erich Koch. Ich entnehme das einigen Erfahrungsberichten anderer Sternträger.

Genauso unvergeßlich sind die positiven Erlebnisse, die es natürlich ebenfalls gab. Ein freundliches Wort oder ein im unbeobachteten Moment schnell zugestecktes Stück Kuchen, ein Blick, eine Geste. Daß das aber nur sehr selten geschah, lag ganz sicher daran, daß es großer Zivilcourage bedurfte, gegen eine Verfügung zu verstoßen, die mit KZ-Bestrafung drohte, wenn jemand solcherart Mitgefühl zeigte.

In einem Fall hielt mich eine junge Frau an. Ich fuhr mit dem Fahrrad zur Arbeit. Sie sagte hastig in gebrochenem Deutsch, daß sie mich sprechen möchte und daß sie mich schon mehrfach beobachtet hätte. Sie nannte eine abgelegene Straße als geeigneten Treffpunkt und die Uhrzeit − halb sieben, wegen meiner Ausgehsperre nicht später −, schenkte mir eine Tüte mit herrlichen Biskuits und verschwand ängstlich und schnell. (Dies und auch das folgende Erlebnis geschah erst gegen Ende des Krieges.) Als ich mich am anderen Tag an dem verabredeten Ort einfand, warteten zwei Frauen. Sie gehörten zu den vielen tausend auf den Straßen ihrer russischen Heimat aufgegriffenen Frauen, die man zum Arbeitseinsatz nach Deutschland verschleppt hatte. Sie erzählten, daß sie bei hohen Funktionären Haushälterinnen seien und ich sie so sehr an einen Bruder bei ihnen zu Hause in Rußland erinnerte. Sie deuteten an, daß sie etwas mit Juden zu tun hätten. Dann gaben sie mir wieder eine Tüte mit Biskuits, und wir verabredeten einen neuen Termin, um uns zu treffen.

Ich erzählte diese Geschichte meinen Eltern, und mein ängstlicher Vater machte sich große Sorgen. Er meinte, daß es sich hier um das Anwerben von Spionen handeln könnte und verbot mir strikt, zu einem weiteren Treffen zu gehen. Heute bin ich mir ziemlich sicher, daß diese bedauernswerten Frauen Jüdinnen waren, die ihr Leben dadurch retteten, daß sie sich in die Kolonnen der nach Deutschland abgehenden Transporte einschmuggelten. Der Anblick meines gelben Sterns erinnerte sie an das ihnen unbekannte Schicksal ihrer Verwandten daheim. In mir sahen sie einen Ersatzbruder, über den sie ihr unerträgliches Heimweh zu mildern hofften. Als dann die Russen Königsberg eroberten, quälten und vergewaltigten sie diese Frauen ebenfalls. Sie wurden sogar der Kollaboration mit Deutschen verdächtigt und in vielen Fällen zu langjährigen Freiheitsstrafen verurteilt.

Gegen Kriegsende passierte eine kuriose Geschichte: Ich war fünfzehn oder knapp sechzehn Jahre alt und bekam, sicher aufgrund eines Verwaltungsirrtums, einen Gestellungsbefehl. Unter Androhung schwerster Strafen bei Nichtbefolgung sollte ich mich an einem bestimmten Tag morgens um acht Uhr zur Musterung einfinden. Ort der Musterung war ein Haus in der Nähe des Tiergartens. Nun war es gar nicht einfach, eine Beurlaubung von meiner Arbeit in der chemischen Fabrik zu bekommen. Aber ein Gestellungsbefehl war eine Anordnung mit höchster Befehlsgewalt. Bei Nichtbefolgung drohte Verurteilung wegen Desertion. Das bedeutete die Erschießung:

Als ich etwas verspätet zum Musterungsort komme, stehen schon verschiedene Gruppen Sechzehnjähriger in Reih und Glied. Mit meinem gelben Judenstern gehe ich an den Angetretenen vorbei auf einen älteren Hauptmann zu, der erschreckt zurückzuckt, als ich ihm meinen Gestellungsbefehl überreiche. In seiner Verlegenheit schnauzt er mich erstmal wegen zu späten Erscheinens an, prüft dann meinen mit »J« gekennzeichneten Ausweis und fragt nach dem Namen. Laut sage ich »Michael Israel Wieck«. Daraufhin beordert er mich, als würde er den Stern nicht sehen, zu einer der angetretenen Riegen.

Ich, ein Jude mit gelbem Stern, stehe im hautengen Kontakt mit Hitlerjungen, die angetreten sind, um die Schar der Gefallenen zu ersetzen. Alles blickt erstaunt zu mir. Einige tuscheln miteinander. Aber die auf unbedingten Gehorsam eingestellten Jungen und nicht minder die hier amtierenden Offiziere handeln nur noch auf Anweisung Vorgesetzter. Ich hatte den Gestellungsbefehl erhalten, also war ich zu mustern. Nach endlosem Warten muß auch ich mich ausziehen und von einem Raum in den anderen gehen. Hier werden die Augen geprüft, dort die Ohren, Herz und Lunge, Größe und Gewicht. Dann schickt mich plötzlich ein Arzt in einen Nebenraum und dirigiert den Strom der zu Untersuchenden so, daß ich für kurze Zeit allein bin. Im nächsten Moment kommen drei Ärzte in weißen Kitteln herein, drücken mir warmherzig die Hand und fragen nach meiner Arbeit und meinem Ergehen. Sie versichern mir ihren Abscheu gegenüber den herrschenden Zuständen und fordern mich auf, tapfer durchzuhalten. Dann verschwinden sie wieder schnell an ihre Plätze, öffnen die Tür und entlassen mich zu den anderen.

Nackt trete ich noch vor einen halbkreisförmigen Tisch, an dem Ärzte und Offiziere sitzen. Dort muß ich, wie alle anderen, strammstehen, mich drehen und bücken. Fragen, wie sie den anderen gestellt werden: »Was wollen Sie werden? Welche Waffengattung bevorzugen Sie?« usw. stellt man mir nicht. Ratlos wird am Tisch geflüstert, ich spüre ihre Hilflosigkeit. Schließlich sind sie keine Parteibehörde und haben nur die Erschienenen zu mustern. Am Ende bekomme ich aber wie jeder andere einen Wehrpaß, aber mit dem Vermerk »Ersatzre-

serve, nicht zu verwenden«. Dann werde ich entlassen.

Nur wer die damalige Situation einigermaßen kennt,
weiß, wie absurd diese Geschichte ist; als hätte sich
der leibhaftige Teufel in eine Gruppe von Anwärtern
für die himmlischen Heerscharen gemischt. Den
Wehrpaß mußte ich irgendwann abgeben, als sich
der Irrtum herausstellte. Im stillen dachte ich bereits
an Untertauchen und stellte mir vor, daß ein Wehrpaß dabei helfen könnte. Doch wie unrealistisch war
das. Eine Flut von Bescheinigungen mußte jeder
Wehrpflichtige haben, der sich nicht an irgendeiner
Front aufhielt. Das Desertieren sollte unmöglich
gemacht werden, und als schon alles am Zusammenbrechen war, errichtete man am Nordbahnhof Gal-
gen, an denen man eingefangene Deserteure zur Ab-
schreckung einige Stunden hängen ließ. Sie hatten
Pappschilder umgehängt mit der Aufschrift: »Ich
mußte sterben, weil ich ein Feigling bin.«

Mit der Einführung des Judensterns wurde die
Phase der konkreten Aktionen zur Ausrottung aller
Juden eingeleitet. Wer jetzt noch Optimist war, ver-
schloß seine Augen vor eindeutigen Hinweisen. Mit
dem ›Schandfleck‹ auf meiner Brust war meine
Kindheit ein für allemal vorbei. Der Kampf ums
Überleben begann.

Ende der Schulzeit

Als ich eines Morgens aus dem Küchenfenster auf unseren Hof hinuntersah, wühlten völlig verhungerte russische Kriegsgefangene verzweifelt und hastig in den Müllkästen nach eßbaren Abfällen. Bewaffnete Aufseher versuchten sie fluchend daran zu hindern. Zwei junge Burschen hatten mit Toilettenpapier verbundene Verwundungen. Alles wies darauf hin, daß ihr großes Elend beabsichtigt war und keinerlei Anstalten zur Linderung unternommen wurden. Vater, dem ich die Bedauernswerten zeigte, erzählte von hunderttausenden hungernden Russen, die in festungsartig abgeschlossenen Lagern unversorgt hausten und umkamen. Doch diese Russen arbeiteten für die Müllabfuhr, und so beschlossen wir, Brot und Kartoffelreste − anderes hatten wir selber kaum noch − in die Müllkästen zu legen. Leider wurde es entdeckt und löste eine ergebnislose Untersuchung aus. Gleich wurde mit der Todesstrafe gedroht, und von da an öffneten die Aufseher die Müllkästen, bevor sie von den Russen geleert wurden. Erschrocken über soviel Brutalität im Umgang mit Menschen verlor für mich der Spielplatz Hof alle freudigen, idyllischen Assoziationen. Dabei war das erst der Anfang dessen, was bevorstand.

Der Kreis von Menschen, mit denen man öfter zusammen war, schrumpfte immer mehr. Die meisten Freunde meiner Eltern waren entweder ausgewandert oder trauten sich nicht mehr, uns zu besuchen. Tante Rebekka und Fanny sah ich nur noch selten. Die Klassen in der jüdischen Schule wurden immer kleiner, und die Ereignisse überstürzten sich. Es verging kaum eine Woche, in der nicht neue Judenverordnungen Erschrecken und Sorge brachten. Es folgt eine kurze Chronologie einiger dieser Verordnungen und Erlasse von Ende 1941 bis Mitte 1942, die ich der Sammlung von gesetzlichen Maßnahmen und Richtlinien »Das Sonderrecht für Juden im NS-Staat« entnehme:

12. 12. 41 (RSHA [Reichssicherheitshauptamt] IV B 4b – 1244/41)

Juden, die in der Öffentlichkeit den Judenstern tragen müssen, ist die Benutzung öffentlicher Fernsprechzellen verboten. Mitarbeiter der Reichsvereinigung und der jüdischen Kultusvereinigungen können aus dienstlichen Gründen eine Sondererlaubnis erhalten.

3. 1. 42 RFSSuCdDP [Reichsführer SS und Chef der Deutschen Polizei] IV B 4a – 50/52)

Angesichts der nahe bevorstehenden Endlösung der Judenfrage wird die Auswanderung von Juden deutscher Staatsangehörigkeit und staatenloser Juden aus dem Reich unterbunden. Das Reichssicherheitshauptamt kann in Sonderfällen besondere Auswanderungsanträge bestätigen, wenn die Auswanderung den Interessen des Reiches dient.

3. 1. 42 (LeiPK [Leiter der Parteikanzlei] I. 48/648)

Das Vermögen der jüdischen Kultusvereinigungen und der Reichsvereinigung der Juden ist nicht als jüdisch anzusehen, sondern als Vermögen, das den Zwecken des Reiches dient. Die Zentralstelle für die Auswanderung von Juden benutzt diese Mittel für die Erfüllung ihrer Aufgaben [insbesondere für die »Endlösung«]; daher werden die verschiedenen Behörden und Stellen angewiesen, ihre Anträge an die Aufsichtsbehörden und die Behörden für jüdische Auswanderung vor Erfassung dieses Vermögens zu stellen. [Die Verfügung erwähnt den Verfall des Vermögens ausgewanderter Juden auf Grund der 11. VO zum

Reichsbürgergesetz und die Verfügungsbeschränkungen über das bewegliche Vermögen der sich noch in Deutschland aufhaltenden Juden auf Grund der Verordnung vom 27. 11. 41 Vfg / AnO II, S. 135 – 143(T)]

5. 1. 42 (RSHA IV B 4 – 7/42)
Juden, die in der Öffentlichkeit den Judenstern tragen müssen, haben bis zum 16.1.42 die in ihrem Besitz befindlichen Pelz- und Wollsachen sowie Skier, Ski- und Bergschuhe abzuliefern. Die Ablieferung erfolgt über die örtlichen jüdischen Vertrauensmänner der Kultusvereinigungen an die Polizeibehörden; Vergütung wird nicht gewährt.

8. 1. 42 (RStH [Reichsstatthalter] Hessen II – 5 – 16930)
Ergänzungen zu der Anweisung des Verkehrsministers vom 18.9.41. Schwere Beschränkungen hinsichtlich der Benutzung öffentlicher Verkehrsmittel durch Juden.

14. 2. 42 (LeiPK I. 13 / 151)
In Bäckereien, Konditoreien usw. sind Schilder anzubringen, die darauf hinweisen, daß Kuchen an Juden und Polen nicht abgegeben werden.

15. 2. 42 (AnO [Anordnung])
Juden dürfen keine Haustiere mehr halten.

17. 2. 42 (RSHA)
Juden sind von der Belieferung mit Zeitungen, Zeitschriften, Gesetz- und Verordnungsblättern durch die Post, durch Verlage oder Straßenhändler ausgeschlossen; nur in besonderen Fällen kann eine Genehmigung erteilt werden.

3. 3. 42 (RMI [Reichsminister des Innern] I e 30/42 – 517)
Die Bearbeitung der Gesuche jüdischer Mischlinge auf Erteilung der Genehmigung zur Eheschließung wird für die Dauer des Krieges eingestellt.

16. 3. 42 (Gestapo Dresden)
In Dresden wird den Juden der Kauf von Blumen verboten.

27. 3. 42 (Gestapo Karlsruhe)

In Anbetracht der nahe bevorstehenden Abschiebung sollen Juden keine polizeiliche Erlaubnis mehr zum Verlassen ihres Wohnorts erhalten.

5. 4. 42 (RSH A II B 4/7104)

Die niederrheinischen Polizeipräsidenten, Landräte und Bürgermeister werden angewiesen, in den Melderegistern nicht den Zielort der Transporte, sondern lediglich den Vermerk »unbekannt verzogen« bzw. »ausgewandert« einzutragen.

April '42 (AnO)

Den Juden ist der Besuch von Ariern und in Mischehe lebenden Personen in deren Wohnungen verboten.

24. 4. 42 (AnO)

In Dresden wird den Juden befohlen, alle Rasierapparate, neuen Kämme und Haarscheren an die zuständigen Stellen abzuliefern.

12. 5. 42 (RSHA IV B 4b – 859/412)

Juden, die in der Öffentlichkeit den Stern tragen müssen, dürfen von nichtjüdischen Friseuren nicht bedient werden.

13. 5. 42 (Ob [Oberbürgermeister] Berlin HErn V 4 b – 2310)

Die Zigeuner sind kürzlich den Juden arbeitsrechtlich gleichgestellt worden. Diese Gleichstellung soll auch auf dem Ernährungsgebiet angewendet werden. Ich bitte daher, für Zigeuner mit sofortiger Wirkung weder Zusatzkarten für Schwerarbeiter noch Zulagekarten für Land- und Nachtarbeiter auszugeben.

12. 6. 42 (RSHA IV B 4 b – 1375/42 – 20)

Die Juden werden verpflichtet, sofort alle in ihrem Besitz befindlichen elektrischen Geräte, Fahrräder, Photoapparate, Ferngläser usw. abzuliefern. Dies gilt nicht für in privilegierter Mischehe lebende Juden und Juden ausländischer Staatszugehörigkeit. Zuwiderhandlungen sind mit schärfsten staatspolizeilichen Maßnahmen zu ahnden.

7. 7. 42 (RMWiss [Reichsminister der Wissenschaften] E II e Nr. 1598)

Im Hinblick auf die Entwicklung der Aussiedlung der Juden in der letzten Zeit hat der RMI (Reichssicherheitshauptamt) im Einvernehmen mit mir die Reichsvereinigung der Juden in Deutschland angewiesen, sämtliche jüdischen Schulen bis zum 30. Juni 42 zu schließen und ihren Mitgliedern bekannt zu geben, daß ab 1. Juli 42 jegliche Beschulung jüdischer Kinder durch besoldete und unbesoldete Lehrkräfte untersagt ist. Ich gebe ihnen hiervon Kenntnis. Von einer Veröffentlichung dieses Erlasses ist abzusehen.

Oft muß ich an das schöne Schubertlied denken: »Du holde Kunst, in wieviel grauen Stunden ...« Die Kreutzersonate, die ich nämlich damals mit Mutter mehr schlecht als recht spielte, und die ungestörten Momente mit Pinsel und Farbe wurden lebensnotwendige Gegengewichte mit ständig wachsender Bedeutung. Der Geigenklang konnte mich verzaubern und berauschen. Radio und Konzerte durften wir nicht mehr hören, und so war jede Musik, die durch offene Fenster und Türen drang, wie ein Gruß aus einem verlorenen Paradies. Außerdem malte ich ab und zu große Bilder mit weltanschaulichem Inhalt. Dann packte mich echtes Schaffensfieber, so daß für Essen und Trinken weder Lust noch Zeit blieb.

Eine Anzahl meiner Schulfreunde konnte vor dem endgültigen Auswanderungsverbot Deutschland noch verlassen. Darunter auch Herr Kaelter − unser Schulleiter − und Lehrer Nußbaum. Nun leitete Fräulein Wolff die Schule. In ihrer feinfühligen Art waren ganz besonders ihre Unterrichtsstunden ebenfalls Momente des Entrückens in bessere Welten. Man kann verschiedener Meinung sein, ob die großen Klassiker die richtige Lektüre für junge Menschen waren, die sehr bald lieber gewußt hätten, welche Pflanzen und Pilze man essen kann und was nahrhafter ist, Getreidekörner oder halbverweste Tierkadaver. Wie man Verwundungen, Krankheiten, Hautausschläge ohne Medikamente behandelt und man sich vor Tiefffliegern und Bombensplittern schützt. Ich machte aber die Erfahrung, daß zum Überwinden großer Schwierigkeiten geistige Nahrung genau so ein Kraftquell ist wie Essen und Trinken. Natürlich wäre es gut gewesen, die anderen Dinge auch zu lernen. Aber dann hätten wir Lehrer haben müssen, die das, was uns bevorstand, bereits durchlebt hätten. Die gab es aber nicht.

Damals, bevor einige dieser Gesetze in Kraft traten, kamen mir alle die Stunden in der Gemeinschaft meiner übriggebliebenen Klassenkameraden wie Augenblicke vor, in denen wir wirklich glücklich waren. Ganz sicher waren wir warmherziger zueinander und unterhielten intensivere freundschaftliche Bindungen, als das in meinem späteren Leben im Umgang mit Menschen der Fall war. Darüber hinaus mochte ich unsere hübschen Mädchen, und herrlich waren alle Tanzstunden, die uns Herr Weinberg nach wie vor bescherte. Ruth Marwilski wurde immer schlanker und zarter. Sie war gütig und ein starker Charakter, nur etwas steif. Beim Tanzen traten wir uns auf die Füße. Die anschmiegsame Hella Markowsky war klein und rundlich, mit ihr zu tanzen, war aber ein verwirrend schönes Vergnügen, besonders, weil man ihren warmen Körper leicht zu sich heranziehen konnte. – Doch selbst bei solch unschuldigem Treiben kamen wir uns immer etwas sündig vor, denn fromme Juden sind prüde.

Manfred Echt war mein nächster Freund. Wir sahen uns aber nur noch in der Schule. Erwin Pätzall, den begabtesten Schüler, konnte man schon jetzt einen Gelehrten nennen, der immer wieder mit seinen seitenlangen Abhandlungen über irgendwelche Themen — meistens religiöse — verblüffte. Aber nach wie vor war das schon erwähnte Lesen von Dramen mit verteilten Rollen eine besonders schöne Beschäftigung. Man las alle die meisterlichen Formulierungen, als würden sie aus eigenem Herzen stammen, und fühlte sich nicht mehr klein und verachtet. Was uns zum Beispiel »Nathan der Weise« bedeutete und an Trost und Selbstbestätigung gab, würde Lessing sehr beglückt haben. Aber auch Shakespeares scharfsichtige Bloßstellungen menschlicher Bosheit waren eine Hilfe zur Gegenwartsbewältigung — und das brauchten wir dringend.

Auf dem kleinen Schulhof trieben wir Sport und pflegten einen winzigen Garten, in dem wir manchmal Botanikunterricht abhielten. Ein großer Bretterzaun trennte uns von den Trümmern der inzwischen gesprengten Synagoge. Auf diesen Trümmern spielten deutsche Jungen Krieg, indem sie sich von selbstgebauten Stellungen aus mit Steinen bewarfen. Es gab blutende Verletzte. Natürlich blieb auch unser Schulhof von solchen Steinbombardements nicht verschont. Getroffen wurde jedoch niemand.

Seit wir den Stern trugen, mußten wir in rapide zunehmender Weise auf der Hut sein. Zwar half mir mein schnelles Fahrrad, Gefahren zu entrinnen, aber vor der Schule wurde uns aufgelauert, und einige bezogen Prügel. Immer häufiger mußten wir, statt Schulunterricht zu haben, Aufträge der Gestapo erledigen. Gemeindeangestellte kamen dann in die Schule und organisierten Sammelaktionen. Jeder von uns bekam Listen mit Adressen und Namen. Dann sollten wir einmal Haustiere, ein anderes Mal Pelze und

Wollsachen, elektrische Geräte oder Skier von Juden abholen, die aus irgendeinem Grund selber verhindert waren, termingemäß einer Ablieferungsverordnung nachzukommen.

Ich mußte bei so einer Gelegenheit meinem langjährigen Kinderarzt Dr. Klein – dem man schon vorher übel mitgespielt hatte – seinen geliebten Kanarienvogel wegnehmen und zum Tiergarten bringen, wo man ihn einfach fliegen ließ. – Schulkinder als Vollstreckungsgehilfen der Gestapo. Nach solchen Aktionen war dann wieder Deutschunterricht, als wäre nichts gewesen, und wir mußten lange Aufsätze schreiben, zum Beispiel über das Goethe-Zitat »Selig, wer sich vor der Welt / Ohne Haß verschließt, / Einen Freund am Busen hält / Und mit dem genießt ...«. Außer Deutsch unterrichtete Fräulein Wolff wöchentlich fünf Stunden Hebräisch. Fräulein Hiller lehrte Englisch und kränkte sich bitter über unsere Unruhe. Eine etwas jüngere Lehrerin, Fräulein Treuherz, beschäftigte uns mit Biologie und jüdischer Geschichte. Man munkelte über ein Liebesverhältnis zwischen Turnlehrer Weinberg und Fräulein Treuherz, die ein Jahr später ein Kind gebar. Dieses Kind zeigte sie mir in der nahe am Hauptbahnhof gelegenen Festungsanlage von Königsberg, die der Sammelort für ihren Abtransport war. Sie herzte es überschwenglich und erklärte etwas zum Schluckauf des Kindes. Deutlich war spürbar, daß ihre späte Mutterschaft ein verzweifelter Versuch war, dem unentrinnbaren Unheil wenigstens ein seelisches Glück entgegenzustellen. Als ob erst gestern geschehen, sehe ich sie noch in den Festungsanlagen verschwinden, den Kinderwagen – und darauf viel Gepäck – vor sich herschiebend. Geisterhaft, unheilverheißend starrte mich Minuten später das völlig verhungerte, gelbbleiche Gesicht eines russischen

Kriegsgefangenen durch die eisernen Gitterstäbe einer Festungskammer an. Auch dieser Anblick grub sich unauslöschlich ein und weckte damals sofort Assoziationen und Vorstellungen zum möglichen Schicksal von Fräulein Treuherz und ihrem Baby. Herr Weinberg, der bei diesem Abschied nicht dabei war, gehörte wegen seiner hohen Kriegsauszeichnungen bis zum Schluß zu den ›Reklamierten‹, das heißt von den Deportationen zurückgestellten Juden, doch als die Russen Königsberg eroberten, wurde er als ehemaliger Freikorpskämpfer − was irgendwie herauskam − umgebracht.

Jetzt bekamen erst kleinere Gruppen älterer Juden Aufforderungen zur ›Umsiedlung‹. Danach kamen Familien an die Reihe, in denen niemand in sogenannten kriegswichtigen Betrieben arbeitete. Den Betroffenen erzählte man etwas von Arbeitseinsätzen im Osten. Ortsnamen wurden nicht genannt. Da man von den einmal Deportierten nichts mehr hörte, blieb ihr Schicksal im Dunkeln. Je nach Gemütslage der Zurückbleibenden dachte man, daß es ihnen erträglich erging, oder man befürchtete das Schlimmste.

Eines Tages wurde dann auch Tante Rebekka ›umgesiedelt‹. Ihr Transport sollte nach Theresienstadt gehen. Es geschah alles ganz plötzlich und betäubte uns völlig. Alles ging so schnell, daß ich mich heute an keinen Abschied mehr erinnern kann. Sie war eben auf einmal nicht mehr da, und wir haben auch nichts mehr von ihr gehört. Es sträubt sich meine Hand, nach diesem dreisätzigen Tatbestand zum nächsten Ereignis überzugehen. Handelte es sich hier doch um die ›Ausmerzung‹ meiner Tante Rebekka − der immer völlig anspruchslos lebenden, gütigen Schwester meiner Großmutter.

Aber dann kam der Schabbat, an dem die ganze Trauer und Sorge der Juden alle bisher dagegen errichteten Dämme durchbrach. Ich vergegenwärtige mir den erschütternden Moment:

Wie gewöhnlich treffe ich mich mit meinen Freunden vor dem Betsaal, und wie üblich sitzen wir dann nebeneinander in unsere weißen Tallitim gehüllt und verfolgen die Thoralesung. Wieder erinnere ich mich nicht daran, welcher Schabbat es ist. Die Stimmung erscheint uns heute besonders spannungsgeladen. Der Judenstern, die diskriminierenden Verordnungen, Erlasse, Verfügungen sowie die völlige Aussichtslosigkeit der Lage hat alle schwer niedergedrückt, und an diesem Schabbat fühlt es jeder so stark wie noch nie. Sind diesmal doch besonders viele Plätze leergeblieben. Alle haben Verwandte, Freunde, Bekannte unter den bereits Deportierten, und ganz sicher ahnen die Versammelten, daß sie Abschied für immer genommen haben. Vermutlich wäre ein plötzlicher Tod weniger schlimm als das, was wohl allen bevorstand.

Unbeschreiblich, wie uns die Bedrückung erfaßt und unsere Hälse zuschnürt. Jedes Wort der Thora, alle Gebete bekommen eine Bedeutung, die mit dem Geschehen draußen eng verbunden zu sein scheint.

Und dann geht der Rabbiner schweren Schrittes an seinen Platz, um in freier Rede derer zu gedenken, die man mit unbekanntem Ziel abtransportiert hatte. Er formuliert mit treffenden, ergreifenden Worten die Sorgen aller, und jeder hört in atemloser Stille zu. Doch bei einem solchen Maß von Ergriffenheit und Spannung muß einfach irgend etwas passieren. Und so erschallt dann auch − die schmerzende Stille zerreißend − ein herzerschütternder Schluchzton, dem sich in einer Kettenreaktion unzählige andere anschließen. Nun weint fast die ganze Gemeinde, und unbeschreiblich leidvolle Klage-, Jammer-, Schneuz-

und Schluchzlaute schwellen zu einem Klagechor von apokalyptischem Ausmaß an. Das geht uns Jungen so auf die Nerven, daß wir hilfesuchend einander ansehen. Dabei verlieren auch wir die Beherrschung, nur, statt daß sich auch unsere Tränen lösen, müssen wir laut losprustend lachen. Hemmungslos lachen: das ist unsere Reaktion auf ein unerträglich gewordenes Schaudern. Wir haben keine Kraft, unsere Lachkrämpfe zu unterdrücken. Verzweifelt bemühen wir uns darum, und vor Anstrengung fließen uns nun die Tränen das Gesicht hinunter. Es ist, als hätte uns der Teufel gepackt, sein Hohn und Spott sich unser bedient und alle Kraft, sich ihm zu widersetzen, mühelos gelähmt — nicht nur einen kurzen Moment, sondern, wie es uns vorkommt, für unendlich lange Zeit. Zutiefst unglücklich über unsere Hilflosigkeit versuchen wir uns unter unsere Tallitim zu verstecken. Erst völlig eingehüllt, durch das Gebetstuch abgeschirmt gelingt es, den Teufelsspuk zu bannen; und dann, wie in die Leere eines unendlichen Raumes verpflanzt, kann ich nichts mehr begreifen, denken, fühlen. Es ist gut, daß der Kantor mit inbrünstigem, laut gesungenem Gebet alle übertönt und allmählich wieder beruhigt.

Irgendwann nach vielen Jahren erst lerne ich, daß solche Lachanfälle auch ein Ausdruck nervlicher Überlastung sind. Jetzt war es ein so bitteres Erlebnis, daß ich nach diesem Vorfall an keinem Gottesdienst mehr teilgenommen habe. Abgesehen davon, daß mein kurz darauf erfolgter Eintritt in das Arbeitsleben keinen freien Sonnabend mehr gewährte, war ich entsetzt über meine mangelnde Reife und schämte mich.

Noch sträubten wir Kinder uns, das Unfaßliche zu denken. Wenig später, nach dem Erlebnis mit Tante

Fanny, wird nichts mehr die immer dichter werdenden Wolken der schlimmen Ahnungen verdrängen können. Doch ein konkretes Wissen der tatsächlichen Vorgänge in den Vernichtungslagern hatte niemand von uns.

Stärker regten sich die Zweifel, ob Gott nach den Vorstellungen der Menschen existiert und reagiert. Das ›Antlitz‹ Gottes hatte sich verwandelt. Erst einige Jahre später — beim Lesen der »Ethik« Spinozas — konnte ich wieder mein Denken und Fühlen mit einem Gottesbewußtsein in Verbindung bringen, das ein anderer formuliert hatte. Jetzt verband ich Gott immer weniger mit religiösen Ritualen. Ohne Tefillin und Tallit war er mir viel gegenwärtiger. Es geschah genau das Gegenteil dessen, wovor mein Rabbiner mich so eindringlich gewarnt hatte. Der ›Mantel‹ des Judentums, den man sich seiner Meinung nach leichter auszieht, wenn das Schicksalswetter schön ist und warm, diesen ›Mantel‹ zog ich aus, als es eisig kalt zu werden begann. Heute weiß ich, daß das Judentum sowieso kein ›Mantel‹ ist, den man nach Belieben an- und ausziehen kann.

Der hochgeschätzte, bekannte Königsberger Orthopäde Dr. Kiewe sollte bei dem Transport, mit dem uns Fräulein Treuherz verlassen mußte, ebenfalls dabei sein. Als er beim Abhaken auf der Liste fehlte, bekam ich plötzlich den Befehl nachzusehen, warum er nicht erschienen war. (Dieser Befehl war der Grund, warum ich dann niemals mehr Juden zu Sammelplätzen begleitete, verabschiedete oder ihre Gepäckstücke tragen half.) Als ich bei Dr. Kiewe klingelte, öffnete mir seine freundliche Frau und führte mich zu dem weißhaarigen Arzt, den man in Königsberg den ›lieben Gott vom Steindamm‹ genannt hatte. Als ich sagte, daß ich geschickt worden sei, um ihn an seinen Sammelbefehl zu erinnern, zeigte er keine Unruhe, sondern bat mich auszurichten, daß er nicht transportfähig sei. Seine Hände waren durch ständiges Arbeiten mit Röntgenstrahlen — damals schützte man sich noch ungenügend — krebswund und sahen schlimm aus. Erstaunlicherweise akzeptierten die Beamten seine Entschuldigung. Aber soviel ich weiß, nahm sich Dr. Kiewe kurz darauf das Leben. (Da Dr. Kiewes Frau christlich war, verstehe ich nicht, warum er auf einer Transportliste stand. Ich halte es für möglich, daß er seine Frau schützen wollte und sich vor dem bereits geplanten Selbstmord scheiden ließ.)

Diese Ereignisse, einmal der Abtransport der Juden, die nicht in kriegswichtigen Betrieben arbeiteten, und dann die sich wiederholende Situation, daß wir Schulkinder als Boten der Gestapo eingesetzt wurden, ließen mich (zusammen mit Mutter) den Entschluß fassen, viel früher als angeordnet die jüdische Schule zu verlassen und in einen sogenannten kriegswichtigen Betrieb einzutreten. Schulkamerad Bernd Lewi hatte das schon getan und berichtete ganz zufrieden von seiner Arbeit in einer Spiegelfabrik. Er meinte, daß es doch besser wäre etwas zu lernen, als mit vierzehn Jahren zwangsweise in die chemische Fabrik gesteckt zu werden. So meldete ich mich als Arbeitsbursche in der Tischlerei Lempke an. Das war kein leichter Entschluß. Ich liebte doch meine Schule und wurde so von meinen Freunden getrennt, die ich nur noch gelegentlich zu sehen bekam. Wenige Monate später wurden dann in ganz Deutschland die jüdischen Schulen auf behördliche Anweisung geschlossen. — Ich war dreizehn Jahre alt, als meine Schulzeit ihr Ende fand.

Tischlerei

Ohne es zu bemerken, war man dabei, sich zu Tode zu siegen. Leningrad wurde belagert, auf Moskau losmarschiert. Die Zahl russischer Kriegsgefangener ging in die Millionen. Japan überfiel die Amerikaner in Pearl Harbour. Deutschland und Italien erklärten Amerika den Krieg. Rommel siegte in Afrika, und machtbesessen wurde organisiert, deportiert und die Beute verteilt. Immer mehr Konzentrationslager wurden zur Vernichtung von Menschenleben eingerichtet, und immer mehr verschleppte und kriegsgefangene Ausländer arbeiteten wie Sklaven in Betrieben und Fabriken. Lediglich die Zahl der gefallenen deutschen Soldaten und erste Bombenangriffe auf deutsche Städte zeigten, daß der Gegner nicht völlig wehrlos war.

Auch in Königsberg heulten immer häufiger die Sirenen und trieben beklommene Menschen in die Luftschutzkeller. Bomben fielen noch nicht, aber es blieb niemand unbeeindruckt, wenn nachts manchmal bis zu dreimal Alarm gegeben wurde. Jedes Sirenengeheul bedeutete sofortiges Anziehen, Koffer ergreifen und in den Keller gehen. Das Warten auf den Entwarnungston der Sirenen konnte lange, aber auch nur ganz kurze Zeit dauern. Kaum war man wieder eingeschlafen, wird erneut Alarm gegeben, und dann noch einmal, und manchmal noch einmal. In der ersten Zeit saßen wir gelbbesternt mit allen anderen Hausbewohnern im selben Keller, später mußten wir in unseren eigenen, nicht extra abgestützten Kohlenkeller. Daß immer alle Wohnungen verlassen wurden, dafür sorgte ein beauftragter Hauswart, der auch für einwandfreie Verdunkelung verantwortlich war. Alle Fenster hatten deshalb schwarze Rollos. Als dann aber zwei Jahre später die Großangriffe kamen, fanden die Bomberpiloten Königsberg sofort, da nutzten verdunkelte Fenster gar nichts.

Nachbar Klaus, der gleichaltrige Hitlerjunge, und ich, der Judensternträger, waren Freunde geblieben. Politik, Gesetze und Verbote wurden als unabwendbar hingenommen. Sie waren kein Gesprächsthema, aber sie zwangen uns zur Vorsicht. Immer wieder klingelte es, und Klaus kam mich besuchen; nur, daß ich ihn besuchte, geschah immer seltener. Ich spürte die zunehmende Angst seiner Mutter, daß mich jemand bei ihnen sehen könnte. Klaus erzählte aus seinem Leben und brachte oftmals für Jungen interessante Dinge mit: technisches Spielzeug wie Kanonen oder funkensprühende Panzer. Auch einen Chemiekasten, mit dem man allerhand Unfug anstellen konnte. Wir lernten, wie man Schwarzpulver macht und mittels eines Tropfens Salpetersäure entzündet. Das war übrigens schon die Voraussetzung für die Herstellung von Explosivkörpern. Wir brachten in einen Schraubstock geklemmte Gewehrpatronen zur Explosion und taten vieles mehr. Solche Momente widerlegten im Kleinen alle Rassentheorien und Hetzparolen. Unsere gegenseitige Sympathie und das freundschaftliche Miteinander entlarvten die ganze Absurdität jener Ideologie.

Mit Schrecken denke ich aber an zwei Momente, in denen unsere Gemeinsamkeit zur Tragödie hätte werden können. Ich half Klaus bei der Entrümpelung der Bodenräume. Aus Sicherheitsgründen mußten alle brennbaren Materialien entfernt werden, die es noch unter den Ziegeldächern gab. Mit einer

Leiter und einer Axt schlugen wir Latten ab, die den Dachboden in ebenso viele Parzellen aufgeteilt hatte, wie es im Haus Mietwohnungen gab. Bei einem besonders wuchtigen Axthieb löste sich das scharfe Eisen vom Stiel und flog so dicht an Klausens Kopf vorbei, daß er den Luftzug spüren konnte. »Judenjunge erschlägt Hitlerjunge«, so hätte wohl die Schlagzeile heißen können, und meine sofortige Inhaftierung mit anschließender Deportation in ein Konzentrationslager wäre die Folge gewesen − von der Tragik abgesehen, die der Verlust des zweiten Sohnes für die Familie Norra bedeutet hätte. Eine Wiederholung und Steigerung dieser Situation gab es ein anderes Mal: Wie die meisten Jungen jener Zeit spielte Klaus gerne mit allem, was schießen konnte. Mit Schleudern, Luftgewehren und selbstgebastelten Vorderladern. Aber eines Tages kam er mit einer altmodischen Pistole. Ich glaube, daß man so etwas eine Damenpistole nennt. Sie war nicht sehr groß, und man mußte einen Hahn spannen, eine Patrone einlegen und abdrücken. Jedoch die Feder des Hahns war wohl zu schwach, und Klaus erzählte, daß man mit ihr nicht schießen könnte. Er hätte es unzählige Male versucht. Dabei ließ er den Hahn mehrfach auf die Patrone schnappen, schließlich gab er die Pistole mir. Auf unserem Balkon probierte ich sie aus und bekam ebenfalls keinen Schuß aus ihr heraus. Nach vielem vergeblichen Spannen und Abdrücken reichte ich ihm die Pistole zurück und drückte zum Spaß ein letztes Mal ab. Diesmal gab es einen ohrenbetäubenden Knall, und Klaus krümmte sich zusammen. − Ein gekrümmter, sich den Bauch haltender Klaus und ich mit der Pistole in der Hand, schreckensbleich − das war der Anblick, den wir meiner fassungslos und zu Tode erschrockenen Mutter boten, als sie nach dem Knall sofort in unser Zimmer eilte. Bei

näherer Untersuchung stellten wir fest, daß die Blei-
kugel genau auf sein Jungvolkkoppel aufgeschlagen
war und von dort plattgedrückt abprallte. Wir fanden die Kugel. Klaus hatte nur einen Schlag gespürt
und geglaubt, verletzt zu sein. Als wir alle drei erkannten, daß alles so glimpflich abgegangen war,
brauchten wir lange, um unsere Gemüter zu beruhigen. Seelisch hatte Klaus erlebt, daß er erschossen
wurde, und ich, daß ich jemand erschoß – nicht
auszudenken, wenn es wirklich geschehen wäre. –
Diese beiden Vorkommnisse muß man ja wohl als
Glück bezeichnen. Aber wenn sich Glück ständig
wiederholt, wird es etwas unheimlich. Beide Erlebnisse schadeten unserer Freundschaft nicht im geringsten, im Gegenteil. Der Pistolenschuß blieb natürlich streng gehütetes Geheimnis.

Geheim waren auch meine gelegentlichen Radtou-
ren, die ich allein – mit etwas verdecktem Stern –
unternahm. Ich fuhr zu den Hammerteichen, in denen ich schwimmen gelernt hatte, und weiter nach
Juditten und Metgethen. Die Waldstücke, die es dort
gab, liebte ich. Natürlich war das verboten und galt
bereits als Verlassen des Wohnsitzes. Aber eigentlich
– so kam es mir vor – war auch die Tatsache, daß
Mutter und ich lebten, verboten, und daran gemes-
sen ist eine Verbotsübertretung mehr oder weniger
nicht von Bedeutung. Besonders schön waren Touren am Pregelufer entlang. An diesen Ufern standen
die Speicher, malerisch alte und monströs große
neue. Auf dem Pregel schwamm Schleppkahn hinter
Schleppkahn. Die meisten so schwer beladen und tief
im Wasser, daß es nicht nötig war, die an sich niedrigen Brücken zu öffnen. Trotzdem wurden sie ständig auf- und zugemacht. Es gab genug andere Schiffe. – Knapp drei Jahre später mußte ich so einen
Schlepper ausladen. Wir waren zu fünft und warfen

uns die Waschpulverkartons zu. Es wollte kein Ende nehmen, wir hatten den Eindruck, als sei so ein Schiffsbauch ein ganzes Bergwerk. Besonders gefährlich war dabei, daß wir gleichzeitig von den heranrückenden Russen mit Schrappnells beschossen wurden, deren Splitter um uns herum einschlugen. – Jetzt genoß ich auf dieser Radtour aber noch die Illusion eines freien Menschenlebens.

Vielleicht war es drei Monate vor Ruths Deportation, als wir noch über Hoffnungen und Wunschträume sprachen. Wir gehörten beide dem früher recht aktiven zionistischen Sportverein »Bar Kochba« an und trugen blaue Turnhosen mit weißen Streifen sowie weiße Turnhemden mit einem blauen »Magen David« (Davidsstern). Der Sport war auf etwas Leichtathletik und Ballspiele beschränkt, und die Örtlichkeiten dafür waren der jüdische Friedhof und unser Schulhof. Wir hegten alle die Hoffnung, eines Tages in Palästina ein neues Leben anfangen zu können; das einzige, was uns zu hoffen blieb. Solche Gespräche wurden aber schnell überlagert von dem starken Gefühl füreinander. Ein Händedruck, ein Blick oder eine Geste, die Zuneigung ausdrückte, beschäftigte uns dann mehr als alles andere.

Mutter war mit ihrer Liebe zur Literatur und zur Musik selbst in der Zeit schlimmster Verfolgung noch eine bessere Deutsche als viele der am ›Deutschwahn‹ erkrankten Volksgenossen. Mein Vater löste sich aus dem Christentum durch die Beschäftigung mit Goethe, Laotse und Konfuzius. Tante Rebekka ruhte unerschütterlich in der liberal-jüdischen Tradition, während in der Schule eine zionistische Grundhaltung vorherrschte. Mein Barmizwaunterricht enthielt zuerst viel polnisch-chassidische Elemente, später jüdisch-orthodoxe. Ich habe schon geschildert, wie Herr Benjamin vor lauter Gottvertrauen versäumte, sich und seine Familie den Verbrechern zu entziehen. Er hätte es wahrscheinlich noch gekonnt. Nicht zuletzt injizierten Presse, Litfaßsäulen, Fahnen und Spruchbänder die Heilsbotschaft vom Tausendjährigen Reich. Man faselte von einer welterlösenden Rolle der ›deutschen Wesensart‹ und glaubte an die Überlegenheit der arischen Rasse, die es in irgendeiner Reinform überhaupt nicht gab. Hitler, der nicht nur Wagners Opern, sondern auch Wagners politische Schriften genau kannte, machte aus diesem Gedankengut furchtbare Wirklichkeit. Dabei schienen ihm seine Erfolge und Siege recht zu geben. Außerdem gab es noch Monarchien, Demokratien und den Kommunismus. All das wurde wütend bekämpft, aber dadurch auch in mein Bewußtsein gebracht.

Tief innen führte ich ständig Zwiegespräche mit mir und dem Gott meines jeweiligen Reifezustandes. Inzwischen glaubte ich, daß es eine Urkraft gibt, die alles, was geschieht, mitverantwortet. Nur ob diese Kraft das war, was Christen oder Juden sich unter Gott vorstellen, bezweifelte ich immer mehr. Meine Barmizwa war gewiß Ausdruck meiner Liebe und Verehrung dieser Urkraft, die ich, wie alle anderen auch, fürchtete. Daß es aber nur eine Form der gültigen Ehrfurchtsbezeigungen geben sollte, konnte ich mir nicht mehr vorstellen. Mein Vater benannte Gott ›Tao‹, ich ›Adonai‹ und meine Mutter überhaupt nicht. Allah und Jesus waren mir ja nicht fremd, und Hitler sprach von der Vorsehung. Bei so reichlichem und doch ungenügendem Angebot war ich wohl gezwungen, mein Gottesbild selbst zu formen.

Zu den mutigen Freunden jener Tage gehörten Ilse Rose, Gerti Weschollek — die spätere Frau meines Vaters — und Doro Georgesohn. Sie steckten uns gelegentlich Brotmarken in den Briefkasten. Aber außer ihnen gab es auch Musikliebhaber, die meinen Eltern immer wieder ihre Sympathie bekundeten. Sie besserten ab und zu unsere immer schmaler werdende Lebensmittelversorgung auf. Ständig kürzte man ja die Lebensmittelrationen für Juden. Ich kann mich aber nicht mehr an alle Namen unserer Wohltäter erinnern, denen ich zu Dank verpflichtet bleibe.

Eine große Freude war es, wenn einmal im Monat ein Fünfundzwanzig-Worte-Brief meiner Schwester kam. Das Rote Kreuz stellte solche Verbindungen zwischen Personen verfeindeter Länder her. Miriam lebte in einem sehr christlichen College in Schottland. Wir hatten das Gefühl, daß es ihr gut ging. Wie einsam sie wirklich war, schrieb sie natürlich nie.

Eines Tages ging Vater mit mir zum Tischlermeister Lempke. Er war uns empfohlen worden. Seine Werkstatt hatte die Anerkennung als kriegswichtiger Betrieb, und so hoffte ich, vor Zwangsarbeitsverpflichtung oder Deportation verschont zu bleiben. Als kriegswichtigen Arbeiter würde man mich vielleicht nicht in die chemische Fabrik stecken, in der die Tätigkeit gesundheitsschädigend und stumpfsinnig war. Mutter erzählte genug davon. – Wir fuhren mindestens eine halbe Stunde mit dem Fahrrad nach Königsberg-Süd und überquerten den Pregel auf der Reichsbahnbrücke am Holländer Baum-Bahnhof. Durch Straßen und Gassen kamen wir zum Oberhaberberg an einen großen, langgestreckten Innenhof, in dem es auf der linken Seite mehrere Werkstätten gab – Drechslerei, Sattlerei, Schlosserei, dann die Tischlerei und ein Tapezierer. Alle hatten über ihren Werkstattüren Schilder mit den Emblemen ihres Handwerks. Auf der anderen Seite des Hofes waren Lagerräume größerer Firmen und ganz am Ende ein Betrieb, der Butter verpackte.

Wie fast alle Straßen in Königsberg war auch der Hof kopfsteingepflastert und hatte viel Atmosphäre. Die Werkstätten waren Ein- bis Dreimann-Betriebe, und die Räume niedrig und zu klein. Auf das Klopfen an der Tischlereitür kam Herr Lempke heraus. Er war ziemlich dick und sah nicht gesund aus. Mein Vater stellte uns beide vor. Herr Lempke inspizierte mich, meinen Stern und dann meine Muskeln, wortkarg und kommentarlos. Er würde mich nehmen, entschied er dann, aber die Arbeit sei nicht leicht. Es gäbe auch Akkordarbeit, und zum Bretterabladen müsse man kräftig sein. Wir stimmten allem zu, und an einem der nächsten Tage sollte ich anfangen. Man sprach über die Kleidung und daß er mir die Kleiderkarten für ein ›Blauzeug‹ besorgen würde — eine Art Monteursanzug. Nur mein Name gefiel ihm nicht, und am ersten Arbeitstag verkündete er, daß man mich Max nennen werde und nicht Michael, und er stellte mich als Max drei Personen vor, die in seiner Tischlerei arbeiteten.

Der erste war ein älterer Geselle, still und verklemmt. Dann kam Franz, ebenfalls älter, hager, mit Haarflechten, funkelnden Augen und so emsig bei der Arbeit, daß er mich kaum ansah. In Akkordarbeit stellte er Särge her. Der siebzehnjährige Lehrling Heinz hatte einen unruhigen Blick. In die Werkstatt führten drei Stufen hinunter. Gleich rechts war ein hohes Regal voller verschiedener Hobel. Links neben der Eingangstür unter einer breiten Glasscheibe stand die Hobelbank des Meisters. Die Hobelbank an der linken Längsseite benutzte der Sargtischler und die an der Rückwand stehende der Geselle. Der Innenraum wurde hauptsächlich von den auf Böcken ruhenden Särgen und Sargdeckeln ausgefüllt. Rechts an der Wand befand sich eine Tür, die in den Maschinenraum führte. Da gab es die Kreissäge, eine Fräse und eine Bandsäge. An der gegenüberliegenden Wand stand die Hobelmaschine. Der Raum war voller Holzspäne, Holzreste und Sägemehl. Draußen auf dem Hof − vor diesen beiden Räumen − sowie gegenüber an der Lagerhauswand und unter der Werkstattdecke waren Bretter und alle möglichen Hölzer gestapelt.

Am ersten Tag nahm mich Meister Lempke mit hinaus, stellte zwei Holzböcke hin, legte ausgesuchte Bretter darauf, maß sie sorgfältig aus und markierte sie mit Bleistiftstrichen. Da uns niemand hören konnte, sagte er zu mir: »Max, für mich bist du ein Mensch wie jeder andere. Du bist zwar nur als Arbeitsbursche eingestellt, ich werde dir aber alles beibringen. Nur sei vorsichtig mit politischen Äußerungen. Mein Geselle ist Parteigenosse und soll wohl auch auf mich aufpassen. Franz ist ein begnadigter Zuchthäusler. Er hatte in einem Anfall von Jähzorn seine Frau erschlagen. Jetzt arbeitet er wie besessen und spricht kaum ein Wort. Die Särge macht er in Akkordarbeit und verdient dabei gut. Bestimmte Hilfeleistungen bei dieser Arbeit fallen dir zu.« Heinz, den er nicht näher beschrieb, nannte er aber einen Schwachkopf. Dann gab er mir ein Stück Holz, wickelte Sandpapier herum und zeigte mir die Kittstellen an den Sargteilen, die ich abschleifen sollte. Das war also meine erste Tätigkeit als Arbeiter. Mit Eifer machte ich mich daran, stellte aber fest, wie anstrengend das war. Jedes Sargteil hatte über den 32 versenkten Nägeln steinhart getrocknete Leimkittstellen. Man mußte mit viel Druck scheuern. Danach brachten wir die Särge und Sargdeckel nach draußen auf den Hof, wo sie mit in verdünntem Salmiakgeist aufgelöster Beize gefärbt wurden. Lakkieren tat der Meister selber, und bald fand ich auch heraus, warum. Einen großen Teil des für den Lack zugeteilten Spiritus zweigte er nämlich ab. Den vermischte er mit Anistropfen, die ich ihm aus der Apotheke holen mußte. An manchen Tagen trank er dann nach Feierabend diesen hochprozentigen Schnaps. Obwohl es hieß, daß der Spiritus vergällt sei, bekam er ihm anscheinend.

Bretter abladen, mit einer Handsäge zuschneiden, Werkstatt fegen, Hof fegen, hier anfassen, dort raufklettern, das war meine Beschäftigung in der ersten Zeit. Ich mochte den Holzgeruch, und eigentlich gefiel es mir nicht schlecht. Immer wenn der Meister zu Auftraggebern ging, um ein Regal im Keller, einen Fensterrahmen oder Speisekammerfächer einzubauen, nahm er mich mit. Er ordnete einfach an, daß ich den ›verrückten‹ Stern abnehmen müsse, wenn wir auf Montage gehen. So etwas könne man den Leuten nicht zumuten, meinte er. Mutter machte mir daraufhin Druckknöpfe an Stern und Blauzeug. Zu meinem Glück waren die Nazis unter den Handwerkern der Nachbarwerkstätten wohl alle an der Front. Die zurückgebliebenen alten Meister der anderen Werkstätten − manche konnten wegen Personalmangel nicht weiterarbeiten − waren sehr freundlich zu mir und verrieten damit ihre wahre Gesinnung. Grotesk war allerdings der Besuch des Schwiegersohnes unseres Parteigenossen, des ersten Gesellen. Eines Tages kam er in SA-Uniform in die Werkstatt und wollte endlich einmal, wie er sagte, einen Juden sehen. Sein Schwiegervater hatte ihm von mir erzählt. Seine Enttäuschung war groß. Er hatte gehofft, jemand anzutreffen, der seinem vom »Stürmer« beschriebenen Judenbild entsprach. Doch nichts dergleichen. Nachdem er mich lange betrachtet hatte, wobei ich meinen Kopf rechts und links herumdrehen mußte, meinte er, daß er schon bestimmte jüdische Merkmale erkennen könnte. Man müßte bei mir aber besonders geschult sein, um sie zu erkennen. Mit dem Hinweis, daß er dieses spezielle Wissen besaß, wollte er ganz offensichtlich seinem Schwiegervater imponieren, der bei mir beim besten Willen keine Besonderheiten erkennen konnte. Mich hat es aber danach schon beschäftigt, ob nicht tatsächlich irgendwelche ungewöhnlichen Merkmale vorhanden wären.

Zu aller Erstaunen sprach sogar Franz, der Zuchthäusler, gelegentlich mit mir, und schon bald lud er mich ein, mit ihm in der Mittagspause in ein bestimmtes Restaurant zu gehen, wo es ab und zu Stintsuppe gab. Stinte sind kleine Fische, die anscheinend nur aus Kopf, Augen und Flossen bestehen. Sie schmecken aber köstlich, und die dafür notwendigen Lebensmittelkartenabschnitte schenkte mir Franz. Wir sprachen wenig miteinander; das freundliche Beisammensein tat uns beiden gut. Der Meister brachte täglich ein Essenpaket mit, das seine Frau ihm bereitet hatte. Seine belegten Brote und Hühnerbeine waren in jener Zeit eine Rarität und erfüllten alle mit Neid. Aber gelegentlich steckte er mir Reste zu. Herrliche Wurst und Käsebrotstücke. Ich hatte keine Ahnung, wie es ihm gelang, die knapper werdenden Lebensmittelzuteilungen so reichlich aufzubessern. Daß er auch klaute, erfuhr ich dann anläßlich so mancher Montage, bei der er mir jeweils genaue Anweisungen gab, in welchem Moment ich welche Büchse, Flasche oder Tüte in seine große Aktentasche verschwinden lassen sollte. Er lenkte die Besitzer geräuschvoll ab, während ich tat, was mir aufgetragen worden war. Erstaunlich, wie prall gefüllt die Vorratskeller bei den meisten Kunden waren. Mit Sicherheit wäre ich der Dumme gewesen, wenn jemals etwas herausgekommen wäre, aber es ging immer gut. Ich konnte nicht wissen, daß das bereits eine sehr wichtige Überlebensschulung war. Ohne zu klauen, wären wir in der russischen Gefangenschaft verhungert.

Meisters Späße waren derb, und nicht nur ein lieber Kater hatte darunter zu leiden. Dieser lebte in der Werkstatt und schlief die meiste Zeit. Nun konnte es passieren, daß der Meister sagte: »Wir wollen mal sehen, wie weit Peterchen heute springt.« Dann tränkte er einen Wattebausch mit Salmiakgeist und ließ ihn direkt vor die Nase des schlafenden Katers fallen. An dem Satz, den Peterchen in irgendeine Richtung tat, ergötzte sich die ganze Belegschaft.

Es wäre falsch, nicht zu erwähnen, daß es gar nicht leicht war, mich an einen langen Arbeitstag zu gewöhnen, und es gab genügend Tage, an denen die Arbeit über meine Kräfte ging. Dann konnte ich nachts nicht schlafen, und schlief ich endlich ein, arbeitete ich im Traum immer weiter.

Ein besonderer Umstand verschlechterte das anfänglich gute Arbeitsklima. Heinz, der Lehrling, wurde eifersüchtig und entpuppte sich als bösartig. Er fing an, mich zu schikanieren und zu quälen. Da wir vieles schon in relativer Selbständigkeit machten, sah niemand, daß er immer dafür sorgte, daß ich beim Sargtragen rückwärts gehen mußte. Wenn er dann noch den Sarg nach vorne schubste − gerade, als ich die kleine Treppe rückwärts heraufgehen wollte −, stolperte ich oder fiel hin und wurde von dem schweren Sarg gequetscht.

Gefährlicher noch waren seine Schubsereien im Maschinenraum bei laufenden Maschinen. Damals waren alle Maschinen ziemlich ungeschützt, besonders die Kreis- und Bandsäge. Aber auch die Hobelmaschine, wenn sie so eingestellt war, daß die Walze mit den Messern zum Abrichten der Bretterkanten nach oben offen drehte. Beklagte ich mich, fluchte er

gräßlich, und es endete mit: »Halt die Fresse, Judensau.« Den Meister um Hilfe zu bitten, hatte keinen
Sinn. Ich war dreizehn, Heinz siebzehn Jahre alt. Es
wäre nur noch schlimmer geworden. Aber schon so
wurde es immer unerträglicher und schließlich zur
Hölle. Ich war todunglücklich. Obwohl ich das
Tischlerhandwerk gern hatte, wurde nun jeder Tag
zum Alptraum. In äußerster Not gelang mir dann
etwas, woran ich heute noch mit Zufriedenheit zu-
rückdenke: Heinz schikanierte anfallsweise. Dazwischen war ich sein Gesprächspartner. Er gehörte zu
der Sorte Mensch, die immer und ohne aufzuhören
auf alles schimpft. Dabei erfuhr ich einiges über seinen Lebenslauf und Seelenzustand. Eigentlich wollte
er zur Marine, wurde aber abgelehnt. In der Schule
kam er nicht mit. Seine Eltern waren geschieden,
und sein Vater befahl ihm, Tischler zu werden.
Wahrscheinlich wegen verschiedener Defekte hatte
er auch andere Abfuhren erleben müssen. Als Tischler war er jedenfalls fehl am Platz. Im Zustand größter Bedrängnis kam ich auf eine Idee. Ich schimpfte
mit ihm mit. Heizte seine Unzufriedenheit ständig
an und brachte seine Verzweiflung auf einen Siede-
punkt. Mir war schon vorher ein Haus aufgefallen,
in dem die Handelsmarine ein Büro hatte, und das
brachte mich auf den rettenden Einfall. Ich überredete ihn, sich freiwillig zu melden und der Handelsmarine seine Dienste anzubieten. In dieser personalar-
men Zeit würden sie nicht so wählerisch sein können, dachte ich. Mit vielen Worten beschrieb ich
ständig ein Traum- und Schlaraffenleben auf Han-
delsschiffen. Schließlich war es doch das, was er ur-
sprünglich wollte. Fast mußte ich ihn an die Hand
nehmen und zum Büro der Handelsmarine hinzie-
hen, bis er sich entschloß, meinem Rat zu folgen.
Und siehe da, es dauerte tatsächlich nicht lange; eines

Tages war Heinz für immer verschwunden. Die Handelsmarine hatte ihn genommen und mich von ihm befreit. Möge er sein Glück gefunden haben.

Mit Bernhard begann eine völlig neue Zeit. Bernhard war der Nachfolger von Heinz, ein sechzehnjähriger Zigeunerjunge sonnigen Gemüts. Schwarzhaarig, kräftig, lebendig, musikalisch, gutartig und hilfsbereit. Wir kamen sofort blendend miteinander aus. Unerwähnt sollte es nicht bleiben, daß ich erstaunt war, einen Zigeuner als ganz anderen Menschen zu erleben, als ich ihn mir vorgestellt hatte. Also war auch ich Opfer der bestehenden Vorurteile gewesen, und obwohl selbst verfemt, hatte ich die Schlagworte der Nazis vom stehlenden, schmutzigen und unehrlichen Zigeuner unbewußt angenommen. Wie anders soll ich mir erklären, daß ich so angenehm überrascht war.

Von einem Tag zum anderen wurde mein Arbeitsleben richtig schön. Selten habe ich so einen phantasievollen Menschen wie Bernhard getroffen. Nur leider pfiff und sang er den ganzen Tag Schlager, so daß mir heute noch seine »Für eine Nacht voller Seligkeit«-Melodie einen leichten Brechreiz verursacht. Auch war er voller Schabernack. Er mußte ständig etwas anstellen und begab sich dabei in Lebensgefahr. Zum Beispiel, wenn er Franz beim Leimen der Särge die Schraubzwingen wegnahm oder versteckte. Genau in dem Moment, wenn er die mit heißem Leim bestrichenen Bretter mit den Zwingen ganz schnell zusammenpressen mußte. Eine Verzögerung konnte den ganzen Arbeitsgang zunichte machen. Franz entdeckte den Streich immer erst, wenn beim hastigen Leimen eine der bereits zurechtgelegten Zwingen fehlte; er bekam als Choleriker sofort einen Tobsuchtsanfall. Ich erlebte, wie er eine der langen eisernen Zwingen mit solcher Wucht nach dem flink ausweichenden Bernhard schleuderte, daß sie ihn hätte töten können.

In der Mittagspause unternahmen wir Entdeckungsgänge und fanden eine Stelle, an der Butterpapier herumlag. Papier, von dem man noch Butterreste abkratzen konnte, ein wertvoller Fund in jenen Tagen.

Als Zigeuner unterlag Bernhard ähnlichen Beschränkungen wie die Juden. In einer besonderen Verfügung wurden die Zigeuner den Juden gleichgestellt. So war er mir gegenüber vorurteilsfrei. Wir wurden richtige Freunde, waren Leidensgefährten und fühlten uns wohl in der Tischlerei, als ein entscheidender Fehler alles zunichte machte. Wir brachten den Gesellen, vor dem uns der Meister gewarnt hatte, mit Fragen zur Tagespolitik und zum Krieg in Verlegenheit, zogen seine Antworten in Zweifel. Bernhard verspottete ihn sogar. Obwohl wir gut arbeiteten — ich war Maschinenarbeiter geworden und mußte zum Beispiel die Seitenteile von fünfhundert Verbandskästen mit der Fräse zinken (ein Fachmann weiß, was das heißt) —, kam eine behördliche Anordnung, daß ich die Tischlerei zu verlassen hätte und mit der Erreichung des vierzehnten Lebensjahres in die chemische Fabrik Gamm & Sohn überwechseln müßte. Dieser Fabrik habe ich ja entgehen wollen, indem ich freiwillig die Schule verließ. Der Meister, Bernhard und auch ich waren sehr traurig und vermuteten, daß diese Anordnung die Folge einer Denunziation sein konnte. Wir verdächtigten den Gesellen.

So hatte auch meine Zeit in der Tischlerei einen schwierigen und einen schönen Teil, und mit dem Wechsel in die Fabrik endete wiederum ein kurzer Lebensabschnitt.

Die chemische Fabrik Gamm & Sohn

In diesen Wochen geschah das, was ich schon im ersten Kapitel unbedingt mitteilen mußte: Bei einem mehrere hundert Menschen umfassenden Abtransport Königsberger Juden verlor ich meine Schulfreunde und Tante Fanny. Fast alle Menschen, die mir lieb waren, wurden in Güterwagen gestopft und im wahrsten Sinne des Wortes ›ausgemerzt‹. Daß ich sie verlor, war eine schlimme Sache, ein unersetzlicher Verlust, und wie schmerzvoll die Trennung war, kann man nicht beschreiben. Sie wurde zum Trauma. Aber viel wesentlicher als meine Reaktion war das Schicksal dieser Menschen, über das niemand Tagebuch geführt hat, und von dem keiner berichten wird. Kein Lebenszeichen, mündlich oder schriftlich, gibt Auskunft über ihr persönliches Ergehen und Sterben.

An diese Menschen zu erinnern, war einer der Gründe, meine Erlebnisse aufzuschreiben. Es ist eben doch ein Unterschied, ob einige mit Namen genannt werden oder lediglich eine unpersönliche Zahl in einer Millionen umfassenden Statistik bleiben. Bis heute ist es mir unbegreiflich, warum diese Menschen sterben mußten, während ausgerechnet ich weiterleben konnte. Natürlich hatten damals alle noch eine stille Hoffnung, daß auch die Deportierten irgendwie weiterexistieren durften. Aber erste Gerüchte erreichten auch mein Ohr, und jeder konnte bemerken, daß sich mit fortschreitenden Kriegsverlusten die Grausamkeit der Nazis steigerte. Es gab niemand, der nicht eine schlimme Ahnung hatte. In meiner Phantasie verfolgten mich Bilder, wie sie die zarte Ruth mißhandelten und meine Freunde quälten. Dazu kam noch der Abschied von Tante Fanny, der keiner war — all dies schnürte mir die Brust zusammen. Schuldgefühle drückten mich und verdüsterten das Gemüt. Anlaß zur Lebensfreude gab es nur noch ganz selten. Den Eltern ging es nicht anders. Aber der traurige Anblick der erschöpft auf der Bordsteinkante sitzenden Fanny blieb ihnen erspart.

Nicht zufällig steht die Schilderung dieses Erlebnisses am Beginn meiner Erinnerungen. Damit konnte ich nicht warten. Es quoll sofort heraus, und beklommen hoffte ich auf irgendeine Auswirkung, Erleichterung. Hatte ich doch gelesen, daß Aussprechen oder Aufschreiben ein Trauma auflösen kann, und daß dies eine oft angewandte Methode der Psychoanalyse sei. Aber nichts, auch die Zeit nicht, wird die große Trauer über das Ende dieser Menschen mildern. —

Übersehen darf man nicht, daß besonders in den Jahren 1942 und 1943 die Eroberer anderer Länder große Opfer bringen mußten, vor allem in Rußland. Siege, Orden und Beförderungen übertünchten immer ungenügender das Leiden der Angehörigen von Gefallenen und der für das weitere Leben Verstümmelten. Manche fingen jetzt an nachzudenken — natürlich viel zu spät. Erbitterte ›Nun erst recht‹-Reaktionen gab es auch. Offiziell begann ein ›Alles oder Nichts‹-Spiel; gespielt von Menschen, die von vornherein immer nur alles gewollt hatten. Ob Sklaven, Soldaten, Gefangene oder Helden starben, kümmerte den Tod nicht, und hinter dem Sterben und Zerstören offenbarten sich Mächte, die ein Eigenleben, eine eigene Dynamik zu haben schienen. Wehe dem, der sie entfesselt. —

Die Fabrik Gamm & Sohn lag mitten in der Stadt Königsberg, in einer Seitenstraße des Steindamms, direkt hinter dem großen Kino »Alhambra«. Ein langer Schornstein und zwei düstere vierstöckige Gebäude mit vergitterten Fenstern, winkligem Hof mit hoher Mauer und eisernem Tor. Alles, was sich ›Klein-Fritzchen‹ unter einer Fabrik vorstellt, war da: Fässer, Kartons, Gestank, Dreck und emsige Menschen. Am Ausgang gab es eine Art Stechuhr, die jeder drücken mußte. Leuchtete ein rotes Licht auf, wurden Taschen und Kleider nach Gestohlenem durchsucht. In der Fabrik stellte man Waschpulver, Seife, Melkfett, Hautcreme, Reinigungsflüssigkeiten, Glyzerinprodukte und ähnliches her.

In einem Haus befanden sich große Kessel, deren Wände mit Dampf zu erhitzen waren, sowie Trokkenanlagen für Seifenflocken und Lagerräume mit Blechtonnen. In einem anderen wurde ausschließlich Waschpulver hergestellt und verpackt, ein kleineres Verwaltungsgebäude beherbergte Buchhaltung und Direktion. Oberaufseher und Geschäftsführer in einer Person war »Gausiedemeister« Täuber. Er sah aus wie Göring, und sein Bauch war noch viel dikker. Immer eine lange Zigarre rauchend, die Hände auf dem Rücken verschränkt, markierte er — fast wie in einem Chaplin-Film — den großen Boß. Seine Rundgänge fürchteten alle. Er konnte laut brüllen und verband seine Beanstandungen mit Wutanfällen. Aber gelegentlich passierte auch Schlimmeres. Als einmal ein älterer jüdischer Arbeiter während der Arbeit rauchte, sah dies Herr Täuber. Er rief sofort die Gestapo an, welche den Mann abholte. Ich stand daneben. Wenig später wurde die Urne dieses freundlichen Mannes an seine nichtjüdische Frau gesandt.

Die Arbeiter in der Fabrik waren Menschen, die

von einem arroganten, überheblichen Regime als minderwertig eingestuft wurden. Prostituierte, verschleppte russische Mädchen, französische Kriegsgefangene, Polen, Zigeuner und Juden. Wobei Juden als ›Untermenschen‹ oder ›Ungeziefer‹ den niedrigsten Rang einnahmen. Wir alle wurden bewacht von älteren Vorarbeitern und Aufsehern, die aus verschiedenen Gründen frontuntauglich waren.

Am ersten Tag ging ich zu Herrn Täuber, der mich nach der Personalienaufnahme in die Fabrik begleitete und zu Herrn Altenburg (oder so ähnlich) brachte. Herr Altenburg beaufsichtigte eine Etage, in der Waschpulver aus Silos geholt, in Päckchen gefüllt, abgewogen, zugeklebt, in Kartons verpackt, bedrahtet, gestempelt und weggestapelt wurde. Mutter arbeitete an einem Tisch mit sieben anderen jüdischen Frauen, die sich die Arbeit teilten. Meistens sah ich sie mit einem Mulltuch um Mund und Nase in eine Waschpulverwolke gehüllt mit großer Geschwindigkeit Pappschachteln füllen. An anderen Tagen wog sie diese ab oder klebte sie zu, wie es gerade im Austausch der Tätigkeiten verlangt wurde. Meine Aufgabe war es, dafür zu sorgen, daß genügend Waschpulver in den fahrbaren Behältern war, daß die Pappschachteln und Kartons zur Verfügung standen und die vollen Kartons abgeholt wurden. Diese bedrahtete ich mit einem nicht immer funktionierenden Gerät, stempelte sie mit fortlaufender Nummer und stapelte die Kartons im Nebenraum bis an die Decke. Damit erschöpft sich schon die Schilderung meiner täglichen Arbeit in den ersten Monaten, und es muß der Phantasie des Lesers überlassen bleiben sich vorzustellen, wie jeder Tag mit zehn Stunden stumpfsinniger Tätigkeit unendlich lang wurde, quälend lang. Gerade vierzehn Jahre alt, erwachte in mir ein großes Verlangen nach Wissen und sinnvoller Beschäftigung. Die Fabrikroutine erschien mir als verlorene Zeit, endlos und furchtbar langweilig.

Abwechslung brachten Streitereien der Frauen an den Tischen. Zum Beispiel, wenn Frau ›Gerichtspräsident‹ hochmütige Bemerkungen zu Frau Lehmann machte oder wenn Frau Levy vermutete, daß Frau Dr. Soundso sich auf ihre Kosten schonte. Aber auch tagespolitische Gespräche konnten zu Zänkereien ausarten, so daß ich manchmal zur Ruhe riet; sonst hätte es Herr Altenburg auf kränkende Weise getan. Er saß in einem abgeteilten kleinen Kontor und war hauptsächlich um die Erfüllung der Produktionsnormen besorgt. − Sehr bald schon genoß ich als einziger Mann in diesem Raum ein gewisses Ansehen. Nicht ganz altersgemäß machte ich erste Studien über das Verhalten von Frauen unterschiedlichen Bildungsstandes und sozialer Herkunft in Streßsituationen. Aber nach und nach wurden immer mehr dieser besternten Frauen deportiert und waren dann eines Tages einfach nicht mehr da. Ein Schicksal, das für uns zum Faktum des täglichen Lebens wurde. Die Frage, wann man selber dran war, erfüllte jeden von uns.

Registrierte Prostituierte und, etwas später, auf den Straßen ihrer Heimatorte aufgegriffene russische Mädchen ersetzten die jüdischen Frauen. Ich verlor mein Vorurteil gegenüber Prostituierten. Freundlich und hilfsbereit fügten sie sich in die neue Situation. Viel schwerer taten sich die gefühlvollen Russenmädchen. Verständlicherweise brachen sie abwechselnd in Tränen aus, was uns immer sehr leid tat. Heimweh plagte sie und große Sorgen um ihre Angehörigen, von denen sie in der Regel nichts erfuhren. Niemand konnte ihnen helfen.

Die zwei Arbeitspausen wurden in getrennten

Aufenthaltsräumen verbracht. Außerhalb der Arbeitsbereiche (wenn es ging, auch innerhalb) verhinderte man Kontakte der verschiedenen Menschengruppen. Sogar ihre spärlichen Mahlzeiten aßen Männer und Frauen getrennt. Mein sehnlichster Wunsch war es, entweder in die Expedition oder zur Produktion eingeteilt zu werden, denn die Einförmigkeit meines Daseins wurde immer unerträglicher. Wenn ich mit meiner Arbeit etwas voraus war, lief ich schnell einen Stock höher — Altenburg durfte es nicht bemerken — und half bei der dort stattfindenden Waschpulverproduktion. Auf diese Weise gelang es mir nach einigem Drängen, vom dortigen Vorarbeiter angefordert zu werden. Als einer der jüdischen Männer ausschied, kam ich in seine Abteilung. Das war endlich abwechslungsreichere, wenn auch körperlich schwerere Arbeit. Die Sodasäcke wogen mehr als die Waschmittelkartons. Die breiige Waschpulvermasse mußte mit Schubkarren von den Mischmaschinen zu den Trockenplätzen gefahren, die am nächsten Tag getrocknete Masse losgehackt und dann in eine Mühle geschaufelt werden. Aber die Männer, mit denen ich jetzt zusammen war, führten interessante Gespräche, an denen ich mich beteiligte. So wurde der Tag gehaltvoller, die Gedanken angeregter. Besonders dankbar bin ich Dr. Heller, der, ruhig arbeitend, mit wenig Worten sehr viel zu sagen wußte. Er brachte mir Bücher mit, erklärte Zusammenhänge und rationalisierte nebenbei unsere Arbeit.

Ich weiß nicht mehr, wieviele Ferientage wir hatten. Es waren nur wenige, und außerhalb der zehn Stunden Fabrikarbeit gab es noch viele Aufgaben und Pflichten, die mit der täglichen Versorgung, dem Anstehen nach Lebensmitteln in Spezialgeschäften für Juden, der Beschaffung von Brennmaterial usw. verbunden waren. Heute weiß man nicht mehr, was für eine schwere Arbeit die Versorgung eines Haushaltes war. Zum Beispiel die große Wäsche: mit Waschtrog, Waschbrett, Heißwasserkessel und Auswringen in der Waschküche im Keller, mit Aufhängen auf dem Dachboden und Bügeln in der Küche. Nach damaliger Sitte rührte Vater keine Hand, helfen mußte ich. Vater lernte ja Chinesisch. Das war seine Flucht aus der für ihn unerträglichen Realität. Für meine Geige blieb nur noch wenig Zeit. Trotzdem übte ich täglich und machte Fortschritte. Mutter begleitete am Klavier und versuchte, mich soviel wie möglich zu fördern, obwohl wir beide nach unserer Arbeit sehr müde waren. Sogar Bilder entstanden in dieser Zeit und gelegentlich ein Gedicht. Das überlegte ich mir während der stumpfsinnigen Fabrikarbeit. So sehr ich mich auch bemühte, nicht ständig an meine Schulfreunde zu denken, quälte mich ständig die Sorge um ihr Ergehen. Ich sehnte mich zu ihnen hin, denn ich vermißte sie sehr. –

In der Fabrik arbeiteten bald nur noch in Mischehen lebende Juden. Ein Herr Mendelsohn mit seiner schlanken, etwas kessen Tochter arbeitete in der Expedition. Auch sie gehörten zu den ›Reklamierten‹. Herr Mendelsohn war gesprächig und erzählte aus seinem Leben Dinge, die keiner so recht glaubte. Seine Tochter verstand es, Herrn Täubers Zuneigung zu wecken und zu nutzen. Beide belebten die triste Stimmung in der Fabrik und verbreiteten gute Laune. Als ich etwas älter, kräftiger und der Personalmangel größer wurde, verhalf Mendelsohn mir zu gelegentlicher Tätigkeit in der Expedition. Ich mußte Zentnersäcke schleppen, Tonnen rollen, Kartons karren und konnte mit dem Lastauto zum Hafen fahren. Das war aber erst zwei Jahre später.

Diese zwei Jahre waren lange Jahre. Tägliche Fronarbeit, tägliches Warten auf die mögliche Rettung oder das Ende. Alles zerrte an unseren Nerven. Um unser Sehnen nach einer schnelleren Entwicklung schien sich die Zeit überhaupt nicht zu kümmern. Zwar tobte der Krieg mit immer größerer Erbitterung, aber die Zeit stand still, wie schreckgelähmt — jedenfalls kam es uns so vor.

Eine stichwortartige Skizzierung der Geschehnisse zeigt aber deutlich, daß der Kulminationspunkt der militärischen Expansion überschritten war. Gleichzeitig bezeugten aber auch die eskalierenden Judenverordnungen, daß die geheimen Beschlüsse zur ›Endlösung‹ der Judenfrage noch schneller als bisher in die Tat umgesetzt werden sollten.

In Afrika gelingen General Montgomery bei El Alamein erste größere Siege, als am 23. Oktober und 7. November 1942 amerikanisch-britische Truppen in Nordafrika landen. Gleichzeitig beginnt eine sowjetische Offensive, die bei Stalingrad die 6. deutsche Armee einschließt. Am 1. Februar 1943 kapituliert diese Armee. Nur ein paar Tage später verkündet Goebbels den ›totalen Krieg‹, was für alle gravierende Beschränkungen bedeutet. Mit mehr als tausend Flugzeugen ausgeführte Bombenangriffe auf deutsche Städte werden zum Bestandteil einer gegnerischen Strategie. Am 10. Juli landen Alliierte in Sizilien und am 3. September in Italien; davor stürzt man den italienischen Diktator Mussolini. Das Kriegsglück wendet sich von Hitler ab.

Aus dieser Zeit einige der vielen hundert Judenverordnungen (aus »Das Sonderrecht für die Juden im NS-Staat«):

7. 8. 42 (RSHA [Reichssicherheitshauptamt])

Es ist unerwünscht, daß Juden in Eingaben oder sonstigem Schriftverkehr mit Behörden ihre früheren Titel oder Berufsbezeichnungen angeben. Im Nichtbeachtungsfalle haben die betreffenden mit Weiterungen zu rechnen. Die Anordnung trifft auch Juden in ›privilegierter Mischehe‹.

14. 8. 42 (RMF [Reichsminister der Finanzen] 0 5400 − 217 VI)

Bei Verwertung von Wohnungseinrichtungen, die das Reich aus dem Verfall von Judenvermögen erhalten hat, sollen bevorzugt Fliegergeschädigte, Umsiedler und vertriebene Auslandsdeutsche berücksichtigt werden.

21. 8. 42 (RFSSuCdDP [Reichsführer der SS und Chef der Deutschen Polizei])

Personen, die nicht ordnungsmäßig gemeldete Juden beherbergen, werden staatspolizeiliche Maßnahmen angedroht.

22. 8. 42 (H.K. 80/42)

Den Juden in Dresden, die den Judenstern tragen, wird der Kauf von Speiseeis verboten.

1. 9. 42 (RMI [Reichsminister des Innern])

Der Nachlaß verstorbener KZ-Häftlinge ist zu Gunsten des Reichs einzuziehen.

18. 9. 42 (RMFLand II B I − 3530)

Die Versorgung von Juden mit Fleisch, Fleischprodukten, Eiern, Milch und anderen zugeteilten Lebensmitteln wird eingestellt. Lebensmittelrationen für jüdische Kinder werden gekürzt. Die Lebensmittelkarten von Juden werden gesondert gekennzeichnet. Lebensmittelpakete werden von den Zuteilungen abgezogen.

5. 11. 42 (RFSSuCdDP)

Alle im Reich gelegenen Konzentrationslager sind judenfrei zu machen, und sämtliche Juden sind nach Auschwitz und Lublin zu deportieren.

11. 3. 43 (RSHA II A 2 Nr. 100/43 – 176)
Juden sind nach Verbüßung einer Strafe den Konzentrationslagern Auschwitz oder Lublin zuzuführen.

11. 7. 43 (RdErl LeiPK [Runderlaß v. Leiter der Parteikanzlei] 33/43)
Geheim! Im Einvernehmen mit dem Führer wird angeordnet, daß man bei einer öffentlichen Diskussion über die Judenfrage davon absehen soll, über eine Endlösung zu sprechen: Juden werden zur Arbeit geschickt, en bloc und in angemessener Weise.

Alle Bücher, die ich in jener Zeit mit Interesse las, hatten die besondere Eigenschaft, den Leser in eine völlig andere Welt zu versetzen. »Die Familie Mendelssohn«, von dem Neffen des Komponisten geschrieben, schildert das hohe menschliche und künstlerische Niveau dieser Familie. Nicht weniger regte mich Vasaris »Künstler der Renaissance« an. Die »Nachgelassenen Schriften eines Frühvollendeten« von Otto Braun bewiesen, was für eine Quelle der Kraft und des Trostes der kreative Geist sein kann. Auch Adalbert Stifters heile Welt muß ausgleichend gewirkt haben. Dazu kamen die Weisheiten Laotses und Konfuzius', die meinen Vater beglückten und ab und zu Gesprächsstoff boten. Ähnlich wie die Musik beruhigte und tröstete die Beschäftigung mit bedeutenden Werken menschlichen Geistes. Es täuschte darüber hinweg, daß die Katastrophe unaufhaltsam herankroch, um die Rechnung für Größenwahn und Haß zu präsentieren. Eine deutsche Stadt nach der anderen wurde bombardiert und in Schutt und Asche gelegt. Jede schwer erkämpfte militärische Position begann zu wackeln. Nach ständigem Vormarsch begann nun der Rückmarsch. ›Frontbegradigungen‹ nannte man es verschämt, und die Menschenopfer zählten nach Millionen.

Wann das Kriegsgeschehen auch Königsberg erreichen würde, war nur noch eine Frage der Zeit, und im August 1944 war es dann soweit: Zwei Bombenangriffe mit insgesamt über 800 schweren britischen Bombern zertrümmerten ein für alle Mal, was in Jahrhunderten mühselig gebaut und erarbeitet worden war. Die unvergleichlich schöne, alte, ehrwürdige Stadt verwandelte sich in einem Flammenmeer zu einer Ruinenstadt. In zwei kurz aufeinander folgenden Nächten kündete ein blutiger, feuriger Paukenschlag den erschütterten Königsbergern das nahende Ende an.

Bombenangriffe auf Königsberg

Die Frage nach der Natur der Gerechtigkeit quälte mich wieder. Zu offensichtlich folgten Schicksal oder Zufall, Gottes- oder Menschengericht keinerlei erkennbarem Sinn oder auch nur zu ahnender Logik. Meine Arbeitskollegen erzählten mir von einer Anzahl aufgehängter Polen. Sie hingen am Hafen, weil sie angeblich Feldpostpäckchen gestohlen hatten. Die Geschwister Scholl wurden verraten, als sie ihren Aufruf zum Widerstand verteilten. Der Präsident des Volksgerichtshofes, Freisler, ließ sie enthaupten. Kurt, der Sohn einer uns als mutige Hitlergegner bekannten Familie, verblutete mit einem Bauchschuß zwischen den Fronten. Gleichzeitig erlebten wir die Verhaftungen, Abtransporte und Selbstmorde jüdischer Verwandter, Freunde und Bekannter. Und nun erschütterten uns die Ereignisse des 20. Juli 1944. Ein Attentat auf Hitler mißlang wieder einmal, und wir wußten, daß dies die letzte Gelegenheit war, einen Wahnsinn aus eigener Kraft zu beenden. Mit den erschossenen und erhängten Widerstandskämpfern begrub man unsere Hoffnung. Jetzt konnte Hitler auch seine Gegner in der Generalität ausschalten und die Sicherheitsvorkehrungen noch weiter verschärfen.

Es schien, als würden unbekannte Mächte die zerstörenden Kräfte schützen; als wenn Menschen sich möglichst lange gegenseitig umbringen und ihre Werke vernichten sollten. Warum nur waren alle, die den Frieden herbeiführen wollten, so glücklos? Ich haderte mit Gott und wurde noch ärgerlicher auf ihn. Mir kam es so vor, als wenn der himmlische Regisseur einen effektvollen Schluß für die von uns Menschen gespielte Tragödie brauchte, als könnte nach einer solchen Ausuferung menschlicher Überheblichkeit nur eine Katastrophe unvorstellbaren Ausmaßes ein angemessenes Ende sein. Ein Ende, bei dem möglichst viele, sehr viele sterben müssen. Und wer das gerade ist, scheint ihm völlig egal zu sein, solange es nicht die sind, die das Unheil verursachten — so dachte ich damals äußerst vorwurfsvoll. »Weil du, Michael, mich nicht erkennst, hast du falsche Erwartungen, bist du enttäuscht«, hörte, nein, fühlte ich es in mir sagen. Das konnte ich verstehen. Aber wie sieht Gottes Gnade, Gottes Weisheit, Gottes Güte aus? Es war für mich keine Frage, daß alles, was existiert, alles, was geschieht, aufgrund einer wirkenden Kraft geschieht. Diese Kraft hatte ich schon erfahren und gespürt. Sie erfüllte mich mit Ehrfurcht; jederzeit war ich bereit, mich vor ihr zu verbeugen, ihre Allmacht zu bewundern. Nur — was hatte sie mit dem ganzen Unglück im Sinn?

Immer mehr beherrschte mich der Gedanke, daß es falsch war, Gott in menschliche Kategorien hineinzuzwängen. Ich fand, daß die biblischen Geschichten nicht zu Gott führten. Sie vermenschlichten nur Gott. Nun sah ich die Bibel — ob Altes oder Neues Testament — als Hindernis, als etwas, was über Hunderte von Jahren tabuisierte Glaubensinhalte prägte und andere Gotteserkenntnis verhinderte. Ich dachte, daß unsere Vorstellung doch in der Lage sein müßte, eine Urkraft anzuerkennen, für die Leben oder Tod ein- und dasselbe sind, die der Urgrund allen Seins ist. Die in unendlich vielen Modifikationen Werden und Vergehen bewirkt und ganz bestimmt nicht unsere Bewertungen oder Sichtweisen braucht noch mit uns teilt. Diese immanent wirkende Urkraft ist ein Gott der irdischen Natur mit ihren kleinsten und größten Kreaturen genauso, wie sie ein Gott der Sterne und des ganzen Kosmos ist. Die Menschen mit ihrem Verstand liebt dieser Gott bestimmt nicht mehr als alles andere. Dazu gäbe es auch keine Veranlassung. Menschenwunder sind seiner unwürdig. Aber wer ihn erkennen will, kann ihn erkennen. Auch fühlen.

Mit diesen Gedanken geriet ich in Widerspruch zu meinem Vater, den ich immer mehr zu kritisieren begann. Vater erging sich in tiefsinnigen Aussprüchen über das ›Gute‹ und das ›Böse‹, über Recht und Unrecht. Aber genauso wie ich konnte er beobachten, daß alles, was um uns herum geschah, diese Begriffe ad absurdum führte.

Es war doch so: Nur weil jede Gerechtigkeit auf Erden fehlt, mußte man sie in den Himmel verlegen, auf die Zeit nach dem Tode verschieben. Das ist nicht nur bequem, sondern erübrigt Beweisführungen. Langsam und unausweichlich wurden Vater und ich Gegner und bald darauf erbitterte Kontrahenten. Eine unermeßlich erschwerende Situation. Schicksalsbedingt kämpften wir gemeinsam ums Überleben, aber gleichzeitig versuchten wir uns gegenseitig anzugreifen, zu treffen, zu erschüttern. Später wirkte Mutter neutralisierend durch befreiend einfache, unkomplizierte Lebensweisheiten. Als es dann unerträglich schlimm wurde, sagte sie nur: »Es wird alles schon ›wie‹ werden!« Das war alles. Unsere erregten Gemüter entkrampften sich sofort. Ihr anderer, mich lebenslang begleitender Spruch war: »Mal kann man schon!«, womit sie ›Rechtsstreitereien‹ beendete, die in der Russenzeit lebenswichtige Energien kosteten. Mit ihrem etwas mysteriösen Spruch hat sie zwar für immerwährende Irritation gesorgt. Denn darüber, wieviel man schon kann und wann man auf keinen Fall mehr können sollte, sagte der Spruch nichts aus. Also, ein zwar enthemmender, aber nicht ganz unproblematischer Ausspruch. Oft im Leben werde ich mich deshalb allein gelassen fühlen. Ich muß jedoch zugeben, daß ihr »Mal kann man schon« manche wichtige Entscheidung beeinflußte.

Mit billigem Klingelleitungsdraht und Transformatoren hatten Klaus und ich über unsere angrenzenden Balkons eine Leitung gelegt, die von seinem Bett zu meinem reichte. Mittels Morsealphabet-Tabellen und aufleuchtenden Lämpchen konnten wir uns Botschaften zusenden. Wir hatten Spaß daran und raubten uns wertvolle Schlafenszeit. Meistens gab es noch nachts Alarm. Zwar waren wir das ewige Sirenengeheul gewöhnt, doch neuerdings fing auch die ›Flak‹ zu schießen an. Was die Alliierten vorbereiteten, erfuhren wir am 26. August 1944:

Ziemlich lange nachdem ich Klaus ›Gute Nacht‹ zugeblinkt hatte, heulten die Sirenen. Diese jaulende Geißel steht auf dem Dach eines der schräg gegenüberliegenden Häuser. Wir hatten uns angewöhnt, langsam zu reagieren; zu oft hat es Fehlalarm gegeben. Bisher waren auch keine Bomben gefallen, sieht man von den unbedeutenden Bombenabwürfen ab, die uns zu Beginn des Rußlandfeldzuges überraschten. Noch während wir uns verschlafen anziehen, höre ich, wie die ›Flak‹ zu schießen beginnt. Diese langrohrigen Geschütze können einen Höllenlärm veranstalten. Böse und scharf knallen ihre Abschüsse von nah und fern.

Heute hört sich das nervöser an, schneller hintereinander geschossen als sonst. Die Knallerei verrät mir deutlich, daß diesmal Gefahr droht. Aus Neugier gehe ich auf den Balkon. Das ist streng verboten. Einerseits wegen der möglichen Signale, die man den Flugzeugen geben könnte, andererseits wegen der gefährlichen Flakgranatensplitter. Der Nachthimmel bietet ein eindrucksvolles Bild. Wie mit Deckfarbe auf schwarzem Grund gemalt, bewegen sich am Himmel grellweiße Stangen aus Scheinwerferlicht unruhig hin und her. Dazwischen blitzen die explodierenden Flakgranaten, und dann beginnen mehrere an Fallschirmen still am Himmel schwebende Lichtquellen die Stadt zu beleuchten. Sie sehen aus wie große Weihnachtsbäume, an denen Wunderkerzen brennen. Durch sie können die Bomberpiloten ihre Ziele erkennen, und schon höre ich das dunkle, bedrohliche Brummen der Flugzeuge. Es klingt anders als das gewohnte Motorengeräusch deutscher Flugzeuge. Ich weiß, daß es nun höchste Zeit ist, in den Keller zu gehen, in dem bereits Mutter, Vater und die übrigen Hausbewohner sitzen. Alle in einem Kellerraum. Mutter und ich mit dem Judenstern, Luftschutzwart Wolf mit Helm und Armbinde und Blockwart Rogalli in SA-Uniform. Dicke Holzbalken stützen die Kellerdecke ab und sollen uns davor bewahren, vom Gewicht des zusammenstürzenden Hauses zerquetscht zu werden. Zwei an der Kellerdecke befindliche Fenster sind mit betoniertem Splitterschutz in Form versetzter Luftschächte versehen. Die eiserne Kellertür konnte zweifach verriegelt werden. Um die Stützbalken herum sitzen wir auf Holzbänken. Mit der Zeit hat jeder seinen Stammplatz; in dieser Notgemeinschaft unterschiedlicher Menschen sind wir zu Fremdkörpern gemacht worden, was sowohl uns als auch allen anderen großes Unbehagen verursacht. Besonders Rogalli zeigt sich jedesmal irritiert und voller Verachtung. Ihn fürchten alle, denn er kann Schaden zufügen. Niemand wird es wagen, mit uns zu sprechen. Auch Norras nicht. Und so hören Mutter und ich immer mit schweigender Aufmerksamkeit, was sich die anderen erzählen. (Irgendwann wurde dieser Zustand durch eine Anordnung beendet. Wir durften dann nicht mehr in den abgestützten Keller, sondern mußten in unseren winzigen Kohlenkeller gehen, gleich neben der Waschküche.)

Heute haben alle Angst. Der Luftschutzwart erzählt, daß größere Verbände britischer Flugzeuge im Anflug auf Königsberg gemeldet wurden, und die immer rasender schießende Flak bestätigt das. Und schon geht es los. Die Erde beginnt zu beben, und ein noch nie erlebtes Dröhnen und Krachen versetzt uns in Schrecken. Herr Rogalli wird kreidebleich, was ich schadenfroh vermerke. Während es immer fürchterlicher donnert und heult − die herabsausenden Bomben müssen Heulvorrichtungen haben −, versuche ich angestrengt herauszubekommen, ob man akustisch feststellen kann, wann unsere Straßen an der Reihe sind und wie weit entfernt die Bomben einschlagen. Da es aber Bomben von unterschiedlicher Größe sind, ist es nicht möglich. So stelle ich mir vor, wie es sein wird, wenn ein Volltreffer unser Haus zerstört. Der Fußboden bebt, die Wände wackeln, und alles Vertrauen in ihre Festigkeit schwindet. Aber die Todesangst, die jetzt alle erfaßt hat, teile ich nicht. Die Möglichkeit, plötzlich sterben zu müssen, ist mir ein vertrauter Zustand, mit dem ich mich schon lange abgefunden habe. Da ich weder das Wann noch das Wie beeinflussen kann, ist die Stimmung ›Sterben tue ich nach Gottes Willen‹ ein Teil meiner selbst geworden − meine Schutzhaut.

Mutter geht es gewiß nicht anders, obwohl wir nie darüber sprechen. − Unendlich lange dauert das Bombardement, so kommt es uns vor. Immer wenn wir hoffen, daß alles vorbei ist, geht es noch einmal los. In einer Ruhepause wagt der Luftschutzwart einen Blick nach draußen und berichtet, daß er Brände sehen könne, in unserer näheren Umgebung aber noch alle Häuser unversehrt geblieben seien. Dann endlich findet dieser Bombenangriff ein Ende, und die Entwarnung heulenden Sirenen befreien uns aus den Kellern und geben ein Gefühl, alles ist — zumindest für uns — noch einmal gut gegangen.

Der Himmel im Norden der Stadt ist rot gefärbt. Wieviele mag der Angriff getötet oder verletzt haben? Brandgeruch, Geruch nach Phosphor oder Magnesium steigt in die Nase. Aber die Erleichterung, nicht selbst betroffen zu sein, überwiegt alle anderen Empfindungen.

Nur drei Nächte später — am 29. August — wurden wir wieder in den Keller gejagt, und diesmal läßt sich das Inferno kaum noch beschreiben. Der Angriff und das Explodieren der Bomben nahmen kein Ende. Mehrfach glaubten wir unser Haus getroffen, was aber nicht der Fall war. Die Hufen — ein Außenbezirk Königsbergs — wurden nur teilweise zerstört. Diesmal überschütteten die Bomber mit System und Sorgfalt die gesamte Innenstadt vom Nordbahnhof bis zum Hauptbahnhof mit erstmalig eingesetzten Napalmkanistern, Spreng- und Brandbomben verschiedener Bauart, so daß innerhalb kurzer Zeit die ganze Stadt gleichzeitig zu brennen anfing. Durch die Hitzeentwicklung und den sofort entstehenden Feuersturm hatte die in den engeren Straßen wohnende Zivilbevölkerung keine Chance zu entkommen. Sie verbrannte vor den Häusern genauso wie in den Kellern. Überleben konnte nur, wer rechtzeitig die Gefahr erkannte und noch während des Angriffs — bevor sich das Feuer entfaltete — die Innenstadt verließ. Manche sprangen in den Pregel. Was jedermann über den Luftangriff auf Dresden weiß, weil er oft in aller Schrecklichkeit beschrieben wurde, erlebten die Königsberger schon sechs Monate vorher. Während noch Tausende verzweifelt versuchten, aus dem Feuerofen zu entkommen, stand ich wieder auf dem Balkon und sah die Flammen der lichterloh brennenden Stadt zum Himmel lodern. Für jeden Rettungsversuch war es zu spät. Der Rauchpilz, der sich immer deutlicher gegen den morgendämmerigen Himmel abzeichnete, war so groß und hoch, daß er den Rauchgebirgen späterer Atomexplosionen glich. Aus den über unseren Köpfen sich türmenden Wolken fielen halbverkohlte Papier-, Stoff- und Holzreste, die der Aufwärtssog durch die Luft fliegen ließ. Ein halbverbranntes Schulheft, Gardinenstücke, Bettzeug, Verpackungspapier, Kartons, alles nur Denkbare regnete vom Himmel und bedeckte die unversehrt gebliebene Umgebung. Es knisterte und krachte ohrenbetäubend. Auch für die Berufsfeuerwehr war an Löschen nicht zu denken. Jede Annäherung auf weniger als zwanzig Meter verbot sich durch die mörderische Hitze. Rettungsaktivitäten konzentrierten sich auf die in den Randbezirken vereinzelt brennenden Häuser. Das historische Königsberg mußte man seinem Schicksal überlassen. Ohnmächtig sahen wir zu, wie es abbrannte.

Als ich Stunden später um die brennende Stadt herumging — ich mußte ja wenigstens den Versuch unternehmen, zu meiner Arbeitsstätte zu gelangen —, war das Elend unbeschreiblich. Mit Leiterwagen, Handkarren, Kinderwagen, Schubkarren und allem, was Räder hatte, zogen oder lagerten hunderttausend Obdachlose in den Anlagen. Überall Koffer, Taschen und Gepäckstücke, die Reste der geretteten Habe. Selbstverständlich erinnerte mich dieser Anblick an die vor ihrer Deportation versammelten Juden. Trotzdem war es völlig anders; diese Menschen hatten überlebt und konnten auf Hilfe rechnen. Viele waren rußverschmiert, trugen verbrannte Kleider und weinten um die Vermißten. Mit verdecktem Stern ging ich voller Mitgefühl für Kinder, Mütter und hilflose alte Menschen wieder nach Hause. Ungefähr drei Tage lang konnte man die Stadt nicht betreten. Auch als keine Flammen mehr loderten, waren Steine und Boden glühend heiß und kühlten sich nur ganz allmählich wieder ab. Was übrig blieb, waren schwarze Ruinen mit Fensterhöhlen, die Totenschädeln glichen.

Spezialtrupps suchten die Leichen zusammen, die nicht nur verkohlt auf den Straßen, sondern auch in ihren Kellern erstickt und von der Hitze geschrumpft herumlagen; es waren viele tausende. Lauter Einzelschicksale, unter denen es auch einige in Mischehen lebende Juden gab, wie sich später herausstellte. Wer kann über die letzten Minuten dieser Unglücklichen berichten? Kann man sie sich überhaupt vorstellen? Wie groß muß Hitze werden, bis man sein Bewußtsein verliert? Jeder war geschockt über eine Wirklichkeit, eine Dimension des Krieges, die niemand für möglich gehalten hatte. Die Organisationen der Partei spielten sich mit Decken, Kaffee und Zuspruch als Retter in der Not auf; eine Not, die sie selber herbeigeführt hatten. Die Alliierten hätten wissen müssen, daß solche Angriffe Zivilisten, Frauen und Kinder trafen und das Kriegsgeschehen kaum beeinflußten. Diese Racheaktionen waren weder heldenhaft noch sinnvoll und zeugten von einer bereits ebenfalls korrumpierten Mentalität. So war Hitlers Kriegsmaschine nicht zu stoppen – im Gegenteil. Man lieferte Gründe für Verbitterung und Verzweiflungstaten.

Major Dieckert schreibt in seinem Buch »Der Kampf um Ostpreußen«:

Ein wesentlich schwererer Angriff durch etwa 600 Bomber, die nach dem Wehrmachtsbericht über schwedisches Hoheitsgebiet einflogen, traf in der Nacht vom 29./30. August die dicht bebaute Innenstadt mit verheerenden Folgen. Mit grausigem Erfolg wurden die neuen Brandstrahlbomben erprobt, Brandstürme, denen viele der Flüchtenden zum Opfer fielen, tobten durch die Straßen. Feuerwehr und Luftschutz waren machtlos.

Diesmal waren nur Wohnviertel mit in üblicher Weise eingestreuten Läden und Verwaltungsgebäuden getroffen worden, so daß man mit Recht von einem Terrorangriff sprechen kann. Fast alle kulturell wertvollen Gebäude mit ihrem unersetzbaren Inhalt wie der Dom, die Schloßkirche, die Universität, das alte Speicherviertel wurden ein Raub der Flammen. Der durch die beiden Luftangriffe verursachte Gebäudeschaden betrug über 50 Prozent, die Zahl der meist zivilen Todesopfer schätzte man auf 3500 [es waren viel mehr], und über 150 000 Menschen wurden obdachlos ... Noch tagelang wüteten in Königsberg Brände. Auch die meisten der nicht betroffenen Einwohner verließen fluchtartig die Stadt, um in der näheren oder weiteren Umgebung ein meist recht primitives Unterkommen zu finden. Die Königsberger werden diese Schreckensnächte nicht aus ihrer Erinnerung löschen können.

Wintergewitter

Tagelang brannte das ehrwürdige Königsberg, und wir sahen ohnmächtig zu, wie gierige Flammen alles auffraßen. Wie ein böses Gespenst hockte der Rauchkoloß auf der Stadt und ließ niemanden an seine Beute. Dieses Bild änderte sich in den ersten beiden Tagen kaum. Das Lodern der Flammen ließ aber etwas nach. Waren die schwarzen Rauchwolken bisher orange beleuchtet, färbten sie sich später dunkelrot. Diese Rauchwolken, genauso wie der alles überlagernde penetrante Gestank, erinnerten uns Tag und Nacht an das unerbittliche Geschehen. Viele Königsberger waren durch die Angriffe so verschreckt, daß sie nicht nur die Stadt, sondern auch das Land verließen. Die Trauer um das Geschehene erfüllte alle. Obwohl ich die Niederlage Hitlers herbeisehnte − denn nur die Kapitulation Hitlers konnte meine Freiheit und das Ende des Krieges bringen −, beklagten wir Königsbergs Schicksal aus tiefster Seele. Ein Schicksal, das allerdings vorher schon polnische, russische und französische Städte erfahren mußten − zum Beispiel Warschau, aber auch Coventry in England und Rotterdam in Holland. Früher dachten wir doch, daß Städte uns immer überleben − wie sie vergangene Generationen überlebt haben −, daß sie ständig weiter wachsen, unsterblich sind. Doch in jenem Moment begann das Ende der 690jährigen Geschichte Königsbergs, begann das Sterben einer Stadt, die alles, was für sie charakteristisch war, für alle Zeiten verlor.

Die Burg Königsberg wurde 1255 vom Deutschen Ritterorden zu Ehren des Königs Ottokar von Böhmen gegründet. Die Burg, später die Stadt, und das Land mußten oft um ihr Überleben kämpfen. Gegen die Litauer 1370, dann gegen die Polen. 1525 war der preußische Ordensstaat ein Fürstentum unter polnischer Lehnshoheit. Vor 1933 geschriebene Geschichtsbücher berichten von dieser Zeit, daß es eine Blütezeit war. 1544 gründete Herzog Albrecht die nach ihm benannte Universität. Nur die durch Kasimir III. (den Großen) 1364 in Krakau gegründete Universität war älter. Der Frieden fand ein Ende, weil sich Litauen, Polen und Preußen gemeinsam des nach Westen vordringenden Fürstentums Moskau und der Tataren erwehren mußten. Es gab vier verlustreiche Abwehrkriege. Die grausamen Tataren sollen 11 000 Männer und Frauen verschleppt haben, um sie als Sklaven zu verkaufen. Auch der schwedisch-polnische Krieg, 1655 – 1660, brachte Königsberg in schwere Not. Nachdem die Schweden bis an die Mauern Königsbergs vorgedrungen waren, gelang es dem Großen Kurfürsten, Ostpreußen in einer Winterschlacht zu befreien. Er überquerte dabei das zugefrorene Haff. 1701 wurde Friedrich I. in Königsberg zum König der Preußen gekrönt. Kurz darauf wütete die Pest. Ein paar Jahrzehnte später schlugen die Russen bei Groß-Jaegersdorf die Preußen, und schon damals träumte die Zarin davon, Ostpreußen sowie das Memelland und die Ostseehäfen ihrem Reich einzuverleiben. Von der Not zur Zeit der Russenherrschaft, im Siebenjährigen Krieg, wird berichtet: In der Landeshauptstadt haben Seuchen und Armut geherrscht, so daß Eltern ihre Kinder zum Preise von je 18 Silbergroschen an russische Käufer verhandelten. Furcht vor Plünderungen nötigte zu immer neuen Abgaben an die Russen. Trotzdem sammelten sie, was sie konnten, um den Heeren Friedrichs Hilfe zu bringen.

1762 – 1806 kam, wenn man von einer vernichtenden Feuersbrunst absieht, wiederum eine Zeit ruhigerer Entwicklung. Es gab aufblühenden Handel und ein aufblühendes Geistesleben, das mit dem Namen Kants unvergänglichen Ruhm brachte. Dann aber verwüsteten die Napoleonischen Kriege und drei Armeen – die französische, die russische und die preußische – das Land, von dem sie sich monatelang ernährten. Man erzählt, daß sie selbst die Strohdächer an ihre Pferde verfütterten. Kein Teil der preußischen Monarchie hat so gelitten wie Ostpreußen. Kontributionen konnten nur durch Anleihen bezahlt werden, die Königsberg noch bis nach 1900 abzuzahlen hatte.

In dem vom Magistrat der Stadt Königsberg 1924 herausgegebenen Buch »Königsberg in Preußen« steht:

Im 19. Jahrhundert nach dem Befreiungskriege ist Königsberg nur langsam wieder emporgekommen. Auch in der Mitte des 19.Jahrhunderts, als die großen Fragen der Einigung Deutschlands unter Mitwirkung des Volkes in der Gesetzgebung alle Köpfe beschäftigte, hat Königsberg durch Theodor von Schön, durch Dr. Johann Jakoby, durch Simson und durch eine Reihe von aufblühenden Talenten, die in seinen Mauern weilten, wie Wilhelm Jordan, Gotschall, Gregorovius, Hoverbeck, Hobrecht und Rupp unter den Vorkämpfern gestanden. Königsbergs Sohn und späterer Ehrenbürger Simson war der Sprecher der Deputation, die Friedrich Wilhelm IV. im Jahre 1849 die Kaiserkrone anbot ... [Zwei der hier anerkennend genannten Persönlichkeiten waren Juden, bzw. jüdischer Abstammung: Dr. Johann Jakoby und Eduard von Simson.]

Auch der erste Weltkrieg verschonte Ostpreußen nicht, und es gab Schlachten gegen die Russen bei Gumbinnen und Tannenberg an den Masurischen

Seen. 1920 stimmten bei einer Abstimmung 98 Prozent der Ostpreußen (92 Prozent der Westpreußen) für Deutschland. Und dann kam Hitler, der sein Tausendjähriges Reich schaffen wollte. Motiviert durch seine Ideologie, daß nur der germanische Mensch etwas taugt und somit das Recht hat, andere zu versklaven, machte er Ostpreußen zur Ausgangsbasis eines heimtückischen Überfalls auf Rußland. Daß Rußland nicht zu erobern war, wußte seit Napoleon eigentlich jeder. Bekannt war auch, daß alle gescheiterten Angriffe Rußland immer neue territoriale Gewinne gebracht hatten. Aber Hitler glaubte, mit moderner Waffentechnik und dem vertragsbrüchigen Überraschungsangriff das Unmögliche zu schaffen. Deshalb − und nur deshalb − rückte jetzt die Rote Armee auf Ostpreußen vor, mußte ein zur Welteroberung ausgeschwärmtes Volk zur Raison gebracht werden. Spätestens zu diesem Zeitpunkt hätte man befürchten müssen, daß es nach der Niederlage Hitlers keine Fortsetzung der Geschichte Preußens auf dem Gebiet um Königsberg geben wird.

Mit den Bombenangriffen auf Königsberg kündigte sich der Untergang an. Restlos verspielt wurde Ostpreußen durch die Unfähigkeit, einen verlorenen Krieg und eine Diktatorenherrschaft zeitiger zu beenden − wie auch immer. So aber kam das große Werk ungezählter Menschenleben, ein schönes Heimatland, das gesamte geistige und materielle Erbe tapferer Vorfahren in die Konkursmasse gescheiterter Welteroberer. −

Bevor es aber endgültig soweit war, mischten erst einmal Ruß und Asche die Farben schwarz und silbergrau; sie waren lange noch durchsetzt vom Rotorange glühender Reste und später vom Rostrot der nackten Ziegel. Nach Tagen erst − als die Hitze nachgelassen hatte — konnte man durch die breiteren Straßen in die Ruinenstadt hineingehen. Überall drohte Einsturzgefahr. Ich mußte Sperrposten passieren, denn Unbefugten war der Zugang verwehrt. Aber wir Arbeiter kriegswichtiger Betriebe besaßen natürlich Passierscheine. Als ich die Fabrik erreichte, standen trotz vieler Schäden noch die Mauern. Treppen und Stockwerke waren begehbar. Man konnte sofort erkennen, daß hier eine Instandsetzung möglich war. Schon am selben Tag begannen wir zusammen mit einer Gruppe französischer Kriegsgefangener die Aufräumarbeiten und Wiederherstellung der Produktionseinrichtungen. Man zwang uns zum härtesten Arbeitseinsatz, und unsere Russenmädchen, die alle überlebt hatten, mußten rund um die Uhr arbeiten. Sie waren in die Außenbezirke geflüchtet, bevor sich die Brände voll entfalteten. Auch ihre Quartiere in den Kellerräumen waren unversehrt geblieben, wenn man von einigen Hitzeschäden absah. Ihre Stockwerkbetten konnten sie benutzen. Der Standort der Fabrik war ja nicht im Zentrum der Stadt, und in diesem Bezirk gab es einige unzerstört gebliebene Häuser, unversehrte Untergeschosse oder Straßenecken. Sogleich wurden dort wieder Dienststellen oder alle möglichen Betriebe eingerichtet.

In kurzer Zeit brachten wir die Fabrik auf volle Touren. Die Arbeiter standen alle wieder an den Maschinen und produzierten vorrangig Waschpulver und ›Kriegsseife‹. Meine Aufgaben in der Fabrik wechselten nun öfter. Ich wurde ein ›Joker‹, ein Mann für alles. Einmal stand ich an der Trockenmaschine und mußte die in ständigem Strom herausquellenden Seifenflocken in Kästen schaufeln und wegstapeln. Eine Fließbandarbeit, die ich haßte, denn die Maschine trieb mich erbarmungslos den ganzen Tag zur Eile. Dann wurde ich mit einem Lastwagen zum Ausladen der Eisenbahnwaggons oder Schleppkähne gefahren. Dafür brauchte man starke Männer, die auf ihren Rücken Säcke tragen konnten − manche davon bis zu zwei Zentnern schwer. Zu der Zeit war ich noch kräftig genug und machte diese Arbeit gar nicht so ungern. Das Hierhin- und Dorthinfahren vermittelte mir ein Gefühl größerer Freiheit, als ich es in der Fabrik hatte, eingesperrt in irgendeinen Raum mit vergitterten Fenstern.

Eines Tages beorderte mich der Arbeitseinteiler Voss, die Betten aus den Quartieren der Russenmädchen zu entwanzen. Das war eine Beschäftigung, die nicht ohne Folgen blieb. Mit Ätznatron, welches zur Seifenherstellung verwendet wurde, wusch ich die in Einzelteile zerlegten Betten und tötete Wanzen und Wanzenbrut in Millionenzahl. Trotz aller Vorsicht schleppte ich diese schlimmen Viecher mit nach Hause. Es dauerte zwar einige Zeit, bis ich sie bemerkte, aber dann war es zu spät. Vom Standpunkt der Wanzenvertilgung war es ein Glück, daß unser Haus abbrennen wird.

Die Sternträger unter den Arbeitern wurden immer weniger. Nach und nach hatte man die meisten deportiert und wahrscheinlich bereits getötet. Ich erinnere mich an Olaf Boenheim und Bernd Levy, die einige Jahre älter waren als ich. Ihre christlichen Mütter bewahrten sie und ihre Väter vor sofortiger Deportation. Auch Herr Weinberg arbeitete irgendwo und besuchte uns ab und zu. Dabei ließ er sich von mir auf der Geige vorspielen und spielte dann selber auf unserem schönen Blüthner-Flügel. In jener Zeit war er der einzige, an dessen Besuch ich mich erinnern kann. Schon lange trauten sich ja Vaters Bekannte und Freunde nicht mehr, einen Haushalt zu besuchen, in dem es Juden gab. Der Terror von Partei und Gestapo hatte solche Formen angenommen, daß alle die Angst beherrschte. Es fehlte nicht an Vokabeln, die harmloses Tun in Landesverrat, Wehrkraftzersetzung, Kollaboration mit Volksfeinden, Rassenschande, Spionage usw. ummünzten. Auf all das stand die Todesstrafe. Den bösen Intrigen vieler waren dadurch keine Schranken gesetzt. Erst kurz vor dem völligen Zusammenbruch änderte sich das. Jetzt aber grüßte selbst mein Vater ängstlich mit »Heil Hitler«, aus Furcht vor all den Menschen, die ihm schaden konnten. Immerhin war der Hitlergruß obligatorisch. Mich aber machte diese ewige Angst wütend. Manchmal verachtete ich Vater dafür. Unser Verhältnis verschlechterte sich immer mehr. Er gab mir auch keine Ratschläge oder Ermutigungen bei meinen Bemühungen um Fortschritte auf der Geige. Dabei war er ein anerkannter Lehrer. Vater kapselte sich ab und ignorierte in zunehmender Weise das Tagesgeschehen und meine Meinung dazu. Mich ärgerte das; es kam zu erbitterten Wortwechseln.

Ein Problem wurde die Nahrungsmittelbeschaffung. Von den uns Juden zugestandenen Rationen konnten wir nicht mehr leben. Die Lebensmittel, die Vater für seine Lebensmittelkarten bekam, mußten auf drei Personen verteilt werden. Wir begannen zu hungern und sehr abzumagern. Da brachte mir Klaus eines Tages ein junges Kaninchen, für das ich auf unserem Balkon einen Stall baute und eifrig Grünfutter suchte. Zu Weihnachten sollte es dann einen richtigen Festbraten geben. Aber sehr bald freundete ich mich mit dem Tier an und liebte es inniglich. Es durfte frei in der Wohnung herumlaufen, und dabei pinkelte es mit Vorliebe auf die Betten — das war ihm nicht abzugewöhnen. So mußten wir es wieder einsperren.

Freund Klaus schenkte mir auch einen Kopfhörer mit Detektor. Ohne Strom, mittels Zimmerantenne und einem wie Pyrit aussehenden Kristall konnte man bei geschickter Feineinstellung Radio hören. Der Ton war gar nicht schlecht. Ich installierte die Anlage verdeckt hinter meinem Bett, denn natürlich war es für mich verboten. Zum ersten Male hörte ich Radio in Ruhe und Stille, vorwiegend nachts. Die Musik, die ich hörte, überwältigte mich. Bald fand ich heraus, wann es die schönen Sendungen gab, und am meisten liebte ich das ›Schatzkästlein‹ am Sonntagvormittag. Zusammen mit Gedichten, die Matthias Wiemann las, wurde die herrlichste Kammermusik gespielt. Zwei Musikernamen blieben mir in Erinnerung, Michael Raucheisen am Klavier und der Geiger Rudolph Schulz, mit dem mich das Schicksal noch zusammenbringen sollte. Mit wieviel Entzükken ich damals Bach, Mozart und Beethoven hörte, läßt sich genauso schwer beschreiben wie der Geschmack einer Scheibe Brot, die ein Verhungernder genießt. Ich spürte den großen Wunsch, nur noch von Musik umgeben zu sein. Nichts erschien mir so rein wie Musik, nichts war ein größerer Kontrast zur Politik, Fabrik und zum Krieg. Daß man sehr wohl auch mit Tönen terrorisieren kann, erlebte ich erst sehr viel später. Wir Menschen bringen ja in alles, was wir betreiben, unsere Triebe mit ein. Geltungssucht, Herrschsucht und Haß genauso wie Freude, Leid und Liebe. Leider! Damals war aber noch das Gute und Edle klar getrennt vom Bösen und Schlechten, und Musik gehörte für mich fraglos nur zum Guten und Edlen.

Malen war eine andere Möglichkeit des Entrückens. Das Lob, welches ich dafür erntete, bedeutete mir viel und war ein großer Ansporn. Meine Malerei war, so glaube ich, das einzige, was

mein Vater an mir bewunderte. Ich konnte porträt-
ähnlich zeichnen und malte weltanschauliche Sujets.
Aber nie glaubte ich genügend Talent zu haben.
Ich spürte deutlich, daß mir die für die Malerei nötige, besondere Kreativität fehlte. Meine große Sehnsucht galt nur der Musik, und ich bedauerte, so wenig Zeit für sie zu haben. Deshalb übte ich mit einem
Stöckchen und einem Bleistift bogentechnische Bewegungen auch während der Arbeitspausen; eine Art
Geigengymnastik, welche durchaus wirkungsvoll
war.

Die mit unermüdlicher Propaganda wachgehalte-
ne Hoffnung auf den Sieg verhinderte seit langem,
das dringend Notwendige zu tun. Ob Generäle oder
Zivilbehörden, Soldaten oder Zivilisten, jede Stunde
des blinden Gehorsams kostete weiteren Tausenden
das Leben und brachte die Zerstörung von immer
mehr deutschen Städten. Daß nun auch alle Deutschen um ihr Leben bangen mußten, vermehrte aber
nicht unsere Überlebenschancen als Sternträger – im
Gegenteil. Zusätzlich zum Vernichtungsprogramm
der Nazis bedrohte auch das Kriegsgeschehen unser
Leben. Was wird geschehen, fragten wir uns, wenn
Ostpreußen zum Schlachtfeld wird? Die wiederum
von Ostpreußens Boden aus überfallenen Russen
werden keine Unterschiede machen zwischen mehr
oder weniger Schuldigen. Schon gar nicht ihre Granaten und Kugeln. Doch bis es dazu kommt, wird
man sicherlich alle Sternträger ›ausgemerzt‹ haben.
Die hierfür erforderlichen Anordnungen waren bereits ausgearbeitet worden.

Im Oktober 1944 besetzten die Russen das Memelland und kesselten damit die in Kurland stationierten
Divisionen ein. Die Lage wurde kritischer, und eine
Stadt nach der anderen ging nach harten Kämpfen
verloren. Königsberg glich immer mehr einer Front-

stadt, einem Heerlager. Der Wehrmachtsbericht vom 19. Oktober 1944 lautete:

Die Schlacht an der ostpreußischen Grenze zwischen Sudauen und Schirwindt dauert mit steigender Heftigkeit an. Eydtkau ging verloren, aber unsere tapfer kämpfenden Truppen verhinderten den von den Sowjets erstrebten Durchbruch. In der dreitägigen Schlacht wurden bisher 250 feindliche Panzer vernichtet.

Und am 23. Oktober:

Zwischen Sudauen und Goldap gelangen den Bolschewisten tiefere Einbrüche. Nach schweren Straßenkämpfen ist Goldap in Feindeshand gefallen. Südlich Gumbinnen unterbrachen die Grenadiere im Rücken der vorgedrungenen Sowjets deren Nachschubstraße. Durchbruchsversuche der Bolschewisten beiderseits Ebenrode sind blutig gescheitert. In der siebentägigen Schlacht in diesem Kampfraum wurden bisher 616 feindliche Panzer abgeschossen oder erbeutet. Angriffe der Sowjets gegen den Brückenkopf Memel blieben erfolglos.

Diese Berichte zeigen deutlich, daß der Sturm auf Ostpreußen in vollem Gange war. Schlimme Vorahnungen bemächtigten sich vieler, und die Gerüchteküche sorgte für zusätzliche Beunruhigung.

Ende Oktober oder Anfang November tut Herr Mendelsohn sehr geheimnisvoll. Nimmt mich am Arm und sagt: »Du hast doch gute Ohren, komm einmal mit nach oben, ich will dir etwas zeigen.« Wir gehen ins Obergeschoß. Er öffnet ein Fenster nach Osten, und mit leuchtenden Augen flüstert er: »Nun streng dich einmal an und horch in den blauen Himmel hinaus. Was kannst du hören?« Ich muß mich sehr konzentrieren, aber dann höre ich es deutlich. Wie ein pausenloses Gewitter rollt und rumort es ununterbrochen in großer Ferne. Zwar sehr leise, aber unheimlich drohend. Ich überlege angestrengt, was es sein könnte. Ein solches Gewitter, und dazu bei blauem Himmel, kann es gar nicht geben. Außerdem scheint dieser Donner niemals aufzuhören. »Das ist Schlachtenlärm, noch sehr weit weg, doch deutlich zu hören. Hurra, die Russen kommen.«

An dieses Hurra werde ich noch mit Bitterkeit zurückdenken. Ein Hurra brachte später keiner mehr über die Lippen, und Herr Mendelsohn wird die Russen gar nicht mehr erleben.

Natürlich verbanden wir damals große Hoffnung mit dem Kommen der Russen. Es schien uns die einzige Möglichkeit, Hitler loszuwerden. Immer wenn ich Zeit dazu hatte, lief ich ans Fenster, um mir das unheimliche Grollen anzuhören. Ich wollte mich ständig versichern, daß es kein Irrtum war. Angestrengt lauschte ich auf jede Veränderung der am fernen Horizont rumorenden Geräusche. Es war aufregend. Einmal glaubte ich, den Schlachtenlärm näher, einmal wieder entfernter zu hören. Dann überhaupt nicht. Mich stärkte neuer Mut.

Unverkennbar veränderte sich auch die Einstellung unserer Peiniger, wenigstens einiger unter ihnen. Herr Täuber wurde freundlicher, Blockwart Rogalli unsicherer. Deutlich spürte man ihre aufkommende Angst. Die Russen waren bis Gumbinnen, ja Insterburg vorgestoßen, und es wurde erbittert gekämpft. Sie hatten den Krieg auf deutsches Gebiet gebracht. Das war eine Situation, die dem bisherigen Hochmut und allen Siegesparolen entgegengesetzter nicht sein konnte. Die Verwirrung wuchs, Zweifel nagte, der Zusammenbruch stand bevor.

Zur gleichen Zeit fand der Aufstand der nationalpolnischen »Heimatarmee« in Warschau statt. Die in

Frankreich gelandeten Engländer und Amerikaner erreichten die deutsche Grenze und besetzten Aachen. Italien kämpfte nun ebenfalls gegen Deutschland. Auch Rumänien und Bulgarien erklären den Krieg. Finnland kapituliert, und Ungarn verkündet einen Waffenstillstand. Beide setzen den Krieg an der Seite der Alliierten fort. Goebbels Gefasel von einer kriegsentscheidenden Wunderwaffe glaubten nur wenige. Die Macht und Überlegenheit der vielen Gegner war nicht mehr zu übersehen.

Hitler hatte zwar den »Volkssturm« aufgestellt, indem er Kinder und Greise zu Soldaten machte, aber natürlich konnten auch sie den drohenden Untergang nicht verhindern. Daß angesichts der Gesamtlage seine verbrecherischen Befehle immer noch befolgt wurden, kann vielleicht mit der allgemeinen Angst erklärt werden. Angst, weil sich die meisten hatten mitverstricken lassen und mitverantwortlich geworden waren. Angst vor der bis ins Kleinste durchorganisierten Partei- und Polizeigewalt, die erbarmungslos kontrollierte. Angst vor einer Justiz, die gnadenlos hinrichtete und selbst jene als Landesverräter verurteilte, die lediglich Zweifel äußerten. Angst vor der Rache aller Feinde. Für kapitulierende Generäle wurde die Sippenhaftung eingeführt, ihren Frauen und Kindern die Todesstrafe angedroht. Sie hätten sich selber opfern müssen, um ihre Soldaten zu retten. Auch solche Generäle gab es. Trotzdem muß man feststellen, daß es 1933 mangelnde Zivilcourage war, die es Hitler ermöglichte, fortwährend Recht zu beugen, und daß es nun ebenfalls mangelnde Zivilcourage war, wenn immer noch nicht das sinnlose Töten und Zerstören beendet wurde. Gewiß, selten wird Zivilcourage gezeigt, wenn dadurch ein persönlicher Nachteil riskiert wird. Noch seltener, wenn das eigene Leben oder das Leben Angehöriger auf dem Spiel stehen. Der Befreiungsversuch vom 20. Juli — Graf Stauffenbergs Attentat — und viele andere mutige Aktionen Einzelner genügten aber nicht, um heute für alle anderen als Alibi für angeblich vorhandene Zivilcourage herzuhalten. Dafür gab es zu viele Offiziere und Beamte, die zwar Hitler und seinen Ausrottungsapparat ablehnten, aber dennoch direkt oder indirekt für diesen arbeiteten.

Die Belagerung Königsbergs

Familie Stock nahm Kontakt mit uns auf. Es gab sogar vorsichtige Besuche. Die Hoffnung, daß alles bald vorüber sei, einte uns und gab uns Mut. Ich hörte Ute Klavier üben und nutzte selber meine freie Zeit zum Geigespielen. Was für ein Kontrast zum ständigen, viel lauter gewordenen Grollen des Kriegslärms. Es bedurfte tausender großer und kleiner Explosionen, um dieses anhaltende Donnern zu erzeugen, was gleichzeitig unzählige Tote und Verwundete täglich, stündlich bedeutete. Voller Ungewißheit der Dinge, die kommen werden, arbeitete jeder mit wachsender Nervosität. Bisher waren keine Anordnungen oder Vorbereitungen für eine Evakuierung der Zivilbevölkerung ergangen. Wir hatten im Gegenteil den Eindruck, daß wohl jeder noch eine Waffe in die Hand gedrückt bekommen würde, um das Leben der Schuldigen zu verlängern.

Körperlich ging es mir immer schlechter, besonders als Weihnachten 1944 unser Balkonhase geschlachtet wurde. Dafür hatte ich ihn ja die ganze Zeit gefüttert. Nachbar Norra tötete ihn. Ich mußte dann aber zusehen, wie er an den Hinterbeinen aufgehängt, abgezogen und ausgenommen wurde. Das alles kostete mich große Überwindung. Schließlich wußte ich aber, daß man essen muß, um zu leben, daß ich aber von diesem ganzen Vorgang krank werden würde, ahnte ich nicht. Die hohen Erwartungen an unseren Weihnachtsbraten erfüllten sich, was mich anging, überhaupt nicht. Nachdem ich von meinem geliebten Hasen gegessen hatte, wurde mir schlecht. Ich mußte mich übergeben, und eigenartigerweise wurde ich nicht mehr richtig gesund. Alles kam durcheinander, der Magen und wohl auch die Seele. Meine dringend benötigten Kräfte schwanden zusehends; gerade jetzt, da es galt, die vielleicht letzten Hürden zu nehmen. Ein uns bekannter Arzt untersuchte mich um diese Zeit. Er äußerte sich besorgt über meinen Allgemeinzustand. Unterernährt, Lunge und Herz angegriffen, dringend erholungsbedürftig, war seine Diagnose. Für die schwerste Zeit, die nun kommen sollte, nicht die allerbesten Voraussetzungen.

Auf dem Weg zur Fabrik sah ich immer mehr Flüchtlinge aus den unmittelbar bedrohten Gebieten Ostpreußens. An den Straßenrändern marschierten in Sicherheitsabständen – alle zehn Schritte ein Mann – Soldaten. Der Schneelandschaft entsprechend trugen sie weißes Tarnzeug. Immer mehr dienten Pferdewagen als Transportmittel. Aus Benzinmangel fuhren Lastwagen nur noch mit Holzvergasern. Schweres Kriegsgerät sah man selten. Der ›Mundfunk‹ arbeitete auf Hochtouren, und es verging kein Tag ohne neue Gerüchte. Man erzählte sich unglaubliche Geschichten über Greueltaten der russischen Soldaten bei der Eroberung der ersten deutschen Städte, und sehr bald werden wir selber Schlimmes erleben.

Es rumorte jetzt in allen Himmelsrichtungen. Königsberg wurde Ende Januar 1945 eingeschlossen. Alarm gab es nicht mehr, denn die russischen Flugzeuge flogen ungehindert Tag und Nacht über die Stadt hinweg. Deutsche Flugzeuge sah man überhaupt nicht. Die Angst unter der Bevölkerung wuchs. Alle wurden herangezogen, um Panzersperren zu bauen, die dann im Ernstfall nichts bewirkten. Unter Beschuß grub man vor der Stadt endlose Gräben, baute Einmannbunker und befestigte Kreuzungen. An jeder Ecke traf man Patrouillen auf der Suche nach Deserteuren. Wir alle bezogen jetzt Dauerquartier im Keller, obwohl man sich noch viel in der Wohnung aufhielt. Aber die russische Artillerie fing nun an, Königsberg in unregelmäßigen Abständen zu beschießen. Überall konnten Granaten unerwartet einschlagen. Ihre Splitter brachten zusätzliche Gefahr. Ich erinnere mich, wie Herr Norra in den Keller kam und erzählte, daß nicht weit von ihm eine Granate explodiert sei. Es hätte ihn erschreckt und gerüttelt. Als er nach einer Weile aus irgendeinem Grund seine Brieftasche aus der Jacke zog, war diese zur Hälfte von einem kleinen zackigen Splitter durchbohrt. Seine Brieftasche hatte ihm das Leben gerettet. Ohne sie wäre der Splitter bis zum Herzen gedrungen.

Flugzeugbomben, Artilleriegranaten, Parteikontrollen. Alles konnte das Ende bringen. Aber es ging immer weiter. Festungskommandant General Lasch schildert in seinem Buch »So fiel Königsberg« die sich immer dramatischer zuspitzende Lage auf seine Weise. Auch Major Dieckert und General Großmann beschreiben in »Der Kampf um Ostpreußen« die Tage des Untergangs. – Ich werde von nun an Auszüge aus diesen Büchern meinen Erlebnissen zur Seite stellen. General Otto Lasch schreibt:

Auf unsere erneuten, dringenden Vorhalte, daß bei dem bald zu erwartenden Beginn der Kampfhandlungen infolge der Belegung aller Straßen durch die Truppe die Bevölkerung gezwungen wäre, in den Ortschaften zu bleiben, wenn nicht ein unvorstellbares Chaos eintreten sollte, kam wiederum die stereotype Entgegnung: »Ostpreußen wird gehalten, eine Räumung kommt nicht in Frage.« [...]
Durch Aufruf an die Bevölkerung Königsbergs, das durch zahllose Trecks aus den ostpreußischen Landkreisen

bis zum Rande gefüllt worden war, hatte man angekündigt, daß bei einem eventuellen Panzerdurchbruch der Russen aus Richtung Tapiau beabsichtigt sei, dies durch Drahtfunk bekanntzugeben. In diesem Falle sollte sich die Bevölkerung Königsbergs sofort auf die Straße — sprich Flucht — nach Pillau begeben. Diese Bekanntgabe war am 27. Januar erfolgt. Man kann sich eine Vorstellung davon machen, was sich nunmehr an diesem und den folgenden Tagen in Königsberg und auf der Straße nach Pillau abspielte. Ich selbst war an diesem Tag nach Pillau gefahren, um dort mit dem Seekommandanten wegen der Bereitstellung von Schiffen für die Evakuierung der Zivilbevölkerung aus Ostpreußen Rücksprache zu nehmen. Auf meiner Rückfahrt von Pillau nach Königsberg war es fast unmöglich, mit dem Kraftfahrzeug durchzukommen. Infolge der unüberlegten Maßnahmen der Parteileitung drängten sich auf dieser Straße unvorstellbare Menschenmassen zusammen. Zu Fuß, zu Rad und zu Wagen, Frauen mit Kinderwagen, Kolonnen der rückwärtigen Dienste der Truppen, die ins Samland abgeschoben wurden, bewegten sich in 3 und 4 Kolonnen vorwärts.

Im Königsberger Hafen wurden noch einige Schiffe mit Flüchtlingen beladen, aber der Schiffsraum reichte natürlich bei weitem nicht aus. Tausende von Menschen stauten sich im Hafen.

Eine neue, besonders nervenbelastende Gefahr waren russische Schlachtflugzeuge, die, von keiner Abwehr behindert, dicht über den Häusern flogen und Jagd auf alles machten, was sich bewegte. Entdeckten sie einen Menschen, schossen sie mit ihren Maschinengewehren. Bemerkten sie ein Fahrzeug, warfen sie zielgenau kleine Bomben. Besonders schlimm war es immer, wenn der Himmel klar war. Ich erinnere mich:

Als ich morgens im Keller aufwache, gilt mein erster Gedanke dem Wetter. Strahlend blauer Himmel bedeutet wieder, daß Schlachtflieger auf der Lauer sein werden. Mutter und ich kennen schon das lebensgefährliche Spiel, das folgendermaßen aussieht: Bevor man die Straße betritt, sucht man eine dreißig bis fünfzig Meter entfernte Deckungsmöglichkeit; das kann ein Hauseingang, ein Torbogen oder eine steinerne Mauer sein. Dann horcht man, ob Flugzeuge zu hören sind. Ist alles ruhig, fährt man mit dem Fahrrad oder läuft zu Fuß so schnell wie möglich. Erreicht man die Deckung, kann man sich wieder Zeit lassen. Da die Flugzeuge sehr niedrig fliegen, haben wir, wenn man sie sieht oder hört, nur noch wenige Sekunden Zeit, um die nächste Deckung zu erreichen. An solchen Tagen ist der Weg zur Fabrik unendlich lang, und das Katz- und Mausspiel kann sich mehrfach wiederholen. Heute ist es besonders schlimm. Kaum haben wir die Schrötterstraße zur Hälfte durchradelt, sehen wir ein Flugzeug vom Hammerweg direkt auf uns zufliegen. Es beginnt bereits zu schießen, als wir gerade den nächsten Hauseingang erreichen. Das Gefühl, daß es sich diesmal nur noch um Augenblicke handelt, ob man erwischt wird oder nicht, belastet die Nerven. Beklommen warten wir eine Weile, um dann aufs neue mit den vorher schnell hingeworfenen Fahrrädern eine Wegstrecke zurückzulegen. Am Hammerweg begegnen wir einem von zwei Soldaten kutschierten Pferdewagen. Natürlich wissen wir, daß man um alles Militärische einen großen Bogen machen muß. Doch unsere Wege kreuzen sich, da wir über ein Stück Hammerweg, an der Luisenkirche vorbei, zur Hufenallee müssen. Außerdem sehen wir den Pferdewagen erst, als wir die Kreuzung erreichen. Kaum sind wir am Hammerweg, springen die beiden Kutscher von ihrem Wagen und stürzen auf einen Hauseingang zu. Wir haben noch kein Motorengeräusch gehört, aber überzeugt, daß die Soldaten wissen, was sie tun, fahren wir so schnell wir können an denselben Eingang heran. Während wir die Deckung erreichen, sehe ich noch zwei Flugzeuge, diesmal von einer anderen Richtung heranfliegen, und nach einem kurzen Moment kracht es auch schon fürchterlich. Völlig betäubt sind wir alle, und ich höre, wie einer der beiden – der ganz irritiert auf unsere Judensterne guckt – sagt: »Ernst, unser Mist ist im Eimer.« Als wir herausgehen, sehen wir die Trümmer des Pferdewagens. Alles auf engem Raum verstreut. Aufgegangene Kisten mit Maschinenstücken zwischen zerbrochenen Rädern und Wagenteilen. Ein Pferd liegt völlig zerfetzt am Boden, bewegt aber noch seine Gliedmaßen nach allen Richtungen. Sehr betroffen schießt einer der Soldaten in die Stirn der armen Kreatur. Sofort streckt es die Beine weit von sich, und man hat den Eindruck, daß es nun völligen Frieden gefunden hat. Mich beeindruckt dieser Vorgang tief, und ich stelle mir vor, wie es wäre, wenn alles urplötzlich zu einem Ende käme, ohne langes Leiden und quälenden Übergang.

Noch zweimal mußten wir Deckung suchen, ehe wir bis zur Fabrik kamen. Aber sicher waren wir auch da nicht. Es konnte nur eine Frage der Zeit sein, wann die gut informierten Russen die wieder instandgesetzte Fabrik in Grund und Boden bomben würden. Besonders nachdem im Erdgeschoß Artilleriemunition bearbeitet wurde. Fast über Nacht ist aus einem Teil der Seifenfabrik eine Munitionsfabrik geworden. Mutter arbeitete im zweiten Stock, ich im dritten und außerdem auf dem Hof, wenn es etwas auf- oder abzuladen galt. Längst hatten wir herausbekommen, daß Bomben größeren Kalibers von bestimmten Höhen abgeworfen werden müssen, und da konnte man bei klarem Wetter sehen, ob Flugzeuge die Fabrik direkt anflogen und Bomben ausklinkten. Das taten sie nämlich, lange bevor sie über dem Zielort waren. Bei unmittelbarer Warnung – sofort nach dem Ausklinken der Bomben – hatte man noch Zeit, in Windeseile vom dritten Stock in den ersten oder sogar in den Keller zu gelangen. Darum stellten wir abwechselnd Wachen auf das Dach, die diese verantwortungsvolle Aufgabe übernahmen. Die Betriebsleitung war mit unserer Alarmanlage einverstanden. Nur wehe, wenn falscher Alarm gegeben wurde; dann mußten wir die unterbrochene Zeit nacharbeiten.

Während meiner Arbeitsschichten gab es nur einen Bombenangriff auf die Fabrik, das war, als alle Mittagspause machten. Ausgerechnet in diesem Moment war das Dachfenster nicht besetzt. Doch wegen der regen Flugtätigkeit pausierten wir im Lagerraum des Untergeschosses. Um die Pausenzeit zu nutzen, war Mutter in eines der provisorisch hergerichteten Geschäfte gegangen, die es gleich um die Ecke am Steindamm wieder gab – mit Lebensmittelkarten meines Vaters konnte sie dort einkaufen –, als es plötzlich ohrenbetäubend krachte. Es waren mehrere Explosionen kurz hintereinander, bevor es wieder ruhig wurde. Unser drittes Stockwerk war getroffen und zum Teil zerstört worden. Zum Glück waren es nur kleinkalibrige Bomben gewesen. Sofort machte ich mir Sorgen, wo denn die anderen Bomben hingefallen waren, als jemand erregt berichtete, daß die Bomben auf den Steindamm gefallen seien, direkt vor den Laden, zu dem meine Mutter gehen wollte. Es hätte Tote und Verletzte gegeben, die dort noch herumlägen. Ich bekam einen fürchterlichen Schreck und war überzeugt, daß es diesmal meine arme Mutter getroffen hatte. Schweren Herzens ging ich hin, um nachzusehen. Inzwischen waren bereits Luftschutzwarte und Rote-Kreuz-Leute dabei, die Verletzten zu versorgen. Unter denen, die ich sehen konnte, war Mutter nicht. Ich erkundigte mich noch nach dem Aussehen der bereits abtransportierten Personen. Man bestätigte, daß auch eine weißhaarige Frau dabeigewesen wäre. Mutter war weißhaarig. Völlig geknickt ging ich erst einmal zur Fabrik zurück. Aber dort berichtete man mir, daß Mutter unversehrt zurückgekommen sei und mich suche. Bald darauf lagen wir uns in den Armen. Mutter erzählte, daß sie in dem Laden war, als die Bombe davor einschlug. Sie stand aber weiter hinten und wurde nicht getroffen. Weder von Bomben- noch von Glassplittern, wie die meisten Menschen neben ihr.

Der Ring um Königsberg wurde in einem Gegenangriff aufgesprengt. Ende Februar gelang es, eine Verbindung zum Seehafen Pillau herzustellen. Dabei wurde der von unserem Hause etwa neun Kilometer entfernte Vorort Metgethen zurückerobert. Die Zivilbevölkerung war dort grausam gefoltert und gemordet worden. Mit dem Schlachtruf »Rache für Metgethen« wurden diese Ärmsten als Motivation benutzt, einen längst verlorenen Kampf immer noch weiter zu führen. General Lasch schreibt:

Besonders schlimm hatten die Russen in Metgethen gehaust, wo u. a. 32 Zivilisten auf einem eingezäunten Tennisplatz zusammengetrieben und durch eine elektrisch gezündete Mine in die Luft gesprengt worden waren.
Der Kommandeur eines Grenadier-Regiments schildert seine Eindrücke nach der Wiedereroberung der von den Russen besetzt gewesenen Ortschaften:
»Die Bilder, die sich uns in dem wiedergewonnenen Raum boten, waren schrecklich. In den Ortschaften hatte der Russe die Deutschen in Massen hingemordet. Ich habe

Frauen gesehen, die noch den Strick um den Hals hatten, mit dem sie zu Tode geschleift worden waren. Oft waren mehrere aneinander gebunden. Ich habe Frauen gesehen, die mit dem Kopf im Morast eines Grabens oder in Dunggruben steckten und deren Unterleiber deutliche Spuren bestialischer Mißhandlungen trugen. Vergewaltigt waren alle Frauen und Mädchen im Alter von 14−65 Jahren, häufig auch noch jüngere und noch ältere. Getreu Stalins Befehl: ›Nehmt Euch die blonden deutschen Frauen, sie sind Euer!‹ stürzten sich die Russen auf die deutschen Frauen wie wilde Tiere, nein, viel, viel schlimmer. Ein kaum 16jähriges Mädchen wurde in einer Nacht 18mal vergewaltigt.«

Abertausend junge Menschenleben wurden auch in den nächsten Wochen bedenkenlos geopfert. Noch nie hat der Schrei nach Rache und schon gar nicht die Parole ›Rache für die Rache‹ − die Russen rächten sich ja auch − irgendetwas Gutes gebracht. Es war schon verbrecherisch und wahnsinnig genug, den Krieg zu beginnen, noch verbrecherischer und wahnsinniger aber war es, ihn mit Racheparolen zu verlängern. Zwar gab der freigekämpfte Weg nach Pillau einem kleinen Teil der Zivilbevölkerung Gelegenheit, auf Schiffen nach Norddeutschland zu entkommen, sie mußten sich aber unter Beschuß bis Pillau durchschlagen. Auf Straßen, die durch Truppentransporte verstopft waren. Am Ende riskierten sie dann, mit einem Transportschiff unterzugehen wie die »Wilhelm Gustloff« und die »Steuben«, die von russischen U-Booten torpediert wurden.

Man hatte den Eindruck, als ob Flüchtlingstrecks auch nach Königsberg hineinkamen. Sicher viele von ihnen aus dem Kessel Heiligenbeil, in dem die Russen Hitlers 4. Armee zusammentrieben und zu vernichten begannen. Später erst erfuhr ich von dem Schicksal der Menschen, die über das Eis des zugefrorenen Frischen Haffs zu flüchten versuchten. Dabei wurden sie beschossen und bebombt. An vielen Stellen brach das Eis. Ihre Leiden und ihre Ängste waren unvorstellbar. General Lasch beschreibt die Lage und Chancen der Zivilbevölkerung sehr genau:

Dank des heldenmütigen Einsatzes der Königsberger Besatzungstruppen war Bahn und Straße nach Pillau freigekämpft. Königsberg hatte wieder Verbindung mit der Außenwelt. Nun war auch die Möglichkeit geschaffen, das unverzeihliche Versäumnis der Partei-Dienststellen wieder gutzumachen und die zahlreiche Königsberger Bevölkerung aus dem Kampfgebiet zu evakuieren. Jedoch wie bald sollten auch diese Hoffnungen wieder enttäuscht werden! Auf meinen dauernden Druck hin versuchte man zwar zunächst, die Masse der Zivilbevölkerung hinauszuschaffen. Da aber der hierfür erforderliche Schiffsraum in Pillau in Kürze gar nicht bereitgestellt werden konnte und der Abschub der Bevölkerung nur nach und nach vor sich gehen konnte, richtete man für die aus Königsberg herausströmende Bevölkerung zunächst ein Zwischenlager in Peyse am Königsberger Seekanal ein. Unvorbereitet und schlecht organisiert, wie die Dinge damals waren, brachen in diesen Barackenlagern bald Hungersnot und Seuchen aus. Binnen kurzem erschienen die dort untergebrachten Frauen mit ihren Kindern und Kinderwagen wieder bei mir in Königsberg und baten mich händeringend, sie in ihren Wohnungen und Häuschen in Königsberg zu belassen, weil sie dort wenigstens noch etwas zu essen hätten. Im übrigen hatten sie natürlich erklärliche Furcht davor, sich den großen Evakuierungstransporten über See nach dem Reiche anzuvertrauen, als es sich herumgesprochen hatte, daß zwei dieser Schiffe − die »Wilhelm Gustloff« und die »Steuben« − bereits durch russische U-Boote torpediert worden und mit Mann und Maus untergegangen waren. Entgegen den Einsprüchen der Partei, die verlangte, ich sollte die Bevölkerung gewaltsam an der Zurückflutung hindern, hatte ich keine Bedenken, die Wünsche dieser armen Menschen zu erfüllen und ihnen die Möglichkeit zu geben, in Königsberg zu bleiben und damit wenigstens vorläufig der größten Not entronnen zu sein. [...]

Auf vereisten Straßen haben sich diese Menschen in diesem harten Winter mühsam fortgeschleppt und versucht, über das zugefrorene Haff nach Westen zu entkommen. Tausende — besonders Frauen, Greise und Kinder — sind dabei zugrunde gegangen. Wagen und Schlitten mußten häufig zurückgelassen werden, und was an kräftigen Leuten übrig blieb und nicht von russischen Panzerspitzen eingeholt und niedergemacht wurde oder dem feindlichen Fliegerbeschuß und Bombenabwurf über dem Haff zum Opfer fiel, hat meist nur das nackte Leben gerettet. Ein Teil der Flüchtlinge erreichte gerade noch das vor der Einschließung stehende Königsberg und ging dann dort seinem grauenhaften Schicksal entgegen.

Unsere Nachbarn Norra waren durch die Vorgänge in Metgethen so verängstigt, daß sie eines Abends ihre Koffer nahmen und loszogen. Es ist ihnen gelungen, sich nach Dänemark durchzuschlagen. Später habe ich Klaus dann in der Nähe von Köln wiedergetroffen. Doch Vater Norra überlebte die Strapazen nicht.

Ute kam jetzt öfter zum Musizieren. Immer wenn sonntags etwas weniger geschossen und gebombt wurde — auch das gab es —, gingen wir in die Wohnung und übten Beethovens Frühlingssonate. Das war ein unbeschreibliches Glück für mich. Nicht nur, weil die Musik so himmlisch war, sondern weil sich in unserer musikalischen Gemeinsamkeit meine Liebesgefühle, wenn auch nicht mitteilen, so doch ausdrücken ließen. Als Reaktion genügte mir, von ihr ernst genommen zu werden. Schließlich hört man in der Musik aufmerksamer aufeinander, als das üblicherweise bei Gesprächen der Fall ist.

Nun hatten viele Leute keine Angst mehr, uns anzusprechen und sogar zu besuchen. So besuchte uns Konzertmeister Hewers zum ersten Mal, der ja einmal der Quartettprimarius meiner Eltern war. Ich durfte ihm jetzt vorspielen, und er ermutigte mich mit Ratschlägen. Kurz darauf fiel er bei den sinnlosen Schlußkämpfen um Königsberg.

Doch täuschen durften wir uns nicht. Herr Weinberg erzählte uns, daß die Partei und Gestapo den strikten Befehl bekommen habe, keine Sternträger in Feindeshand fallen zu lassen. Er wüßte es aus erster Quelle (?). Was das in der hoffnungslosen Lage Königsbergs bedeutete, war nur zu klar. Tatsächlich gab es eine Verfügung des RSHA (Reichssicherheitshauptamt) vom 13. 1. 1945: »Alle in Mischehe lebenden arbeitsfähigen Staatsangehörigen und staatenlosen Juden (auch Geltungsjuden) sind zum geschlossenen Arbeitseinsatz in Theresienstadt zu überstellen.«

Mutter und ich sahen uns nach einem Versteck um und fanden es auch in einem Luftschutzkeller in der ausgebrannten Innenstadt. Dort wollten wir untertauchen, bis die Russen Königsberg erobert hatten. Allerdings wußten wir nicht, wann das sein würde, und täglich konnte jemand kommen, um uns zur Liquidierung abzuholen. Da ich fest annahm, daß der Abholer unser SA-Mann Rogalli sein würde, stellte ich unser Beil — mit dem ich sonst Holz gehackt hatte — direkt hinter die Kellertür. Ich war fest entschlossen, dieses Beil zu benutzen, wenn Rogalli uns zum Mitkommen auffordern würde. Aber er ließ sich immer weniger sehen: die Sorge um sein eigenes Leben kümmerte ihn mehr als die Befehle der Partei. Der Kampf ums Überleben war jedermanns wichtigstes Anliegen geworden, und erst dieser Zustand macht uns alle zu dem, was wir nämlich wirklich sind: Kreaturen wie jede andere in Gottes Schöpfung. Nicht mehr und nicht weniger. Ver-

schwunden ist die Bedeutung der Begriffe höherwertig oder minderwertig, reich oder arm, gebildet
oder ungebildet. In ihrem Kampf ums Überleben
sind alle gleich. – General Lasch berichtet:

Das Verhältnis der eigenen und der gegnerischen Kampf-
kraft war besonders hinsichtlich der Luftstreitkräfte grotesk. Etwa ein Drittel der gesamten russischen Luftflotte
war unter dem Befehl des Luftmarschalls zusammengezo-
gen worden, und diesem Aufgebot stand nicht mehr ein
einziges deutsches Kampfflugzeug gegenüber. Die eigene
Flak litt an Munitionsmangel und mußte sich notgedrun-
gen nur auf den Erdkampf einstellen. Besonders kraß war
auch die artilleristische Überlegenheit des Gegners, vor
allem was die Munitions-Ausstattung betraf, die bei uns
nur für einen einzigen Großkampftag ausreichte und für
diesen seit Beginn der Belagerung hatte aufgespart werden
müssen. Den insgesamt etwa 30 russischen Schützen-Di-
visionen standen nur 4 neu aufgefüllte eigene Divisionen
und der Volkssturm gegenüber, so daß auf etwa 250000
Angreifer nur rund 35000 Verteidiger kamen. Nach dem
Abzug der 5. Panzer-Division war das Verhältnis der Pan-
zerkraft wie 1:100. Eine einzige Sturmgeschütz-Kompanie
war der Festung noch verblieben. Die materialmäßige
Überlegenheit des Gegners rührte zum Teil auch aus den
Waffenlieferungen der USA her. Sherman-Panzer und
amerikanische Flugzeug-Typen tauchten auf, ganz zu
schweigen von der sonstigen Ausrüstung aller Art. Sogar
eine französische Fliegerstaffel wirkte am Endkampf um
Königsberg mit, wie aus einer Feier anläßlich der 10jähri-
gen Wiederkehr der Einnahme von Königsberg offenbar
wurde. [...]
   Rund 30 Divisionen und 2 Luftflotten überschütteten
aus Tausenden von Rohren aller Kaliber und Stalinorgeln
tagelang und pausenlos die ganze Festung mit ihren Geschossen. Welle auf Welle warfen feindliche Bomber und
Kampfgeschwader ihre verderbenbringende Last auf die
bald in Trümmern liegende, brennende Stadt. Die schwache, an Munition arme Festungsartillerie hatte diesem

Feuer nichts entgegenzusetzen, und kein deutscher Jäger zeigte sich in der Luft. Machtlos waren die auf engem Raum zusammengedrängten Flak-Batterien diesen Flugzeugmassen gegenüber und mußten sich noch mühsam der feindlichen Panzerkräfte erwehren. Alle Nachrichtenverbindungen waren sofort zerstört, und nur Melder zu Fuß suchten sich tastend ihren Weg durch das Trümmerfeld zu ihren Gefechtsständen oder zur Truppe. Soldaten und Zivilbevölkerung wurden durch den Hagel der Geschosse auf engstem Raum in den Kellern der Häuser zusammengepfercht.

Immer gefährlicher wurde das Leben. Nicht nur jeder klare Tag wurde zum Alptraum, denn dann jagten uns die Flugzeuge, sondern auch immer mehr Geschütze schossen ihre Granaten in die Stadt. Sie schienen sich auf ihre Bezirke einzuschießen, und es gelang mir, unter den verschiedenen Tonhöhen der abschießenden Kanonen denjenigen herauszuhören, der von dem Geschütz stammte, das sein Rohr auf unser Straßenviertel gerichtet hatte. Immer wenn ich diesen bestimmten Abschußton hörte — er klang wie ein mit der Zunge geschnalztes G —, konnte ich alle warnen. Man hatte dann genug Zeit, in Deckung zu gehen, ja sogar schnell aus den Wohnungen in die Keller zu kommen. Der Einschlag erfolgte erst nach vielen Sekunden. Noch wurde nur unregelmäßig in die Stadt geschossen. Das entsetzliche Trommelfeuer kam dann später. Wie unsere Nerven das ausgehalten haben, weiß ich nicht, zumal der Ernährungs- und Gesundheitszustand immer schlechter wurde.

Es war wieder einer dieser klaren Tage, die uns das Leben zur Hölle machten. Wir gingen in der Regel den kürzesten Weg durch die Straßen der Stadt, um zur Fabrik zu gelangen. Des ewigen Gejagtwerdens leid, beschlossen wir, an diesem wieder einmal besonders gefährlichen Tag einen anderen Heimweg zu nehmen. Wir wollten die Stadt südwestlich umgehen. Das war ein großer Umweg und führte uns durch Anlagen, an Friedhöfen, dem Veilchenberg und der Neuen Bleiche vorbei, nach Luisenwahl.

Mutter und ich gehen zu Fuß. Wir können so schneller Deckung nehmen, und vor allen Dingen hört man die Flugzeuge früher. Diesmal vermeiden wir Straßen und gehen auf einem Erdwall entlang, von dem aus wir fast den ganzen Himmel übersehen können. Links vor uns sind die Gaskessel von Königsberg, gut gefüllt und unzerstört. Wir müssen daran vorbei, genauso wie ein kleiner Trupp Soldaten, der hundert Meter vor uns in die gleiche Richtung marschiert. Als wir ganz dicht bei den Gaskesseln sind – es trennen uns vielleicht noch dreihundert Meter von ihnen –, hören wir wieder Flugzeuge brummen. Sie fliegen höher, und es sind mehrere. Doch bevor wir erkennen, was ihre Absicht ist, sehen wir, wie die Soldaten vor uns Deckung suchen und uns zuwinken, das gleiche zu tun. Sie hatten das Ausklinken der Bomben gesehen. In unserer Nähe gibt es aber nichts als einen Stapel Eisenbahnschwellen, an dem wir uns flach auf den Boden legen. Und dann geht es auch schon los. Bomben größeren Kalibers werden auf die Gaskessel abgeworfen, treffen sie aber nicht. Wir alle denken, daß auf so kurze Entfernung die explodierenden Gaskessel auch uns vernichten müßten, und liegen fest an den Boden gepreßt. Den Mund immer weit geöffnet, damit der Explosionsdruck weniger Schaden anrichten kann. Von den Bombeneinschlägen hochgeschleuderter Dreck fällt auf uns, und dann ist wieder alles vorüber. Die Gaskessel blieben unversehrt, und man kann sich ausmalen, was passiert wäre, wenn ... Die Soldaten sind ebenfalls erleichtert, fragen nach unserem Ziel und geben einige freundliche Ratschläge.

Die feindlichen Flieger flogen täglich fast pausenlos bei bester Sicht ihre Angriffe und warfen Bomben aller Kaliber auf lohnende Ziele, insbesondere auf die noch nicht zerstörten Stadtteile, wie den Ober- und Unterhaberberg, ab. Eigene Fliegerabwehr war kaum vorhanden. Bereits am Abend des 6. April brannte die Stadt an vielen Stellen, so auch der Ober- und Unterhaberberg. Die tapfere Königsberger Bevölkerung — wie mir in Erinnerung ist, waren in der Stadt etwa 130000 Einwohner kurz vor dem Angriff gezählt worden — versuchte durch unerschrockenen Einsatz zu retten, was möglich war. So sah man Greise, Frauen und Kinder Möbel oder Hausrat aus brennenden Häusern hinaustragen und Brände mit unzureichenden Mitteln löschen. Sie schienen sich weder vor den niederfallenden Bomben noch vor den Granaten zu fürchten. Die Gefechtsstände, Verwundeten-Sammelstellen, Hauptverbandsplätze und Lazarette füllten sich mit verwundeten Soldaten und Zivilisten. Königsberg bot überall ein Bild des Schreckens. Die Luft war rauch- und dunsterfüllt, und des Nachts war der Himmel durch die ausgedehnten Großbrände sowie fliegende Funken hell erleuchtet. Die Gefechtsstände und Keller waren überfüllt mit Zuflucht suchenden Zivilisten. (Otto Lasch)

Wie lange sollte das noch so weitergehen? Wir waren schon fast vier Monate von den Russen belagert, ohne daß sie zum Großangriff angetreten waren. Man hätte meinen können, daß sie auf die Vernunft des Festungskommandanten hofften, denn jede Eroberung einer Stadt kostet besonders viele Opfer auf beiden Seiten. — Inzwischen ist es April geworden, und die Stadt wird weiter befestigt, Panzersperren und Bunker werden an fast allen Kreuzungen aufgestellt. Am Nordbahnhof ist es am schlimmsten. An diesem Verkehrsknotenpunkt gibt es nur eine Passierstelle. Ausgerechnet da sah ich aufgehängte junge

Soldaten, die das einzig Vernünftige hatten tun wollen: diesen sinnlosen Krieg beenden. Sie taten das, was die Heerführer – an der Spitze Hitler – zu feige waren zu tun. Ihnen aber hängte man Schilder um: »Ich mußte sterben, weil ich ein Feigling bin.«

Jetzt häuften sich auch die Meldungen über den erlahmenden Widerstandswillen der Soldaten, die in den Kellern mit der Zivilbevölkerung zusammengedrängt waren. An manchen Stellen versuchten die verzweifelten Frauen, den Soldaten die Gewehre zu entreißen und weiße Tuchlappen aus den Fenstern zu hängen, um dem Grauen ein Ende zu machen. (Otto Lasch)

Aber alle Kapitulationsaufforderungen wurden ignoriert.

Bilddokumente

1. Die Großmutter Clara Wieck, geb. Palme, war die Großtante von Olof Palme, dem ermordeten schwedischen Ministerpräsidenten.

2. Großvater Bernhard Wieck, geb. 1844, wurde Ingenieur, dann Architekt und später Bürgermeister in Berlin-Grunewald.

3. Mein Großvater Arnold Hulisch war bei seiner Inskription (1864) der erste jüdische Bauakademiker. Später wurde er Stadtbaumeister in Königsberg.

4. Großmutter Jenny Hulisch, geb. Eisenstädt, spielte Klavier und sprach viele Sprachen.

5. *Mai 1935: Miriam Wieck (9¾ Jahre) und Michael Wieck (6¾ Jahre).*

6. *Ihr Musikerberuf ließ meinen Eltern wenig Zeit für uns Kinder. Aufgezogen wurden wir hauptsächlich von der unverheirateten Tante Fanny, Fanny wurde später umgebracht.*

7. *Nidden: So sahen die alten stroh-*
   gedeckten Fischerhäuser auf der
   Kurischen Nehrung aus.

8. *Das Haffufer mit den Keitel- oder*
   Kurenkähnen.

DAS KÖNIGSBERGER STREICHQUARTETT

August Hewers   Kurt Wieck   Hermann Hoenes   Hedwig Wieck-Hulisch

9. Das ›Königsberger Streichquartett‹, in dem mein Vater zweite Geige und meine Mutter Bratsche spielten, gehörte zu den ersten Quartetten, die schon in den zwanziger Jahren auch Hindemith und Schönberg spielten.

10. Mein Vater erinnert mich immer an die Männer auf den Bildern von Manet.

11. *Meine begeisterungsfähige Mutter, Hedwig Wieck, geb. Hulisch (geb. 1888, hier mit 20 Jahren), liebte die Klassiker der Musik und der Literatur, spielte Bratsche und unterrichtete unter vielen anderen Schülern auch Hannah Arendt, die in ihren Erinnerungen liebevolle und dankbare Worte für sie findet.*

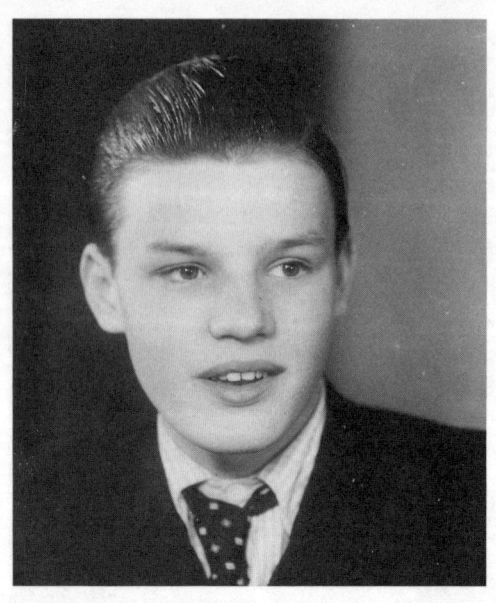

12. Dieses Foto wurde 1941, ungefähr zur Zeit meiner Barmizwa, aufgenommen. (Damals war es üblich, sich Pomade in die Haare zu schmieren.)

13. Meine Lehrer in der jüdischen Schule: David Franz Kaelter, L. Nußbaum, Hermann Erlebacher, Frau Wolff und Frau Hiller. Wolff, Hiller und Erlebacher wurden von den Nazis umgebracht, Kaelter und Nußbaum entkamen nach Palästina.

14. *Synagoge der orthodoxen Gemeinde Adass-Jisroel (Außenansicht; Innenansicht siehe Abb. 16).*

15. *Diesen Stern habe ich auf einer Jacke getragen. Meine Mutter hatte ihn aufbewahrt.*

כל תפלה כל תחנה אשר תהי לכל עדך ישראל איש ... ואל התפלה

16. *Als ich in dieser kleinen Synagoge der orthodoxen Gemeinde Adass-Jisroel (s. a. Abb. 14) Barmizwa hatte, war die abgebildete Inneneinrichtung nicht mehr da. Sie wurde in der Kristallnacht völlig zerstört. In der provisorisch wiederherge- stellten Synagoge fanden die letzten Gottesdienste der Königsberger Juden statt.*

17. *Königsberg: Nordbahnhof. Von hier aus fuhren wir an die Küste und von dort mit dem Schiff weiter nach Nidden auf der Kurischen Nehrung. Vom selben Bahnhof aus (einem seitlichen Güterbahnhof) wurden später Tante Fanny und meine Schulfreunde in die Vernichtungslager abtransportiert.*

18. *Das ist die Nordwestseite des Paradeplatzes mit der 1544 gegründeten Albertus-Universität. 1945 waren hier die unterirdischen Bunker des Festungskommandanten General Lasch. Er befehligte von hier aus den verlustreichen Verteidigungskampf, bis die ersten russischen Soldaten auf diesem Platz angelangt waren. Dann erst kapitulierte er.*

19. *Der Königsberger Dom galt als eines der schönsten Bauwerke der ›Backsteingotik‹;
er wurde Ende des 14. Jahrhunderts als dreischiffige Hallenkirche vollendet.*

Königsberg I. Pr.,
Blick vom Schlossturm.

). *Auf diesem Königsbergbild ist am oberen linken Rand gerade noch die schöne große Synagoge der traditionsreichen liberalen Gemeinde zu sehen. Rechts davon liegt die Pregelinsel ›Kneiphof‹ mit dem Dom.*

. *Diese Aufnahme muß kurz nach dem zweiten Bombenangriff auf Königsberg (in der Nacht vom 29./30. August 1944) gemacht worden sein. Der Kanister im Vordergrund war einer von den Tausenden Kanistern, die, mit einem neuartigen Phosphorgemisch (Napalm) gefüllt, zum erstenmal eingesetzt wurden — also Monate, bevor man damit dann Dresden verbrannte.*

22. Blick auf das Speicherviertel des Königsberger Hafens unmittelbar nach dessen Zerstörung, August 1944.

23. Das Speicherviertel vor der Zerstörung; man zählte Königsberg damals zu den modernsten Ostseehäfen.

24. *Das Pregelufer war immer farbig und voller Leben. Die temperamentvollen ostpreußischen Fischfrauen konnten streitlustig, derb und schlagfertig sein.*

25. *Tot, wie eine Geisterstadt, lag dasselbe Viertel 1945 nach der Zerstörung da.*

26. Dies ist eine besonders schöne Aufnahme des Kaiser-Wilhelm-Platzes: einst das
    Zentrum Königsbergs zu Füßen des Schlosses.

27. *Ausgebrannte Seitenstraße mit Blick zum zerstörten Schloßturm vor der Einnahme Königsbergs durch die Russen.*

28. Das ist die Südostseite des Paradeplatzes (vgl. Abb. 18). In einem der im Hintergrund befindlichen Gebäude hatte Gräfe & Unzer sein Buchgeschäft, damals eines der größten in Europa.

29. Die zerstörte Französische Straße in der Innenstadt.

30. *Sowjetische Truppen passieren die brennende Stadt. Auf S. 214 schildere ich genau diese Kanone. Mit solchen schweren Geschützen, die sich auf Panzerketten fortbewegten, aber nur nach vorne gepanzert und nach hinten völlig offen waren, unterstützten die Russen ihre Panzer.*

31./32. *Als die Russen Ausweise für deutsche Zivilisten einführten, machten sie diese Fotos von meiner Mutter und mir. Die rechte untere Ecke blieb frei für den Stempel. Mir hatte man meine Kleider gestohlen, und so mußte ich einem russischen Soldaten zwei Hemden und einen Mantel abkaufen.*

33. 1948 gelang die ›Ausreise‹. Die Ankunft in Westberlin war eine zweite
Geburtsstunde. Hier spiele ich in einer ›Livesendung‹ des ›RIAS‹
(Rundfunk im amerikanischen Sektor) die ›Zigeunerweisen‹ von Pablo
Sarasate. Das war mein solistisches Debüt.

34. Wiedersehen mit
meiner Schwester in
Edinburgh 1949
nach 10 Jahren
Trennung.

5. *In der ersten Geigengruppe des Berliner »RIAS-Symphonieorchesters«, das Ferenc Fricsay leitete. Ich war damals das jüngste Mitglied (1954).*

6. *Dann 30 Jahre später als Mitglied des Radio-Sinfonieorchesters Stuttgart.*

37. Das ›offizielle‹ Foto des Stuttgarter Kammerorchesters (im Stuttgarter Schloß) unter
der Leitung seines Dirigenten Prof. Karl Münchinger. 1. Konzertmeister: Michael
Wieck.

Die Russen

Am 5. April kamen wir nur mit Schwierigkeiten nach Hause. Die Artillerie schoß pausenlos. Am Hammerweg und in Luisenwahl bezogen Kampftruppen ihre Positionen. Gewehr- und Maschinengewehrfeuer deuteten an, daß schon ganz in der Nähe gekämpft wurde. Ich hatte den Eindruck, durch die Hauptkampflinie zu gehen. Alle paar Meter mußte ich meine Arbeitsbescheinigung vorzeigen und mich dann wieder hinwerfen, weil Granaten angeheult kamen. Unverkennbar leiteten jetzt die Russen ihren lang erwarteten Großangriff ein. Uns allen war die russische Überlegenheit bekannt: aussichtslos, ihr widerstehen zu wollen. General Lasch bezifferte ja das Kräfteverhältnis auf etwa 250 000 Angreifer gegenüber 35 000 Verteidigern. Ein Drittel der gesamten russischen Luftflotte war im Einsatz auf Königsberg, ohne daß ein einziges deutsches Flugzeug zu sehen war. Das Verhältnis der Panzer war 100 zu 1. Niemand begriff, warum der Zivilbevölkerung auch noch ein Großangriff mit mörderischem Bombardement zugemutet werden mußte. Alle hatten doch weiß Gott genug gelitten. Ohnmächtige Wut auf Kommandeure, denen das Leben ihrer Untergebenen so wenig bedeutete, erfüllte uns. Jetzt wurde ganz offen und laut geschimpft und geflucht.

Mit Müh' und Not erreichen wir die Steinmetzstraße 26 und wissen, daß wir sie diesmal nicht mehr verlassen werden, bis entweder die Russen da sind oder wir unter eingestürzten Häusern begraben werden.

Wir gehen auch wieder in den abgestützten Luftschutzkeller. Rogalli ist schon seit einigen Tagen
verschwunden. Norras und noch zwei andere Familien sind geflohen, und so sind wir nur wenige Personen und können uns ausbreiten. Natürlich reden
wir nun miteinander. Die Nazizeit ist vorbei, und
auf einmal sind alle besonders nett. Die stille Hoffnung, daß wir sie vor den Russen beschützen könnten, hegen sie gewiß auch.

6. April: Draußen ist ein Höllenlärm im Gange.
Granaten treffen unser Haus. Trotzdem kann man
hören, daß wir noch nicht ins volle Kampfgeschehen
einbezogen sind. Soldaten in Kampfausrüstung, mit
Panzerfäusten, Maschinengewehren und Funkgerä-
ten gehen durch die miteinander verbundenen Keller. Alle Häuser mußten schon vorher mit schmalen
Mauerdurchbrüchen versehen werden. So konnten
aber auch die Russen, ohne die Keller zu verlassen,
ganze Straßenblocks durchschreiten. Dadurch wurde
der Straßenkampf noch tückischer, denn beide Seiten
drangen nicht nur auf den Straßen, sondern auch
durch die miteinander verbundenen Keller in die
gegnerischen Gebiete ein.

Deutsche Soldaten, die jetzt durch unsere Keller zogen, wurden von der Zivilbevölkerung beschworen,
nicht weiterzukämpfen, endlich Rücksicht zu nehmen. Sie wehrten bedauernd ab und bezogen sich auf
ihre Befehle. Befehlsnotstand bei den Soldaten, Befehlsnotstand beim General. Wer zum Gehorchen
verpflichtet wird, braucht sich anscheinend um die
Verantwortlichkeit keine Sorgen mehr zu machen –
gleich, wieviele noch sterben, was noch zerstört
wird. Dieckert und Großmann schreiben in ihrem
Buch:

Am 6. April begann der Todeskampf der Festung Königsberg. Um 7.30 Uhr setzte gegen die Südfront und um 8.30 Uhr gegen die Nordfront ein äußerst starkes Trommelfeuer ein. Mit Tausenden von Geschützen, Granatwerfern und Stalinorgeln hämmerte der Feind auf die Verteidiger ein. Bombengeschwader in beängstigender Zahl kreisten pausenlos über Königsberg und warfen tonnenweise ihre alles zermalmende Last über der unglücklichen Stadt ab. Schlachtflieger jagten immer wieder, aus allen Rohren feuernd, über die Stellungen und Straßenzüge hinweg. Die Stadt sank in Trümmer und brannte. Die deutschen Stellungen waren zerschlagen, die Gräben umgepflügt, die Schützenlöcher eingeebnet, Kompanien begraben, Nachrichten-Verbindungen zerrissen und Munitionslager zerstört. Rauch- und Qualmwolken lagerten über den Häuserresten der Innenstadt. Auf den Straßen lagen Mauerreste, zerschossene Fahrzeuge, Pferdekadaver und Leichen. Verängstigte Zivilisten flohen aus ihren vernichteten oder brennenden Häusern und suchten ein anderes Obdach. Andere blieben, wo sie sich gerade befanden, stumpf, gleichgültig und apathisch.

Nach diesem Feuerorkan begann dicht hinter der Feuerwalze der russische Infanterie- und Panzerangriff in aufeinanderfolgenden Wellen. Die Schwerpunkte seiner Angriffe hatte der Gegner von Norden nach Süden über Tannenwalde und von Süden nach Norden über Ponarth als Zangenangriff angesetzt. Dieser Übermacht konnte die eigene Artillerie mit ihrer geringen Munitionsausstattung nichts Wirksames entgegensetzen, und die Flak war machtlos gegen diese zahllosen Fliegerschwärme. Sie mußte gegen die feindlichen Panzer kämpfen. Die Infanterie, hauptsächlich die neu aufgestellten und noch nicht kampferprobten Einheiten, konnten dieser Nervenbelastung nicht standhalten. [...]

Am nächsten Tag das gleiche schaurige Bild! Wieder überschütteten die Russen die deutschen Stellungen mit einem gewaltigen Hagel von Granaten aller Kaliber und Bomben und wieder jagten die feindlichen Schlachtflieger Feuer speiend über die Verteidiger. Häuser stürzten ein und Bäume zersplitterten. Ein Durchkommen durch die Stadt machte auch den Meldegängern die größte Schwierigkeit.

Im Süden der Stadt drang der Gegner weiter vor und stand im Hafen- und Werftgelände vor verlöschendem Widerstand. Von Norden erreichte er Amalienau westlich Luisenwahl. Der von General Lasch für den 7. April beantragte und auch genehmigte Angriff der 5. Panzer-Division aus dem Abschnitt der 561. Division, um die alte Stellung der 548. Division wiederzugewinnen, kam nicht zur Durchführung. Denn während der Verbindungsaufnahme mit der 5. Panzer-Division erfolgte ein starker russischer Angriff auf die 1. Division nördlich Seerappen. Immer wieder rannte der Feind gegen die Division an. Fünfzehn Feindpanzer schoß sie z. T. mit Nahkampfmitteln ab. [...]

Unter dem furchtbaren Bombenhagel kämpften die schnell zusammenschmelzenden Einheiten der Verteidiger tapfer um ihre Stellungen. Mit Flammenwerfern räucherten die Russen ein Widerstandsnest nach dem anderen aus. Die Verwundetenzahl stieg erschreckend an. Lagerstätten fehlten in der in Trümmern zusammenbrechenden Stadt und die Versorgung vermochte mit dem Anfall von Verwundeten nicht Schritt zu halten. [...] In dieser aussichtslosen Lage beantragte General Lasch die Genehmigung zum Ausbrechen der Festungsbesatzung nach Westen, um dadurch die Massen der Bevölkerung vor den Russen zu retten. [Daß es dafür nicht mehr die geringste Chance gab, wußte Lasch doch ganz genau!] Diesen Antrag lehnte die Armee in schroffer Form ab.

Der 7. April brachte dann den Höhepunkt des kriegerischen Geräuschpegels. Wir saßen im Keller und hielten uns die Ohren zu. Zu allem Überfluß kamen auch noch ein Unteroffizier und vier Mann, um die Eckfenster zweier Keller zu besetzen. Unser Haus war ein Eckhaus, und im Straßenkampf wurden gerade die Eckhäuser dem Erdboden gleichgemacht. Mein Vater fragte den vernünftig aussehenden

Truppführer, wie er das überhaupt verantworten könne, was er jetzt vorhatte. Ihm müsse doch klar sein, daß unser Haus beim geringsten Widerstand mit Granaten vollgeschossen würde, bis kein Stein mehr über dem anderen liegt. Da die Keller aber voll Zivilisten seien, würden ihm die anwesenden Hausbewohner verbieten, auch nur einen Schuß abzugeben. Er hörte sich alles ruhig an und sagte dann beschwichtigend: »Machen Sie sich keine Sorgen, wir verschwinden wieder rechtzeitig.« Das beruhigte uns, und wir glaubten, damit eine klare Botschaft bekommen zu haben, daß sie nicht zu kämpfen beabsichtigten. Sie hielten sich in ihren Kellern auf und achteten immer genau auf den Kampflärm, der mal hier und dann mal dort lauter toste. Gegen Nachmittag steigerte sich der Beschuß, und unverkennbar wurde nun in unserer unmittelbaren Nachbarschaft gekämpft. Jetzt kamen unsere Häuserblocks an die Reihe. Bündelweise schlugen die Granaten ein, zusammen mit Salven sogenannter Stalinorgeln. Das waren auf Lastwagen montierte Raketenwerfer, deren Geschosse in schneller Folge abgefeuert wurden und fast gleichzeitig explodierten. Auch brummten unentwegt Flugzeuge und warfen Bomben schweren Kalibers, von denen eine auf dem Hof und eine andere auf der Straßenkreuzung vor dem Haus niederging. Der Boden schwankte, die Wände rissen, der Kalk verstaubte den Keller, und das Krachen und der Luftdruck drohten, die Köpfe zerbersten zu lassen. Daneben kamen uns die Artilleriegranaten harmlos vor. Wir hatten die Kellertür fest verriegelt und hofften, falls das Haus zusammenstürzen sollte, daß die Kellerdecke durch die dicken Balken genügend abgestützt wäre.

In diesen Stunden des 7. April war unser Stadtteil zum Kampfgebiet geworden und lag unter Trommelfeuerbeschuß. Es war nicht mehr zu ertragen, und es ist schwer vorstellbar, das gleiche auf freiem Feld erleben zu müssen. Wehe dem Haus, das jetzt Widerstand leistete. Zum Glück für uns waren unsere Kämpfer, ohne daß wir es bemerkt hatten, verschwunden. Gegen Abend wurde alles wieder ruhiger. Der Beschuß konzentrierte sich auf andere Straßen. Dann wurde es sogar bedrohlich still, und wir warteten auf eine in den Keller geworfene Handgranate oder auf das Erscheinen der Russen. Wir waren bereits im Niemandsland; die Spannung wuchs, und ständig ging ich an eines der ungeschützten Kellerfenster, um zu erfahren, was eigentlich geschah. Ich stellte fest, daß alle Häuser schwer beschädigt waren. Sie hatten große Löcher in den Wänden und teilweise zerstörte Stockwerke. Kein Fenster war mehr heil. Die Fassaden mit ihren unzähligen Splittern und Kugeleinschlägen sahen wie von Sommersprossen übersät aus. Punkt neben Punkt, Loch neben Loch. Zu brennen schien aber in der nächsten Umgebung nichts.

An der Haustür gegenüber sah ich zum Zeichen der lokalen Kapitulation ein weißes Laken hängen, was ich unseren Kellerbewohnern mitteilte. Wir beschlossen sofort, das gleiche zu tun. Eine Tat, die noch wenige Stunden vorher als Verrat beurteilt wurde, war jetzt das langersehnte Signal des Friedens. Sowohl an die vordere Haustür als auch an die Hoftür hängte ich weiße Laken. Dabei war mir, als hätte ich auf der anderen Hofseite graubraune Gestalten in einem Eingang verschwinden sehen. Ich konnte aber wegen der Dunkelheit nichts mehr genau erkennen. Wir mußten abwarten, was geschehen würde — doch bis zur Morgendämmerung geschah gar nichts. — Dieckert und Großmann schreiben:

Ohne mit dem Festungskommandanten das Sammeln und Bereitstellen der Bevölkerung zu besprechen, hatte die Partei die Einwohner um 0.30 Uhr auf die Ausfallstraße nach Westen befohlen. Unter großem Lärm rückten sie mit Fahrzeugen an. Diesen Anmarsch bemerkte der Feind sofort, belegte den ganzen Raum mit heftigem Artilleriefeuer und richtete ein furchtbares Blutbad unter den Zusammengeströmten an. Nach Anfangserfolgen lief sich der Angriff fest, General Sudau fiel. General Sperl wurde schwer verwundet, auch Großherr fand den Tod. Alles flutete nach Königsberg zurück. Mit großer Mühe gelang es, hier einen schwachen Riegel nach Westen zu bilden.

Heute ist der 8. April, Vaters Geburtstag. Ich wache auf, weil ich seit langer Zeit wieder einmal Panzerketten rasseln höre. Noch ziemlich entfernt, aber näherkommend. Der schlimme Gefechtslärm wandert weiter. In unseren Straßen ist alles relativ ruhig, verglichen mit dem Höllenlärm des gestrigen Tages. Die Neugier läßt mir keine Ruhe, und so gehe ich wieder in den anderen Keller, von dem man eine gute Sicht auf die Steinmetzstraße hat. Eine Zeitlang rührt sich nichts. Aber dann sehe ich mitten auf der Straße einen russischen Soldaten auf einem Fahrrad, völlig ungedeckt und ungeschützt, langsam, mit der Maschinenpistole im Anschlag — also einhändig fahrend —, die Straße von rechts langsam entlang kommend auf die Kreuzung Schrötterstraße zufahren. Er passiert mein Kellerfenster, unter das ich mich dukke, um nicht gesehen zu werden. Als ich wieder hinausschaue, umfährt er den Bombentrichter und ist meiner Sicht entschwunden. Ich bewundere den Mut dieses Soldaten und kann nicht begreifen, wie jemand so ungeschützt in feindliches Gebiet hineinfahren kann. Er muß doch damit rechnen, jeden Moment totgeschossen zu werden. Ein Niemandsland auf diese Weise auszukundschaften, erscheint mir unglaublich, und ich frage mich, ob das ein Befehl, eine Bewährungsprobe, eine Strafe oder eine Wette ist, die dieser junge Russe erfüllen muß. Wir sind sehr erregt. Schließlich ist der Moment gekommen, auf den wir so lange gewartet haben und den wir uns nicht vorstellen konnten.

Wieder hören wir Panzerketten rasseln, und diesmal nahe und immer näher kommend. Ich wechsle zwischen meinem Aussichtsplatz und dem sicheren Keller hin und her. Traue mich erst wieder herauszuschauen, als das Kettengetöse plötzlich verstummt. Sogar der Motor wird abgestellt, und wieder ist alles ziemlich still. Ich bin vorsichtig, denn rechnen muß man ja damit, gesehen und für einen auf der Lauer liegenden Soldaten gehalten zu werden. Vor meinen Augen steht ein nach vorne gepanzertes Kettenfahrzeug ganz nah auf der Kreuzung, direkt neben dem größeren Bombentrichter. Es ist eine Kanone. Da ich genau in den hinteren offenen Teil des Fahrzeugs hineinschauen kann, sehe ich, wie vier oder fünf Russen etwas auswickeln und zu essen anfangen. Sie machen in großer Seelenruhe Frühstückspause. Ihre Helme sind wie die Helme von Panzerfahrern. Alles wirkt eher wie im Manöver, bis ich plötzlich mein erstes ›Dawai‹ zu hören bekomme und die Kanoniere in großer Eile wieder ihre Plätze einnehmen, den Motor anwerfen und weiterrasseln. Es war wohl ein Funkbefehl gekommen, der ihre Frühstückspause störte. Gleichzeitig geht wieder ein Höllenlärm los, und Granaten pfeifen über unser Haus hinweg und, wie mir scheint, in beiden Richtungen. Der Kampf hat sich weiter verlagert, wir sind also schon im von den Russen besetzten Gebiet. Nur schießen jetzt auch deutsche Kanonen aus der Innenstadt zurück in die von den Russen eingenommenen Teile der Stadt. Es sind zwar nur einzelne Schüsse, aber wir können es

nicht fassen, daß diese Kanoniere ihre Granaten —
wie es scheint, blind — in die von Frauen und Kindern belegten Häuser schießen. Inzwischen rollen
auch schwere Panzer durch unsere Straßen und bringen den Erdboden zum Zittern. (Später in Neuseeland träumte ich, russische Panzer würden durch die
Straßen fahren, als eines Morgens ein langanhaltendes Erdbeben die Stadt Auckland rüttelte.) Dann ist
wieder Ruhe. Irgendwie hat man sich alles anders
vorgestellt. Daß so wenig geschieht, hatte ich nicht
erwartet.

Es dauert noch ungefähr bis Mittag, dann kommt
der erste Russe in den Keller. Er ist offensichtlich
etwas angetrunken. Fragt, ob irgendwo deutsche
Soldaten sind, und fuchtelt mit seiner Maschinenpistole herum. Mein Vater und ich versuchen ihn
freundlich zu stimmen, können ihn aber kaum verstehen. Wie gut wäre es gewesen, wenn wir etwas
Russisch gelernt hätten. Wie hätte das diesen ersten
Tag erleichtert. In ganz Deutschland kennzeichnete
man öffentliche Luftschutzräume mit »LSR«. Der
Volkswitz übersetzte das mit »lernt schnell Russisch«. Wie recht hatte man. Dann aber ertönt das
unmißverständliche »Uri, Uri«, und Vater gibt ihm
seine silberne Taschenuhr. Stolz zeigt der Russe uns
noch die mit Uhren vollgestopften Taschen.

Das war nun unser erster so langersehnter Kontakt
mit einem Befreier. Aber uns war auch klar, daß
Fronttruppen nicht sofort alles zum Besseren wenden können. Es galt weiter zu warten und zu hoffen.
Daß wir uns aber erst im zweiten Kreis der Hölle
befanden und der dritte noch bevorstand, ahnten wir
nicht.

Im Laufe des Tages kamen öfter russische Kämpfer herein. Immer auf der Suche nach Soldaten,

Armbanduhren und Alkohol. Viele waren ausgesprochen böse, drohten mit der MP, wenn niemand mehr Uhren hatte. Für den Judenstern interessierte sich keiner. Gegen Abend kam noch ein angetrunkener Russe — wohl auf der Suche nach einer Frau. Er bedrohte Mutter, wollte aber wohl etwas anderes. Vater war gerade im hinteren Keller. Nach mühevoller, gestenreicher Unterredung brachten wir ihn endlich dazu, daß er die Kellertreppe hinaufging. Nun machte Mutter einen Fehler. Sie pfiff unseren Familienpfiff, ein Thema aus dem zweiten Satz (Allegretto) des Beethoven-Quartetts Op. 59/1. Sie hatte Angst bekommen und wollte Vater in unserer Nähe haben. Jedoch anstatt des Vaters stürmte der Russe wieder in den Keller. Diesmal mit gezogener Pistole. Er schrie wütend herum und sah aus, als ob er sofort abdrücken würde. Wir verstanden nicht, was ihn so rasend machte, spürten aber, daß es mit dem Pfeifen zusammenhing, und erklärten und gestikulierten. Er redete unaufhörlich von »nemezki Soldat« und schoß plötzlich neben meinem Kopf die Pistole ab. So dicht am Ohr war es ein schmerzender Knall. Gezielt hatte er an die Decke, verletzt wurde niemand. Nach diesem effektvollen Abschluß zog er ab, während Vater erschreckt zurückkam. — Ein Feiertag war sein 65jähriger Geburtstag nicht gerade, aber trotzdem der Geburtstag einer neuen Zeit.

Gelernt hatten wir schon, daß kein russischer Soldat sich darum kümmerte, ob jemand Nazi oder Jude war. Sie suchten versteckte Soldaten und Beutegut. Im übrigen haßten sie uns alle abgrundtief und fluchten, Verachtung und Abscheu im Tonfall.

Es wurde Abend, wir hielten uns in unserem eigenen Keller auf. Alle Wohnungen waren demoliert und ohne Fenster. Mehrfach kamen noch nachts Russen in unseren Keller und verdächtigten mich, deutscher Soldat zu sein. Ausweise konnten sie nicht lesen; das russische Alphabet besteht aus kyrillischen Buchstaben. Doch sehr bald wußten wir, daß die Soldatensuche meistens eine Frauensuche war. In unserem Keller gab es keine Frauen unter fünfzig Jahren, und mit Tüchern und Kleidern machten sie sich schnell noch älter. Hilferufe aus den anderen Kellern zeigten aber an, daß die Russen dort fündig geworden waren. Diese Hilferufe gingen mir durch und durch. Ich konnte mir eine Vergewaltigung nicht so recht vorstellen. Selbst ohne die geringste sexuelle Erfahrung, dachte ich an etwas die Seele Abtötendes und glaubte, daß die armen Mädchen und Frauen unsägliche Schmerzen leiden müssen. Meine jüdische Erziehung war ausgesprochen prüde gewesen und umgab das Sexuelle mit einer Aura des Besonderen. Bei soviel Geheimnistuerei mußte die kindliche Phantasie den Zeugungsvorgang im Reich des Schrecklichen ansiedeln. — Wie ist es möglich, überlegte ich mir gequält, daß ein Liebesakt auch zum Haßakt werden kann?

Meine Gedanken beschäftigten sich mit den Hilferufen, die keine Hilfe brachten, und ich dachte an Ute und an meine Schwester, die ja Gott sei Dank nicht bei uns war. Wir wurden an die Berichte über die Greueltaten in Metgethen erinnert, die wir zum Teil für Propaganda hielten oder zumindest für übertrieben. Aber nun fragten wir uns, wer das nächste Opfer sein würde.

Am Abend des 8. April war die große Freude über das Ende der Nazizeit und auch jegliches Gefühl der Erleichterung bereits wieder neuer Angst und Bedrückung gewichen. Die Hilferufe, der Pistolenschuß, die zügellose Mentalität der meisten russischen Soldaten ließen nichts Gutes erwarten. Bei jedem erneuten Erscheinen eines Russen klopften un-

sere Herzen, und wir rechneten mit dem Schlimmsten. Natürlich gab es vereinzelt auch freundliche
Gesichter als Antwort auf eine freundliche Begrüßung, aber die Regel war eisige Ablehnung, auch
bitterböse Wut auf alles Deutsche und Bedürfnis
nach Rache. So kehrten die Sorgen zurück.

Mein Gesundheitszustand wurde schlechter und
das Schwächegefühl schlimmer. Noch niemals zuvor
hatte ich jemand in großer Not um Hilfe rufen hören. Es ließ mich nicht los. Immer wieder horchte
man in die Nacht, und was man hörte, konnte nicht
beruhigen. Russische Kommandorufe, Schüsse und
weiter entfernt böses Kampfgetöse, das am nächsten
Morgen noch einmal mit voller Wucht entbrannte.
Es war deutlich zu erkennen, daß sich die Soldaten in
den ausgebauten Befestigungen der Innenstadt wehrten und Festungskommandant Lasch immer noch
nicht kapitulierte. Das machte die Russen zusätzlich
wütend, und diese Wut über soviel Wahnsinn ließen
sie an der Zivilbevölkerung aus. Wer in verlorener
Position beweist, daß er immer nur mehr Russen
töten will, der darf sich nicht wundern, wenn auch
Russen hemmungslos Deutsche töten.

So wiederhole ich: Wenn es Ihnen, Herr General
Lasch, wirklich um die Zivilbevölkerung und um
den Erhalt von Menschenleben gegangen wäre, wie
Sie nachher behaupteten, hätten Sie längst kapitulie-
ren müssen. Nicht erst, als die Russen bereits auf
dem Paradeplatz vor Ihrem Bunker waren, oder
dicht davor. Wir erlitten nicht nur das furchtbare
Bombardement, sondern auch die gräßlichen Ausschreitungen, die einem Haß entsprangen, der durch
dieses ewige Kämpfen bis zum letzten Mann immer
wieder aufs neue angestachelt wurde. Ich selber habe
die Flugblätter mit den Aufforderungen zur Kapitulation auf den Straßen gefunden; sie appellierten an

Ihre Vernunft und beschworen Sie, weiteres Blut-
vergießen zu verhindern. Die Verfasser dieser Ap-
pelle waren keine ›schlechten Deutschen, die im
feindlichen Solde standen‹, wie Sie schrieben, Herr
Lasch. Für mich waren Sie der schlechte Deutsche,
der im Solde eines Verbrechers stand, und wahrscheinlich haben Sie zuerst aus Angst um Ihren Kopf
nicht kapituliert, wie Sie dann zuletzt aus dem gleichen Grunde kapituliert haben!

Am nächsten Tag, dem 9. April, ging ich in
Stocks Keller. Ich machte mir große Sorgen. Aber
dort konnte jemand etwas Russisch und hatte mit
viel Geschick allen Eindringlingen zugeredet, sie beruhigt und wieder rausgeschickt. Nur einmal wollte
sich einer Ute holen. Den haben sie aber mit
Schnapsflaschen ablenken können. Aber was werden
die nächsten machen? Mit Sorge überlegten wir, was
man tun könnte. Berichte über Vergewaltigungen
und eine Erschießung in den Nachbarkellern beunruhigten uns noch mehr. Draußen wurden jetzt Trupps
gefangener Soldaten vorbeigeführt, die wir fast be-
neideten. Denn sie waren nicht wie wir allein in Kellern verstreut und der Willkür jedes betrunkenen
Russen ausgesetzt. Sie teilten ein gemeinsames
Schicksal. Dagegen waren alle Zivilisten Freiwild,
und ganz besonders die armen Mädchen und Frauen.
General Lasch schrieb in seinem Buch »So fiel Königsberg«:

Operativ gesehen war die weitere Verteidigung von Königsberg zu dieser Zeit für den Ausgang des Krieges ohne
Bedeutung, denn Anfang April standen starke russische
Armeen bereits tief in Pommern, Brandenburg und Schle-
sien, während englische und amerikanische Kräfte bereits
den Rhein überschritten hatten und vor den Toren Hanno-
vers standen.

Die taktische Lage war am 9. April in Königsberg hoffnungslos. Zur Zeit des Entschlusses zur Kapitulation wurde nur noch der ... Nordteil der Innenstadt mit völlig abgekämpften Restverbänden ohne jegliche schwere Waffen gehalten.

Am ausschlaggebendsten aber war für meinen nunmehr zu fassenden Entschluß die Erkenntnis, daß ich bei weiterer Kampfführung nur noch Tausende meiner Soldaten und Zivilisten sinnlos würde opfern müssen. Eine solche Verantwortung aber konnte ich vor Gott und meinem Gewissen nicht mehr tragen. So entschloß ich mich, den Kampf einzustellen und dem Grauen ein Ende zu machen.

Ich war mir bewußt, daß die Übergabe der Festung an einen brutalen Feind erfolgen mußte, der keine Gnade kannte, aber im Gegensatz zu der Gewißheit, daß bei weiterem Kampf alles zugrunde ging, bestand dann wenigstens noch die Aussicht auf Rettung des größten Teils der Menschenleben. Die Entwicklung der Ereignisse hat mir dann recht gegeben, und wenn ich auch den Verlust der ostpreußischen Heimat mit meinem Entschluß nicht mehr aufhalten konnte, so habe ich doch wenigstens die Genugtuung, zahlreiche Menschenleben vor der sicheren Vernichtung gerettet zu haben. [...]

Als nach den Verhandlungen die Russen mit uns den Gefechtsstand verließen, war eine russische Kompanie bereits am Paradeplatz angelangt. [...]

Aus den zahlreichen Gesamtschilderungen der Kämpfe um die Festung Königsberg ergibt sich im übrigen, daß jeder einzelne in beispielhafter Weise bis zum Ende seine Pflicht getan hat, so daß der Endkampf um die ostpreußische Heimaterde immerdar ein Ruhmesblatt in der Geschichte deutschen Soldatentums und der ostpreußischen Menschen bleiben wird.   (Otto Lasch)

Bei der Auswahl der Zitate habe ich mich bemüht, sowohl das militärische Geschehen als auch die persönlichen Probleme der Heerführer erkennbar werden zu lassen. Doch bei aller Fairneß kann ich diese Berichte nur mit Schaudern lesen. Wieviele Offiziere

führten als reine Befehlsempfänger einen bereits verlorenen Kampf immer weiter?

Eine Kapitulation in aussichtsloser Lage geschah in
der Regel erst, nachdem der Großteil der ihnen an-
vertrauten Soldaten geopfert worden war. General
Lasch kapitulierte, als der Feind vor seinem Bunker
stand. Diese Kapitulation könnte man auch Rettung
des eigenen Lebens nennen. Lasch schreibt, er hätte
aus Verantwortung vor Gott und seinem Gewissen
gehandelt, um Menschenleben zu retten. Vorher
aber war sein Organisieren und Verheizen auch der
jüngsten deutschen Jugend in einem von ihm selbst
als aussichtslos genannten Kampf ein ›Ruhmesblatt
in der Geschichte deutschen Soldatentums‹, dessen er
und andere sich gar nicht genug rühmen können.

Letzte Verteidigungsnester in der total zerstörten
Innenstadt, in der schon lange keine Zivilisten mehr
wohnten (ich schließe aber nicht aus, daß sich im
letzten Moment einige wenige dorthin geflüchtet
hatten), kapitulierten erst, als Russen die von ihnen
bereits eroberten und noch bewohnten Stadtteile in
Brand setzten. Dabei verbrannten sie in einer Anzahl
von Fällen die in den Kellern eingesperrten Zivilisten. Später mußte ich solche Opfer beerdigen. Unter dem Vorwand der anhaltenden Kriegshandlun-
gen mißhandelten die Russen Zivilisten besonders
grausam. Bei dem sinnlosen Verteidigungskampf in
den Tagen nach dem 6. April — also nach Eröffnung
des Großangriffs — wurde Königsbergs Zivilbevölkerung rücksichtslos dem Kriegsgeschehen ausgeliefert. Tausende von Menschenleben wären zu retten
gewesen, wenn die Kapitulation wenigstens drei Tage früher stattgefunden hätte.

Hitler verurteilte General Lasch zwar zum Tode,
aber eigentlich hätte er ihn auch wegen treuer Pflicht-
erfüllung belobigen können. Am 9. April wäre Kö-

nigsberg so oder so der sowjetischen Übermacht erlegen. Bei einem Tod des Kommandanten würde das »Heldenepos« Königsberg im Sinne Hitlers keinen Makel gehabt haben. Angesichts dieser Sachlage ist General Laschs Satz, daß er vor Gott und seinem Gewissen Menschenleben gerettet hätte, eine schlimme Augenwischerei. (*Sein* Leben hat er auf jeden Fall gerettet.)

Kriegserinnerungen solcher Generäle wie Lasch mögen historisch aufschlußreich sein und können sogar Erstaunen wecken über das, was Menschen zu Kampfzwecken an Energie und Organisation zu leisten vermögen. Aber vieles bleibt unbegreiflich, so auch, daß ihre ganze Wut über die katastrophale Niederlage sich hauptsächlich gegen die feigen Parteibonzen lokaler Provenienz richtete, die, wie Gauleiter Koch, rücksichtslos immer nur für die eigene Rettung sorgten, während sie die Soldaten zum Kampf bis zum Vergießen des letzten Blutstropfens aufhetzten. Doch diejenigen, die mit einer überheblichen Ideologie, mit systematischen Kriegsvorbereitungen die Völker Europas in diesen mörderischen Krieg verwickelten, verschonen sie. Nicht ein Satz läßt durchblicken, daß ein zerstückeltes Deutschland, ein zerstörtes Europa und millionenfaches Leid die Folgen eines Größenwahns waren, den sie in der Regel teilten und der sie deshalb mitschuldig werden ließ. Alle rechtfertigen sie sich zwar, aber dabei bringen sie nicht einen einzigen Satz des Bedauerns zustande für das, was Deutsche in Rußland getan haben; für die zerstörten russischen, polnischen, französischen Städte, für den Überfall auf diese Länder, für die Verschleppung von Zivilisten zur Zwangsarbeit, für die Ermordung von deutschen und ausländischen Juden, Kommunisten, Zigeunern, politischen Gegnern usw., denn solch einen Satz des Bedauerns können sie niemals äußern, ohne daß gleichzeitig ihr ganzes Heldentum in Frage gestellt wäre. Hitlers Krieg war nun einmal ein verbrecherischer Krieg, und sie waren seine Handlanger. Ihre Siege waren Piratensiege. –

Das plötzliche Verschwinden jeglicher deutscher Uniformen gab ein großes Gefühl der Befreiung. Unter den mit deutschen Uniformen verbundenen Machtbefugnissen hatten wir lange genug zu leiden gehabt. Niemand wird uns mehr als minderwertig diffamieren und deshalb umbringen wollen. Vielleicht wird man uns jetzt bevorzugen, eine Form der Wiedergutmachung zugestehen dafür, daß wir am nationalsozialistischen Krieg schuldlos waren und verfolgt wurden. Das wäre nur gerecht. Vor allen Dingen würde man endlich normale Verpflegung bekommen, denn wir waren am Ende unserer Kräfte. – Doch daß der Krieg vorbei war, Hitler besiegt, das war das Allerwichtigste.

Ein Problem ergab sich aus der Überlegung, ob wir unsere Judensterne jetzt wegwerfen oder sie noch weiter tragen sollen. Quasi als Zeichen unseres Nichtnaziseins, als ein Abzeichen, das alle Russen sofort respektieren müßten. So oder ähnlich werden unsere Gedanken gewesen sein, und obwohl ich mir nichts sehnlicher gewünscht hatte, als das Schandmal endlich wegzuwerfen, behielt ich es doch erst noch an. Wer weiß, wie alles weitergeht.

Brachte das Gefühl, nun endlich befreit zu sein, auch einen Wunsch nach Rache mit sich? Ja, im ersten Augenblick schon. Nachdem ich sicher war, daß die Russen die Hufen erobert hatten, trieb es mich förmlich auf die Straße ins gegenüberliegende Haus. Dort wohnte der Kaufmann Dossow, der uns ständig schikaniert und beobachtet hatte, der uns denunzierte. Mit meinem deutlich sichtbaren Judenstern klopfte ich an seine Parterrewohnungstür, und als er öffnete und bei meinem Anblick erschrak, sagte ich ihm mit einem unguten Gefühl von Genugtuung: »Herr Dossow, die Russen sind da. Die Zeiten, in denen Sie uns schikanieren konnten, sind vorbei. Das wollte ich Ihnen nur sagen.« Dossow blickte ängstlich und verwirrt, schlug dann die Tür zu und sagte noch etwas Unverständliches. Keineswegs befriedigt ging ich wieder zurück. Völlig außer acht lassend, daß es noch viel zu früh war, die Häuser zu verlassen. Nachrückende Russen schossen auf alles, was sich auf der Straße bewegte – eine Eigenart, die besonders ›rückwärtige Frontkämpfer‹ an sich haben.

Diese Aktion blieb dann auch mein einziger ›Racheakt‹ und hinterließ einen schlechten Nachgeschmack. Daß Rache überhaupt nichts mit Gerechtigkeit zu tun hat, wußte ich. Sie ist denkbar ungeeignet, eine Rechnung zu begleichen, und trifft in der Regel die Falschen.

Nachmittags erfuhr ich durch Zufall, daß sich die Zivilbevölkerung an der Kreuzung Luisenallee, Hermannallee sammeln sollte. Man beabsichtigte, alle unzerstörten Teile Königsbergs auch noch in Brand zu setzen. Uns wurde erzählt, daß dies eine Drohung im Kapitulationsultimatum sei, die man am selben Tage ausführen würde, wenn sich die Festungsbesatzung im unterbunkerten Kern der Stadt nicht ergebe. Ein Ultimatum, dessen Sinn nicht zu verstehen war. Wer eigenes Beutegut vernichtet, schadet nicht dem Gegner, es sei denn, er vermutet, daß die Androhung einer systematisch durchgeführten Zerstörung der Überreste Königsbergs – wegen der Endgültigkeit eines solchen Schadens und wegen der für die gesamte Zivilbevölkerung daraus entstehenden Nachteile – Eindruck auf den Kommandanten machen würde. Ob es dieses Ultimatum, eine solche Drohung wirklich gab, weiß ich nicht. Wahrscheinlicher ist, daß Stalin Königsberg und ein deutsches Ostpreußen für alle Zukunft aus der Welt schaffen wollte. In seinem Buch erwähnt General Lasch nicht die Texte der russischen Kapitulationsaufforderungen, die wir als abgeworfene Flugblätter auf Straßen und Höfen fanden. In einen vollständigen Bericht über den Fall Königsbergs hätte auch das hineingehört.

Es wird jedem einleuchten, daß die Russen ein großes Interesse daran hatten, nicht noch mehr Menschenopfer bringen zu müssen. Sie hatten doch bereits etwa zwanzig Millionen geopfert, um einen Eindringling abzuschütteln, der sie als Untermenschen klassifizierte und versklaven wollte. Eine Kapitulation noch vor verlustreichen Straßenkämpfen hätte auch ihnen Vorteile gebracht. Ein Preis für solch eine Kapitulation wäre im Hinblick auf die Verhinderung sowjetischer Verluste sinnvoll gewesen. Daß man für die Kapitulation einer ohnehin unter großen Opfern eroberten Stadt nicht auch noch Zugeständnisse machen will, ist aus russischer Sicht verständlich. Keiner besonderen Erörterung bedarf die Feststellung, daß sich die Russen in jedem Fall hätten zivilisierter und menschlicher verhalten müssen, auch wenn sie im Verhalten der Deutschen, besonders der SS, das schlechteste Vorbild hatten. Ich bin überzeugt, daß die Russen für eine rechtzeitige Kapitulation Zugeständnisse gemacht hätten. Sie haben es an anderer Stelle getan. (In »Der Kampf um Ostpreußen« von Dieckert und Großmann wird ein solcher Fall geschildert.)

Es kostete einige Überredung, unsere in dem Keller auf ihren letzten Habseligkeiten und Lebensmittelvorräten sitzenden Hausbewohner davon zu überzeugen, daß es besser sei, gemeinsam zu der angegebenen Sammelstelle zu gehen, als völlig ungeschützt im Keller zu bleiben und zu warten, bis der nächste betrunkene Russe kommt und irgendetwas will oder anstellt. Außerdem, wenn sie wie angekündigt die Hufen wirklich abbrannten, konnte auch wegen der Hitzeentwicklung eine kritische Lage entstehen. Wir packten Rucksäcke, Taschen, Geigen und Koffer zusammen, bildeten einen kleinen Trupp und zogen die Steinmetzstraße entlang in Richtung Schillerstraße. Immer noch sausten Artilleriegeschosse über unsere Köpfe in die Innenstadt. In unsere Gegend zurückgeschossen wurde nun nicht mehr. So gingen wir auf der mit Steinen, Mauerstücken und Bombentrichtern übersäten Straße an all den halbzerstörten Häusern vorbei, die jetzt noch nachträglich niedergebrannt werden sollten. Der Wahnsinn nahm kein Ende. Auf den ersten hundert Metern prägte sich mir noch das Bild eines mongolischen Soldaten ein, der mit vorgehaltener Maschinenpistole zwei junge Frauen vor sich her in eine Ruine trieb. Widerstandslos ließen sie alles geschehen — was blieb ihnen auch übrig. Ich hoffte nur inständig, daß er sie nachher wieder frei ließ, denn viele wurden anschließend getötet, wie ich später als Leichenbestatter feststellen mußte. In Nachbarstraßen sahen wir, daß man Trupps deutscher Gefangener im Laufschritt irgendwohin jagte.

Die Judensterne haben wir, glaube ich, zu diesem Zeitpunkt nicht mehr getragen. Wir begriffen, daß keine Ausnahmen gemacht wurden und es unser Schicksal war, das Los aller zu teilen. Ich wünschte auch keine Sonderstellung mehr zu haben, immer wieder außerhalb zu stehen. Nein, ohne Unterschied waren wir für die Russen verhaßte Deutsche. Sogar ihre als Arbeitssklaven verschleppten russischen

Mädchen trieben sie wie Gefangene vor sich her, als wenn diese armen Geschöpfe freiwillig mit den Deutschen kollaboriert hätten. Niemand konnte das begreifen. Es war überhaupt keine Linie zu erkennen, an die Zukunft schien keiner zu denken. − Unser Trupp bestand aus etwa achtzehn Personen und bewegte sich nur langsam vorwärts. Jeder konnte erkennen, daß die russischen Soldaten, die jetzt durch die Straßen zogen, keine Fronttruppen mehr waren. Die hatten sich schon etwa einen Kilometer zum Stadtkern hin weiterbewegt. Diese Soldaten waren gierig auf Beute aus, nahmen die Uhren und das Handgepäck weg, durchstreiften verlassene Wohnungen und Keller auf der Suche nach Gegenständen, die sie nach Hause schicken konnten. Der gedankenlos überall reichlich zurückgelassene Wein und Schnaps nahm ihnen die letzten Hemmungen, und weit und breit war niemand zu sehen, der diesem Treiben Einhalt geboten hätte. Einige probierten Fahrräder aus, von denen sie aber herunterfielen. Diese Soldaten kamen aus Gegenden, in denen es weder Fahrräder noch Wasserklosetts gab. Als ich nämlich eine der noch funktionierenden Toiletten im ersten Stock unseres Hauses aufsuchte, hatten sie ihr Hauptgeschäft auf den Boden gemacht und das Handtuch benutzt, wofür wir das Papier nehmen. Es stank erbärmlich. Die jahrelangen hohen Verluste der Russen zwangen sie, Menschen aus den abgelegensten Gegenden Rußlands zu mobilisieren, und bei der Einnahme Königsbergs erlebten diese Steppenkinder wohl ihre erste moderne Stadt. Aufgehetzt bis zum äußersten, ausgelassen in ihrer Siegesfreude, erstaunt über eine Zivilisation voller Luxuseinrichtungen, alkoholisiert, gaben sie sich unkontrolliert und völlig enthemmt im Ausleben sämtlicher Triebe, ob Sex-, Macht-, Besitz-, Freß-, Sauf- oder Mordtrieb;

ohne Angst vor Bestrafung oder anderen Folgen. Was für ein Haß! Aber — wer so erbarmungslos angegriffen hat und verteidigt wie die Deutschen, wird auch erbarmungslos bekämpft und besiegt.

Auch unser Trupp wurde sogleich begleitet von Soldaten, die sich unsere Frauen und Gepäckstücke ansahen, aber schließlich nur an zwei gut und stabil aussehenden Koffern interessiert waren. Mit schußbereiter Pistole nahmen sie sich die Koffer, öffneten sie und warfen den meist aus Kleidern und persönlichen Erinnerungsstücken, wie Fotoalben usw., bestehenden Inhalt auf die Straße; dann zogen sie mit den leeren Koffern davon. Was sie brauchten, waren lediglich Behälter, um ihr wertvolleres Beutegut nach Hause schicken zu können. Allmählich wurde man immer apathischer, was den Verlust persönlichen Besitzes anbelangte, und war froh, wenn man wenigstens körperlich unbehelligt blieb. Unsere Frauen hatten sich so alt und unattraktiv wie möglich gemacht und sahen — inklusive Ute — wie alte, bucklige Mütterchen aus.

Endlich kamen wir zur Sammelstelle, an der sich Zivilisten aus allen Gegenden der »Hufen« eingefunden hatten. Hier gab es bereits so etwas wie Disziplin, denn Offiziere verteilten die vielen Personen auf einige Vorgärten, in denen wir uns ziemlich erschöpft niederließen. Wir fühlten uns in der Nähe von höheren Offizieren, denen man sogar gehorchte, viel sicherer, und ich stellte fest, daß bei mir wiederum so etwas wie ein klein wenig Glücksgefühl zurückkam, das sich lediglich aus der Tatsache nährte, nicht mehr ausgestoßen zu sein, keine Angst mehr haben zu müssen, mit jemandem zu reden, Fragen zu stellen. Endlich kein Sonderschicksal mehr. Diesen Zustand genoß ich, obwohl die Gesichter um mich herum schlimme Erlebnisse, Angst und Hilflosigkeit ausdrückten und auch das eben Geschehene und nachts Gehörte mich unentwegt beschäftigte. Unglaubliche Geschichten wurden erzählt, und man zeigte auf vergewaltigte Mädchen im Alter von elf und zwölf Jahren, erzählte von Ermordungen, wenn sich Eltern dazwischenstellten. Backendurchschüsse — quer durch den Mund —, wenn Gegenstände nicht sofort herausgegeben wurden. Nichts schien mehr unmöglich oder unvorstellbar. Das Grausamste konnte jederzeit geschehen, und zwar eher als eine Regel denn als Einzelvorkommnisse. Alles, was man vom Dreißigjährigen Krieg gehört hatte, von Tatarenüberfällen, Räubersagen oder anderen Gruselgeschichten — es war über Nacht Wirklichkeit geworden. Noch viel schlimmer als Phantasie und Erzählung es vorzustellen oder wiederzugeben vermögen.

Ein furchtbares Los erwartete alle diejenigen, die in die Hände der Russen fielen, sei es, daß sie aus irgendeinem Grunde in ihrer Wohnung geblieben waren, sei es, daß sie auf der Flucht von den Sowjets überholt wurden. Viele Männer erschlugen die Russen, vor allem die, die sich schützend vor ihre Frauen und Töchter stellten. Tags und besonders nachts holten sie sich Frauen, auch junge Mädchen, und bis zu 70 Jahre alte Frauen. Einer nach dem anderen vergewaltigte diese armen Wesen. In 54 Gemeinden des Kreises Rössel ermordeten die Russen mindestens 524 Personen. 26 Bauern, in einen Rübenkeller geworfen, sprengte man in die Luft. In Groß-Rosen verbrannten 28 Menschen in einer Scheune, in die sie getrieben wurden. Dasselbe Schicksal erlitten andere in einer Kirche. In Kronau, Kreis Lötzen, ermordeten die Russen 52 Personen, darunter 18 französische Kriegsgefangene; aus einem Treck aus Lyck bei Nikolsberg 97; bei Schlagakrug, Kreis Insterburg, 32 Kinder, die von den Trecks getrennt waren. Ebenso erging es allen Volkssturmmännern, die als solche erkannt wurden.   (Dieckert/Großmann)

Wir verbrachten Stunden auf dem Sammelplatz. Toilettengänge und die Wasserversorgung wurden bereits zum Problem. Für Verpflegung mußte jeder selbst sorgen. Ich glaube, daß ich zu dem Zeitpunkt schon lange nichts Richtiges mehr gegessen und getrunken hatte. Der Durst machte sich besonders quälend bemerkbar. Gegen drei Uhr nachmittags wurden dann größere Gruppen zusammengestellt, die jeweils mit zwei begleitenden Soldaten abmarschierten. Keiner wußte wohin. Unser Trupp bewegte sich in Richtung Charlottenburg, weg vom Stadtgebiet und weiter ins naheliegende Samland. Wir überquerten einen Bach. Gleich fragte ich den ersten besten nach einem Becher oder Topf, lief hinunter zum Bach und füllte alles mit Wasser, das gierig von Mutter, Vater und mir und einigen anderen getrunken wurde. Doch ohne Pause ging es weiter, vom unaufhörlichen »Dawai« unserer Bewacher angetrieben.

Wir kommen an zerschossenem Kriegsgerät vorbei; deutschem und russischem, an gepanzerten Fahrzeugen, Abwehrgeschützen und toten Soldaten. Ganz sicher wurden schon die meisten von ihnen weggeschafft, aber noch nicht alle. In der Luke eines wohl von einer ›Panzerfaust‹ getroffenen russischen Panzers hatten sich, beim Versuch schnell herauszukommen, zwei Russen verklemmt. Ihre Oberkörper hängen nach verschiedenen Seiten zum Panzerloch heraus. Innerhalb des Panzers mußten sie verbrannt sein. Ein alter Volkssturmmann hängt an einem Baum, unweit davon, am nächsten Baum, kauert zusammengesunken ein Erschossener. Nicht nur die Gehöfte deuten auf schwere Kämpfe hin, alles ist von Geschossen zerlöchert, von Granattrichtern übersät, die Bäume zersplittert und geborsten. Wenige Meter weiter sitzen zwei ländliche Frauen – wahrscheinlich Mutter und Tochter – am Wegrand. Mit blutigen

Lippen starren sie bewegungslos vor sich hin. Der Hölle ihres abgelegenen Hauses entflohen, versuchten sie auf freiem Feld mehr Schutz zu finden. An der ständig befahrenen Nachschubstraße würde man vielleicht mehr Erbarmen oder Hemmungen haben, ihnen immer wieder Gewalt anzutun. Sie sind ein so bedauernswerter Anblick, niemand von uns wird ihn je wieder vergessen. Neben diesen Frauengestalten kommen mir die zerrissenen oder aufgedunsenen Körper der Gefallenen wie Erlöste vor.

Wir machen an einem kleinen Hang Pause, bald umschwärmt von weiteren Beutesuchern, die es auf unsere Gepäckstücke abgesehen haben. Unsere Bewacher bemühen sich sogar, sie abzuwehren, können sich aber nicht durchsetzen. Immer mehr Gepäckstücke werden weggenommen. Es ist noch wie ein Wunder, daß wir unsere Geigen bis jetzt behalten haben. Wir verstecken sie aber auch so gut es geht. Mutters Bratsche ist unter ihrem Mantel gar nicht zu sehen. Doch als wir gerade weiterziehen sollen, entdeckt ein Russe Vaters Geige, die er auf den Rücken geschnallt trägt. Er kommt in unseren Trupp hinein und zeigt auffordernd auf die Geige, die ihm Vater verweigert. Darauf zieht er seine Pistole und setzt sie Vater an die Backe, so daß ich, neben Vater stehend, ebenfalls in der Schußlinie bin. Während Vater zu ihm sagt: »Bitte, schieß«, nehme ich meinen Kopf zurück, den er, wenn er schießen würde, treffen muß. Gleichzeitig winke ich ihm zu, es nicht zu tun. Er schießt nicht und läßt verärgert, aber wie mir scheint auch etwas respektvoll, von uns ab.

Obwohl Vater aus großer Verzweiflung handelte und von Natur aus sicher kein Held war, hat mir seine Haltung imponiert. Die Backenzähne ausgeschossen zu bekommen, war eine schlimme Sache. Uns war schon bekannt, daß sie auf diese Weise Widerstände brachen, wenn ihnen nicht nach einem Mord zumute war. Wir konnten wieder einmal von Glück reden. Glück, diesem seltsamen, fast schon penetranten Begleiter so vieler Überlebender.

Stocks waren in unserer Gruppe, und alle bemühten sich bisher erfolgreich, Ute abzuschirmen. Inzwischen war es dunkel geworden, und auf einem Rasenstück unter freiem Himmel verbrachten wir die Nacht. Alles was wir tagsüber sahen, hatte uns so entsetzt, daß niemand mehr ein Wort sprechen konnte oder wollte. Aber was wir nachts hörten, erschütterte mich noch mehr. Was wir gesehen hatten, war bereits geschehen; was wir hörten, geschah im selben Moment. Schreie, Hilferufe, Schüsse, Jammern und wieder Hilferufe wirkten unmittelbar auf die Vorstellung und das Empfinden. Es war nicht mehr auszuhalten. Den Hintergrund zu all dem bildete das neuerlich stärker brennende Königsberg.

Tatsächlich machten die Russen ihre Ankündigung wahr und zündeten alle unverbrannten Häuser an. Wie gut, daß wir herausgeführt wurden, denn was mag mit den in den Häusern Gebliebenen geschehen sein? Diesmal sah ich die Vororte Königsbergs aus größerer Entfernung brennen als damals den Innenstadtbrand nach dem Luftangriff; wieder loderten die Flammen zum Himmel und hatten etwas so gefühllos Unerbittliches wie das ganze Geschehen um uns herum.

Der Marsch am nächsten Tag brachte ähnliche Erlebnisse wie am Vortag, nur diesmal verlor Vater seine Geige nach einer kombinierten Droh- und Handelsangebotsattacke. Man stellte ihn vor die Wahl, erschossen zu werden oder zwei Brote zu bekommen, nach denen wir Hungernden uns sehnten. Längst hatte er erkannt, daß er die Geige früher oder später sowieso verlieren würde. So wählte er die

Brote, worauf man seine Geige nahm und auf Nimmerwiedersehen verschwand. Auf die Brote warteten wir vergeblich. Für meine Geige in dem unansehnlichen Kasten interessierte man sich bisher nicht. Einem Geiger, dem man seine Geige nimmt, nimmt man auch einen Teil seiner Seele. Vater wirkte nun matt und gebrochen. Wir konnten nicht mehr weiter und hatten unser Ziel immer noch nicht erreicht. Auf den Straßen rollte der russische Nachschub, Lastwagen hinter Lastwagen — deutlich als amerikanische zu erkennen —, dazwischen Panzer oder andere Kettenfahrzeuge. Der Verkehr auf den Kreuzungen wurde von fähnchenschwenkenden Russinnen geregelt. Überhaupt tauchten immer mehr uniformierte Frauen auf, je weiter wir uns vom Kampfgeschehen entfernten. Unsere Bewacher waren freundliche Russen, und wir bekamen etwas Kontakt, so daß wir endlich auch die menschlichen Seiten der Eroberer zu spüren bekamen. Es muß aber wohl verboten worden sein, menschliche Gefühle zu zeigen und entsprechend zu handeln. Lew Kopelews Buch »Aufbewahren für alle Zeit« gibt einige Auskunft darüber. Auch wenn er das Ausmaß und die Dauer der Ausschreitungen untertreibt.

Eine Marschpause machten wir an einem verlassenen Gehöft, in dem ich sofort nach Eßbarem suchte. Ich fand ein kleines Säckchen Mohn, welchen wir mit großem Genuß verzehrten und der uns gut bekam. Jemand entdeckte ein Päckchen Haferflocken, andere vergammelte Kartoffeln; endlich war wieder was zu essen da. Im ganzen war dieser zweite Nachmittag ruhiger, und nach einer besseren Nacht, die wir in einem Keller verbrachten, erreichten wir unser Ziel irgendwann am nächsten Vormittag.

Der Ort hieß Quanditten. Dort war ein verlassener, nicht beschädigter Gutshof mit mehreren Gebäuden, einem Park, einem See und angrenzendem Wald. Als wir diesen Ort erreichten, wuschen sich Russen im See, während andere mit der Maschinenpistole dicke Zweige von den herrlichen Bäumen herunterschossen — ihre Form der Brennmaterialbeschaffung. Später wurden Handgranaten in den Teich geworfen, worauf die Fische massenhaft tot an der Oberfläche schwammen; eine mir bis dahin unbekannte Art des Fischfangs. Abgesehen von solchem Vandalismus wirkten diese Russen ungefährlicher als jene in und um Königsberg. Sie schienen sich auch wenig um uns zu kümmern. Wir waren offensichtlich in einer Kommandantur mit höheren Offizieren, deren Autorität auch bei den Soldaten zu spüren war. Man wies uns einen größeren Raum zu, in dem es Decken gab. Zusätzlich peinigte uns ja auch noch immer die Kälte. Und endlich gab es Ruhe, die wir zum Schlafen nutzten. Wenn man die Frauen wegholte, war es für Küchenarbeiten, und bald bekamen wir eine Kartoffelsuppe. — Endlich ein bißchen Frieden, dachte ich.

Es gab einen Oberleutnant, der fließend deutsch sprach. Ein Deutsch, das sich unverkennbar aus dem Jiddischen ableitete. Unsere Hoffnung, endlich bei einem deutsch sprechenden jüdischen Offizier Verständnis zu finden, erfüllte sich aber überhaupt nicht. Er fungierte als Dolmetscher und hatte selber wenig zu bestimmen. Als wir ihm von unserem Judesein erzählten, war er eher peinlich berührt. Es wurde uns klar, daß er sich seines eigenen Judentums schämte und es zu vertuschen suchte. Unsere Vorlage der jüdischen Kennkarten quittierte er mit zwei Sätzen: »Wir wissen, daß alle Juden von Hitler umgebracht wurden. Wenn Sie trotzdem am Leben sind, müssen Sie für die Nazis gearbeitet haben.« So einfach war das also, und wir mußten diese Behauptung auch noch widerlegen, sonst wären wir besonders verdächtig gewesen. Wir baten Stocks, für uns auszusagen, denn nach und nach holten sie jeden zum Verhör. Sie schienen Personalakten anzulegen und versuchten, militärische Geheimnisse zu erfahren, wie Waffenverstecke oder Auskünfte über mögliche ›Werwolf‹—Aktivitäten. Das war eine von der Partei initiierte Organisation — meistens Hitlerjungen —, die in den von den Russen besetzten Gebieten Sabotageakte ausführen sollten. Davor schienen sie Angst zu haben, und vielleicht verteilten sie deshalb die Zivilbevölkerung zuerst einmal in alle Richtungen.

Am Abend hörten wir die Russen ihre heimatlichen Lieder singen, das war unglaublich schön. Chor- und Sologesang wechselten ab, und ich konnte überhaupt nicht begreifen, wie Menschen, die so schön singen, auch so brutal und herzlos sein können.

Es war Nacht, als der Oberleutnant zu mir kam und verlangte, ich sollte auf der Geige spielen. Erst dachte ich, es sei reine Musikliebe und der Wunsch nach Unterhaltung. Das war es wohl auch, aber hauptsächlich schien er sich für die Geige und ihren Klang zu interessieren, denn er fragte, wie alt sie sei und wer sie gebaut habe. Uns schwante nichts Gutes. Mutter konnte einige Salonstücke von Kreisler und Wieniawski mit Charme vortragen, was sogleich viele Zuhörer anlockte. Mit ihrem Spiel weckte sie spürbar Wohlwollen und belebte einige bisher nur versteinert dreinblickende Soldatengesichter.

Nach zwei Tagen, in denen wir noch mehrmals verhört wurden, stellten sie einen Trupp aus Männern zusammen, zu dem auch Stock und ich gehörten. Man verkündete uns, daß wir zum Arbeitseinsatz müßten: das bedeutete Trennung von der Familie. Herr Stock sorgte sich nun noch mehr um Frau und Tochter, aber mein Herz hing ja auch an Ute und keiner ahnte, was für Angst ich gerade um sie hatte. Etwas Trost gab die – vergebliche – Hoffnung, daß es sich um ein zeitlich begrenztes Unternehmen handeln würde. Unser Gepäck mußten wir zurücklassen, und nun nahm sich auch der Oberleutnant meine Geige. Ich war unsagbar wütend auf ihn. Vater und Mutter schüttelten verbittert die Köpfe.

Mit schweren Herzen marschierten wir los. Ein Soldat begleitete uns; wieder wußte keiner, wohin es ging, doch merkten wir bald, daß das rauchende Königsberg unser Ziel sein müßte. Wir kreuzten Hauptstraßen, auf denen sich immer noch Lastwagen, Panzer, Stalinorgeln und ab und zu Marschkolonnen in solcher Vielzahl bewegten, wie wir es nicht für möglich gehalten hatten. Ganz Rußland muß unterwegs gewesen sein, wenn überall an den tausend Kilometer langen Frontlinien so viele Fahrzeuge und Soldaten waren. Jetzt wurde der Verkehr an jeder einzelnen Kreuzung von Hand geregelt, und überall waren Richtungsschilder und Ortsnamen in kyrillischer Schrift angebracht worden. Ostpreußen war bereits Rußland geworden.

Unser Trupp vergrößerte sich. Es stießen andere Gruppen zu uns, in denen es auch Frauen gab, sogar jüngere. Schon wie selbstverständlich wurden sie aus dem Nachtquartier mit Taschenlampen und Pistolengefuchtel herausgeholt, was sie sich, Leid gewöhnt, widerspruchslos gefallen ließen. Wir schliefen trotzdem ein und fanden sie am anderen Morgen wieder auf ihren Plätzen. Die Gedanken an Ute bedrückten mich unablässig.

Dann näherten wir uns Königsberg und durchquerten erneut Schlachtfelder. In zerschossenen Fahrzeugen lagen noch eingeklemmte und aufgedunsene Soldatenleichen. Wieder oder immer noch saßen Frauen am Straßenrand. Eine ältere verletzte Frau reckte die Hände nach uns, und ein in ihrer Nähe stehender Russe deutete auf mich mit einer auffordernden Geste, diese Frau mitzunehmen. Ich fühlte mich viel zu schwach und konnte den Marsch selber kaum bewältigen, aber sofort mußte ich an Tante Fanny denken.

›Friedhof‹ Königsberg

Endlich kamen wir nach Königsberg. Die meisten Häuser, die durch die Kämpfe zwar demoliert waren, sie aber doch noch halbwegs gut überstanden hatten, waren nachträglich noch in Brand gesetzt worden. Auch unsere in der Steinmetzstraße zurückgelassenen Quartiere. Alles war bis in den Keller hinein abgebrannt. Einen trostloseren Anblick als dieses Königsberg kann man sich nicht vorstellen. Ruinen, nichts als Ruinen. Nur ganz selten hier und dort ein halbverbranntes und – erstaunlicherweise – innen sogar fast unversehrt gebliebenes Haus.

In den Vorstädten gab es kleine ›Kommandanturen‹. Wieder wurden wir umständlich registriert. Unser Essen mußten wir uns in den Kellern zusammensuchen: Dr. Oetkers Puddingpulver, Vanillezucker, eine Gemüsebüchse oder, wenn man großes Glück hatte, Fleisch- und Wurstkonserven. Gegessen wurde alles, was man fand. – Schon bald erkannten wir, was unsere Aufgabe sein würde. Die Stadt war noch übersät mit unbeerdigten Toten. Soldaten hatte man begraben, aber für die toten Zivilisten fühlten sich die Truppen nicht zuständig. So war es jetzt unsere Aufgabe, Häuser und Keller, Höfe und Gärten nach Leichen abzusuchen, um sie zu ›beseitigen‹. Beerdigen konnte man dazu wirklich nicht sagen. Ich muß mich überwinden, unsere Aktionen zu schildern: Die erste Beseitigung war eine im Untergeschoß eines halbverbrannten Hauses liegende, zum Teil nackte, junge Frau mit getrockneten Blutströmen an Scheide und Mund. Sie hatte ein feines, zartes Gesicht. Sie trugen wir noch mit Handschuhen — die man uns gab — an Armen und Beinen auf die Straße; in den nächsten Bombentrichter mußten wir sie hineinwerfen. Andere brachten einen erschossenen Mann. Den warfen sie auf die Frau. Die Leichen waren ungefähr eine Woche alt, begannen bereits zu verwesen. Den Russen arbeiteten wir viel zu langsam und umständlich. Sie entwarfen eine neue Methode: Wir bekamen Stricke, die an einem Ende eine Schlinge hatten. Diese Schlinge wurde um Füße oder Hände gelegt, und nun konnte eine Leiche sogar von nur einer Person in das nächste Bombenloch geschleift werden, das ging viel schneller. Fast an alle diese armen ermordeten Frauen und Männer kann ich mich noch erinnern; ich sehe nicht nur ihre Gesichter, sondern auch ihre verschiedenen Lagen und manchmal auch die Gegenstände, die sie umgaben. Kinder, genauso wie Alte; die meisten erschossen, einige erstochen oder stranguliert. Eine Anzahl Selbstmörder gab es auch. Sie hatten Gift genommen oder sich im Treppenhaus erhängt. In einem Fall war es eine ganze Familie, die sich umgebracht hatte. Auf den Hufen gab es eine Straße mit einem besonders großen Bombentrichter — den Namen der Straße habe ich vergessen. In diesen Trichter schleifte ich Menschen, die von der Hitze des über ihnen abbrennenden Hauses zusammengeschrumpft waren. Absichtlich hatte man sie in ihre Keller eingesperrt und die Riegel der eisernen Kellertür von außen mit Balken zugeblockt. Unglücklicherweise gab es doch Keller ohne den rettenden Mauerdurchbruch. Diese Menschen waren leicht zu ›transportieren‹, aber noch schrecklicher anzusehen. In denselben Trichter zerrten andere die Überreste eines seit langem verendeten Pferdes, bevor alles zugeschippt wurde. Das Zuschippen besorgten die Russen mit einer Art Schneepflug, ein für diesen Zweck zurechtgemachtes Kettenfahrzeug, und Zivilisten mit Schaufeln. Diese Begräbnisstätte mit Mensch und Pferd verursacht mir einen besonders schlimmen Schauer. Sie war ja inmitten einer Straße und mußte ständig aufgefüllt werden, weil ihr Untergrund immer wieder zusammensackte.

Hunger und psychischer Streß verkorksten meinen Magen. Einmal wollte uns ein weichherziger, mitfühlender Russe etwas Gutes tun und gab jedem von uns eine Scheibe Käse, auf die er Honig schmierte. Das war eine so große Seltenheit, daß ich mir überhaupt nicht denken konnte, wo er sie her hatte. Es war ein köstlicher Genuß, von dem ich aber leider Erbrechen bekam und der mich noch kränker machte, als ich schon war.

Die Verständigung war schwierig. Wir bemühten uns, schnell Russisch zu lernen, und manche zeigten dabei erstaunliche Begabung. Es kam jetzt öfter vor, daß man ›Wortsalat‹-Gespräche miteinander führte. Zeigte man ihnen vorwurfsvoll grauenhaft Ermordete, zuckten sie mit den Schultern und sprachen erregt von Mutter, Vater, Schwester oder Bruder, die auch umgekommen wären, und erzählten wohl, für uns zwar unverständlich, von ihrer zerstörten Heimat mit allem Schrecklichen, was dort geschehen war. Wer, wie General Lasch in seinem Buch, noch 1960 von ›bolschewistischem Gesindel‹ spricht, hatte sicher unter Hitler eine noch verächtlichere Einstellung. Grausamer Mord an Kommunisten, Kommissaren, Juden, Partisanen und das Verhungernlassen russischer Kriegsgefangener sowie die Vernichtung von Städten und Dörfern – allein in Leningrad sind während der Belagerung nahezu eine Million Menschen ums Leben gekommen – wurden vorher von Deutschen begangen. Die Russen konnten unmöglich Handlungen der SS oder Gestapo von denen anderer Organisationen (etwa der Wehrmacht) ein und derselben Besatzungsmacht unterscheiden. Warum sollten sie auch? Schließlich waren sie alle an dem Überfall beteiligt. Für die Russen gab es nur einen Feind, die deutschen Invasoren, und die standen unter einem Oberbefehlshaber, Hitler. Den unterschiedlichen Bildungsstand der in Rußland einfallenden Deutschen im Verhältnis zu den dann Ostpreußen erobernden Russen will ich dabei gar nicht eigens hervorheben. Der Gebildete sollte sich aber seiner Taten bewußter sein als der Ungebildete. In der Rückschau darf man Ursache und Wirkung nicht ständig verwechseln. Ich bedaure sehr, daß durch die unglaublichen Greueltaten − sprich Rachehandlungen − der Russen viele Deutsche es nicht mehr für nötig hielten, über die eigene Schuld nachzudenken oder zumindest Bedauern über das anderen zugefügte Unrecht zu empfinden. Ich denke dabei nicht nur an die vielen Kriegserinnerungen. Die ›Unfähigkeit zu trauern‹ ist die schlimme Folge der fehlenden ehrlichen Auseinandersetzungen mit der Schuldfrage.

Gewiß, von kollektiver Schuld zu reden, verbietet der Respekt vor denen, die sich tatsächlich dagegen stemmten und ihrer Überzeugung wegen verfolgt oder eingesperrt wurden. Auch sie waren Deutsche. So gab es zwar keine Kollektivschuld, aber unverzeihlich viel Schuldige im Kollektiv. Und solch unglaubliches Ausmaß an Menschenverführung, inhumanem Verhalten und Charakterschwäche kann nicht abschreckend genug ins Bewußtsein bringen, wie gefährdet Menschen immer sind. Bedauerlicherweise wurde jedoch die Ablehnung des Kollektivschuldgedankens durch Theodor Heuss − der statt dessen von einer Kollektivscham sprach − gerade von denjenigen als persönlicher Freispruch aufgefaßt, die allen Grund gehabt hätten, sich mit ihrer persönlichen Schuld auseinanderzusetzen. Scham kann man auch über das empfinden, was andere getan haben und was andere verantworten müssen. Dieselbe Notwendigkeit, sich mit etwas auseinanderzusetzen, wie sie das anklagende Wort Schuld verlangt, ist bei einem Schamgefühl nicht gegeben. So schämte man sich zwar – oftmals nur darüber, den Krieg verloren zu haben –, schob die ganze Verantwortung auf wenige Hauptakteure und wartete im übrigen so lange, bis man das Schamgefühl durch neuen Stolz ersetzen konnte. Fußballweltmeisterschaften, Wirtschaftserfolge und besonders die Rivalität der sich immer mehr verfeindenden Siegermächte machten es dann sehr leicht, Schamgefühle schnell zu überwinden, ohne über die Schuldfrage auch nur einmal eingehender nachgedacht zu haben.

Unsere jüngste Geschichte bietet die große Chance, besonders viel über menschliche Verhaltensweisen zu lernen – vorausgesetzt, wir verdrängen keine unangenehmen Fakten. Neben allem anderen wäre es wichtig, daß schon der junge Mensch über jenen fatalen Wandel der Geängstigten gegenüber den Mächtigen und der Mächtigen gegenüber den Ohnmächtigen Bescheid wüßte – über die daraus resultierenden triebhaften Reaktionen und verhängnisvollen Entwicklungen. Solschenizyn nennt dieses Phänomen die tödlichste und gefährlichste Krankheit der Menschen. Ich möchte es lieber die gefährlichste Unwissenheit nennen, dann kann ich nämlich meine zaghafte Hoffnung – daß das Wissen diese Krankheit zu überwinden vermag – auch weiterhin behalten. Aber: Wissen und Verdrängen schließen sich gegenseitig aus. Wer verdrängt, will nicht wissen, und wer nicht weiß, läuft Gefahr, folgenschwere Fehler zu wiederholen.

KZ Rothenstein

In den Trümmern Essensreste zu entdecken, die be-
fohlene Arbeit zu verrichten, nicht ständig frieren zu
müssen, Wasser zu finden, sich vor Willkür zu schützen, forderte alle Kraft, Intelligenz und Konzentration. Der Phantasie und dem Erfindungsgeist waren
keine Grenzen gesetzt. Man mußte erst einmal darauf kommen, daß selbst in einer völlig herunterge-
brannten Ruine, ohne die Stockwerke verbindenden
Treppenflure, in den Speisekammerecken der Kü-
chen verkohlte Konservenbüchsen liegen können,
die unter einer Rußkruste noch genießbaren Inhalt
haben. Mit Hilfe einer Leiter, bei Einsturzgefahr der
Ruine, konnte man sich das erklettern. Von halbver-
westen Pferden Fleisch abzuschneiden, zu braten und
zu essen, brachte ich nicht fertig. Denen, die es taten,
ist es aber gut bekommen. Dennoch gab es sofort
Krankheiten, und vor der schlimmen Typhusepidemie breitete sich erst einmal die Ruhr aus. Aber auch
ohne die Ruhr zu haben, litten fast alle an Durchfall;
die pausenlose, krampfartige ›Scheißerei‹ nahm vielen die letzte Kraft. Erschöpft lag ich mit mindestens
zwanzig anderen auf dem Boden eines überdachten
Raumes. Es war bitterkalt, obwohl die Fenster mit
Pappe, Blech und Ölbildern verhältnismäßig gut ab-
gedichtet waren. Jede Nacht wurde unser Schlaf
mehrmals von laut hereinstürmenden Russen unterbrochen, die jedem mit der Taschenlampe ins Gesicht leuchteten. Natürlich immer auf der Suche nach
Frauen und Mädchen, die ihnen unentwegt zu Willen
sein mußten. Bedauernswerte Frauen.

In dieser Nacht bekam ich auf einmal einen Fußtritt, nachdem man mir wie üblich zuerst ins Gesicht
geleuchtet hatte. Ein russischer Soldat forderte mich
böse auf, ihm sofort zu folgen. Ich packte meine
Kleidungsstücke und meinen so wichtigen, irgendwo gefundenen Wollmantel, auf dem ich immer lag,
und folgte ihm. Wir gingen hinaus zu einem warten-
den Trupp männlicher Zivilisten, mit denen ich nun
unter strenger Bewachung losmarschieren mußte.
Von diesen bereits registrierten Deutschen war einer
entflohen, und um die Kopfzahl der Personen, die
die Bewacher abzuliefern hatten, vollzählig zu machen, ergriff man mich. Die Anzahl stimmte nun,
nicht aber die Namen. Daraus sollten sich verhäng-
nisvolle Schwierigkeiten ergeben. Den Rest der
Nacht verbrachten wir in einer russischen Kommandantur. Flucht unmöglich. Auf einem Tisch versuchte ich zu schlafen. Am nächsten Morgen ging es
weiter durch Maraunenhof, an den Oberteichen vorbei, zu den ehemaligen Kasernen Rothenstein, die in
ein Konzentrationslager umgewandelt worden waren. Hoher Zaun, Wachttürme und Stacheldraht —
die ewigen Merkmale menschenunwürdiger Existenz — umgaben uns nun. Hier sammelte man alle
verdächtigen Zivilisten und wollte wohl die unterge-
tauchten Parteibonzen herausfiltern. Alle Ausweise
und Nachweise meines Status eines verfolgten Juden
hatte man mir inzwischen weggenommen, und
längst hatte ich mir abgewöhnt, davon zu erzählen.
Kein Russe wußte Bescheid, oder war gewillt, für
irgendetwas Kredit zu geben. Es war schon schwer,
sie zu überzeugen, daß ich kein Nazi war. Dabei war
ich noch so jung. Es war noch schwerer zu beweisen,
daß ich kein Soldat war und auch nicht dem ›Werwolf‹ angehörte; an anderem waren sie nicht interessiert. Von Juden oder Judenschicksal wollten sie

nichts hören. Ich hatte das mittlerweile begriffen. Der Preis, dem deutschen Volk gleichberechtigt zuzugehören, war inzwischen sehr hoch. Ich hatte ihn zu bezahlen. Es gab keine andere Wahl.

Auf dem Kasernenhof mußten wir antreten. Ein Offizier gab Instruktionen. Jeder Satz endete »... nicht befolgt, wird erschossen.« Alles war verboten. Stumm standen wir in Reih und Glied, als ein inzwischen wahnsinnig gewordener Jugendlicher nach vorne lief und, irres Zeug redend, herumhampelte. Er ging auf den Offizier los, der sofort seine Pistole zog. Mit einem Entsetzensschrei floh der arme Junge und rettete sein Leben. Unsere Gruppe kam dann in einen ebenerdigen Raum, eine Art Schuppen, an dessen Seiten Regentonnen mit aufgefangenem Wasser standen. Wir stürzten uns auf sie und tranken davon wie Verdurstende. Einmal gab es sogar Essen. Die Suppe wurde aber nur an die ausgeteilt, die irgendein Gefäß bei sich hatten. Nur jemand mit Kochgeschirr oder Topf konnte dann auch eine Suppenzuteilung für andere mitnehmen. Ich hatte kein Gefäß und niemanden, der meinen Teil hätte dazunehmen können. So ging ich bei der ersten Essensausgabe leer aus. Einige Zeit darauf wurde unsere Gruppe aufgerufen und in den ›Keller‹ geführt. Daß der ›Keller‹ die schlimmste Kategorie der Gefangenschaft war, wußten wir noch nicht. Alles war so überfüllt, daß wir in dem engen Kellergang herumstanden und kein Raum mehr gefunden wurde, in dem man noch zusätzlich hätte Menschen unterbringen können. Wir wurden jetzt aufgeteilt. Mich und zwei andere Männer stieß man in einen stockfinsteren Verschlag direkt unter der niedrigen Treppe, die, im spitzen Winkel aufsteigend, keine Möglichkeit bot, aufrecht zu stehen. Es war ein ehemaliger Schweinestall — wahrscheinlich ein »Schweineversteck« —, in dem sich deutsche Soldaten, vielleicht heimlich, Schweine gehalten hatten. Auf dem mit Schweinekot bedeckten Boden lagen ein paar Rundhölzer. Keine Bretter. Ohne das geringste sehen zu können, arrangierten wir in gebückter Haltung die Hölzer so, daß wir die Illusion hatten, uns nicht direkt in den stinkenden Dreck legen zu müssen. Erst setzten wir uns auf die unbequemen Hölzer, aber dann legten wir uns bald erschöpft hin. Weil uns alles egal wurde, konnten wir innerlich entspannen. Der meiste Kot war schon etwas getrocknet, doch es schmierte noch genügend, und wo man hinfaßte, hatte man die Finger voll, von der Kleidung ganz abgesehen. In diesem dunklen Keller fing ich zu träumen an. Keine Schlaf-, sondern Wachträume. Ich dachte an die Eltern und hoffte, daß sie noch in dem hiermit vergleichsweise paradiesischen Gut außerhalb Königsbergs wären. Ich dachte an das Musizieren mit Ute und wünschte mich zurück in irgendeine Wohnung oder in ein Bett aus dem früheren Leben. Ich stellte mir die Sonne und frische Luft vor, irgendwo am Meer. Ich begann diese Vorstellung zu genießen, als wäre sie reine Wirklichkeit. Meine ›Stallgefährten‹ waren freundliche ältere Männer, die mich – als den Jüngsten – bedauerten und zu trösten versuchten. Sie waren wertvolle Kameraden für eine kurze Zeit.

Gegen Mittag des nächsten Tages holt man uns aus dem Dreckloch heraus, in dem wir auch noch in einer Ecke unsere Notdurft verrichtet hatten. Wiederum ist Essensausgabe, diesmal am Ende des Kellerganges. Wassersuppe und Trockenbrot, das zum Teil grün verschimmelt ist. Auf die Suppe müssen wir wieder verzichten, keiner von uns hat irgendein Gefäß bei sich. Ich denke jetzt konzentriert nach, wie ich zu einem Gefäß kommen könnte. Es ist klar, daß man andernfalls verhungert. Die Konzentration — würden es andere Gebet nennen? — hilft. Als wir an diesem Tag zur Verrichtung unserer körperlichen Bedürfnisse an den Kasernenzaun geführt werden, blenden mich zuerst, wie jedesmal, wenn man aus der schwarzen Dunkelheit kommt, die Kellerlampen. Ich muß immer erst die Augen schließen und mich langsam an das Licht gewöhnen. Da durchfährt mich die Erkenntnis, daß die Lampen eine Schutzglocke gegen Feuchtigkeit haben. Auf dem Rückweg passe ich den Moment ab, an dem der Posten nicht hinschaut, und schnell drehe ich die mit einem Schraubgewinde befestigte Glocke ab und verstecke sie. Jetzt haben wir ein Gefäß, das hoffentlich von den Russen akzeptiert und nicht als Diebstahl oder Sachbeschädigung geahndet wird. Beim nächsten Essensempfang erkennen sie sehr wohl die Herkunft des Eßgeschirrs, aber an einem Lächeln sehe ich, daß sie es akzeptieren, und meine Pfiffigkeit wird mit einem mehrfach im Kessel herumsuchenden Kellenschlag belohnt. In der sonst nur aus wäßriger Brühe bestehenden Suppe habe ich einige Kartoffeln und sogar Fleischstücke dabei. Ich schätze, daß mein Gefäß etwa einen Liter faßt. Wir teilen und genießen das Essen. Natürlich demontieren andere sofort die übrigen Schutzglocken und profitieren von meiner Idee. Das bißchen Suppe stärkt mich aber so sehr, daß ich bei der nächsten Gelegenheit laut zu klagen beginne und die Russen beschimpfe. Der Zustand, in dem wir uns befinden, ist mit Folter zu vergleichen und absolut unerträglich. Doch siehe, es geschieht etwas. Als wieder ein neuer Trupp in den Keller kommt, holt man uns heraus und steckt uns zu den anderen. Der Keller ist lang und verzweigt. An irgendeiner Kellertür bleibt der Posten stehen, und mindestens achtzig Personen werden in einen leeren Kellerraum geführt, in dem wir aufrecht stehend gerade soviel Platz haben, daß die nach innen sich öffnende Kellertür wieder geschlossen werden kann. Da stehen wir nun in einem Keller, der nur zwei, auch noch mit Splitterschutz versehene Fenster hat. Das bedeutet: Die unter der Kellerdecke befindlichen Fenster sind zugemauert und haben nur zwei Luftschlitze, die für die Belüftung eines mit soviel Personen vollgepferchten Raumes nicht entfernt ausreichen. Eine Weile stehen wir hilflos herum, dann beginnen sich einige auf den Boden zu setzen, was wiederum anderen den Platz nimmt. Allmählich geht ein Gerangel los, Schimpfen und Fluchen. Jeder kämpft, stößt und schubst um einen Fleck Boden. Aber ohne daß man aufeinander liegt, ist das nicht zu erreichen. Wir würden uns auch schlagen, wenn nicht Erschöpfung und lähmende Resignation die Oberhand gewonnen hätten. Wie in Waggons eingepferchtes Schlachtvieh kommen wir uns vor, aufgefordert zum Sterben. Verglichen damit ist unsere Schweinebucht zwar dreckig, aber wie eine Zwischendeckkabine. Wer jetzt einschläft, erlebt bald ein böses Erwachen. Arme, Beine, Köpfe und sogar Körper liegen auf einem, und es ist gar nicht leicht, sich von den Lasten wieder zu befreien. Wer schläft, gerät in die Unterlage, wer wach ist, strampelt sich nach oben. Der Sauerstoffmangel wird immer unerträglicher. Jemand hat noch Streichhölzer, und da auch dieser Keller völlig dunkel ist, zündet er eines davon an. Außer dem Schwefelkopf brennt kein Streichholz, so schlimm ist bereits der Sauerstoffmangel. Und dann der Blech-Hobbock, dieser gelbe Marmeladeneimer, der als Klosett dient. Man kommt nicht hin zu ihm und wenn, dann sitzt irgendein ruhrkranker Dauerscheißer − wie sie genannt werden − darauf. Das Fassungsvermögen reicht nicht aus, und am ersten

Tag läuft er über. Neben mir hustet ein Mann, der sich immer sehr bemüht, von mir weg zu husten. Er ist ziemlich am Ende, aber sorgt sich rührend um mich und erträgt es, daß ich die meiste Zeit auf ihm liege. »Jungche, halt dich wech von mir!« sagt er nur ab und zu in breitem Ostpreußisch.

Nur ein einziges Mal am Tag, ab und zu zweimal, können wir den Keller verlassen. Dann werden wir unter Bewachung an ein Buschgelände in der Nähe des Stacheldrahtzaunes geführt. Dort sollen wir in flache Mulden ›machen‹, was erst gelernt sein will. Man muß ganz nahe an den Muldenrand treten ohne hineinzufallen. Außerdem ist uns durch den ungewohnten Sauerstoff schwindlig, und wir haben kein Papier, keinen Halt, keine Kleiderhaken.

Auf dem Rückweg sehen wir einen Haufen aufgeschichteter Leichen. Sie liegen an der Kasernenwand. Am nächsten Tag sind sie weg, und am übernächsten Tag ist ein noch größerer Haufen da. Man stirbt, und die Russen haben nichts dagegen. Im Gegenteil. – Irgendwann am Vormittag gibt es Wasser zu trinken. Es ist unabgekochtes Wasser aus dem Oberteich, das sie aus einer Wanne austeilen. Das Wasser ist so trübe, daß man den Grund der Wanne kaum sehen kann. Ich werde das Wasser nicht trinken, durchfeuchte aber mein ausgezogenes Unterhemd und lege es mir auf das Gesicht. Es wirkt wie ein erfrischender Luftfilter. Ich bemerke auch, daß ganz dicht am Boden die Luft etwas besser ist. Unter der Tür kommt ein frischer Luftzug herein. Nachmittags Suppenempfang. Ich nehme für meine beiden nächsten Nachbarn ohne Gefäße die Suppe mit. Der nette, hustende Mann, auf dem ich meistens liege, verweigert mein Angebot, die Suppe mit ihm zu teilen. Er verrät mir, daß er Tuberkulose hat und sich große Sorgen um mich macht. Ich schütte ihm Suppe in die gewölbte Hand, so kann er sie schlürfen. Alle Augenblicke kommt ein Russe an die Kellertür und brüllt irgendwelche Namen, die er weder richtig lesen noch aussprechen kann. Gans Gohngheim für Hans Hohnheim usw. Ab und zu ist einer der Aufgerufenen bei uns dabei. In der Hoffnung, aus dieser Hölle erlöst zu werden, folgt er freudig. Nach Stunden kehrt er blutig geschlagen wieder zurück, nicht mehr in der Lage zu sprechen; ein Kiefer scheint gebrochen, ein Auge ist zugeschwollen. Der nächste, der aufgerufen wird, geht schweren Herzens mit und erscheint gar nicht mehr wieder. Ein anderer kommt unversehrt zurück. Wie die Mächtigen es wollen. Nachts ist es besonders fürchterlich. Ständig werden Leute zum Verhör geholt. Weil viele schlafen, schreien sie und blenden mit starken Scheinwerfern in die Keller. Sie wollen sicher sein, daß keiner schläft und sie nicht hört. Und weil auch das nichts hilft, müssen jedesmal alle vom Boden aufstehen, wenn Namen verlesen werden. Die Aufrufe an den anderen Kellertüren hören wir auch. Eine zusätzliche Tortur, wenn sich das zehn- bis zwanzigmal wiederholt. Natürlich kann mein Name gar nicht verlesen werden, denn ich stehe ja auf keiner Liste. So stelle ich mir vor, daß ich in diesem Höllenloch für immer bleiben werde.

Wir haben die ersten Toten in unserem Keller, die wir beim morgendlichen Ausgang auf den Leichenhaufen schleppen. Manche sind kurz vor dem Sterben. Einige resignieren und holen sich auch kein Essen mehr. Sofort nehmen andere ihre Gefäße. Mein Mut sinkt von Tag zu Tag.

Einmal fragt ein Russe, ob jemand Kunstmaler sei. Sofort melde ich mich und werde zu einem Offizier geführt. Er lächelt skeptisch und gibt mir Buntstifte und Papier. Ich zeichne sein Profil so gut ich kann.

Es ist sogar etwas ähnlich, aber ihn überzeugt es nicht. Bevor ich wieder in den Keller zurückgeschickt werde, gibt er mir noch ein Stück Brot. Wenigstens etwas. Doch meine Stimmung verschlechtert sich weiter, und der warmherzige Tuberkulosefreund redet mir gut zu. Dabei geht es mit ihm deutlich schlimm bergab. Er ist schwach und ringt schwer nach Luft. Überhaupt ist dieser Luftmangel entsetzlich, und dabei sind wir beide schon näher an die Tür herangerückt, durch die ein wenig Frischluft dringt und in deren Nähe ich meine Nase dicht am Boden halte. Jeden Morgen ist mindestens einer gestorben, und alle freuen sich über den zusätzlichen Platz. Tatsächlich wird es nach und nach etwas geräumiger, aber aufeinander liegen wir immer noch.

Wieviele Tage ich nun schon in diesem Keller bin, weiß ich gar nicht zu sagen. Es kommt mir wie eine Ewigkeit vor, und mein Name wird nie aufgerufen. Je hoffnungsloser ich mich fühle, desto intensiver beschäftigen sich meine Träume mit den Kindheitsaufenthalten auf der Kurischen Nehrung. Ich sehne mich nach der herrlichen Luft und den geräucherten Fischen. Sogar ein Gelübde lege ich ab; wenn ich jemals lebendig aus diesem Keller herauskomme, will ich mein Leben lang glücklich, dankbar und zufrieden sein, ganz besonders dann, wenn es mir vergönnt wäre, als Fischereigehilfe auf der seeluftigen Nehrung meinen Unterhalt zu verdienen. Das Fischerleben auf der Nehrung stelle ich mir als höchstes Glück vor.

Mein späteres Leben war dann genauso von wachsenden Ansprüchen motiviert wie das Leben anderer. Was hätte ich wohl in diesem Augenblick dafür gegeben, fünfundzwanzig Jahre vorausschauen zu können, als uns russische Konzertbesucher begeistert

Beifall klatschten, als wir in Moskau und Leningrad Bach, Haydn und Mozart spielten, als Kultusministerin Frau Furzewa und der deutsche Botschafter, Sahm, glanzvolle Empfänge zu Ehren des Stuttgarter Kammerorchesters gaben. Leberpasteten, gebackene Fleischkuchen, Kaviar, Sekt und andere Köstlichkeiten wurden in solchen Mengen angeboten, daß mehr als die Hälfte übrig blieb. — Hier der KZ-Insasse, dort ein gefeierter Musiker. Kann es überhaupt größere Gegensätze geben?

Doch was das Gelübde anbelangt, habe ich es zu zwei Dritteln gehalten. Ich bin später glücklich und dankbar gewesen, nur keineswegs immer zufrieden.

An einem Morgen, als wir wieder auf unsere Buschtoilette geführt werden, muß ich für einige Zeit ›weggeträumt‹ sein. Ich verrichtete mein Geschäft auch etwas abseits und verdeckt. Als ich meine Sinne wieder beieinander habe, sehe ich, wie mein Trupp gerade in dem Eingang zu unserem Keller verschwindet; die Bewacher mit ihren aufgepflanzten Bajonetten hinterher. So schnell ich kann, eile ich ihnen nach. Wie mich einer der beiden Russen als Nachzügler kommen sieht, muß er wohl geglaubt haben, daß ich einen Fluchtversuch unternehmen wollte, und erst nachdem ich die Aussichtslosigkeit erkannt hatte, wieder zurückgekommen sei. Anders kann ich mir seine plötzliche irrsinnige Wut nicht erklären, denn er nimmt sein Gewehr mit dem Bajonett und holt aus, um mich zu erstechen. Ob durch meine abwehrende Geste oder meinen Schutzengel abgehalten — ich weiß es nicht —, dreht er sein Gewehr um, und während ich diese Pause benutze, um schnell an die Kellertür zu gelangen, stößt er mir den Gewehrkolben mit solcher Wucht in den Rücken, daß er mich innerlich verletzt. Ich spüre es deutlich, wie ich, von dem Schlag getroffen, in den Keller fliege. Irgendetwas reißt und zerbricht — auch mein Lebenswille. Zu allem Unglück entdecke ich noch, daß mein Wollmantel gestohlen worden ist. An seiner Stelle liegt ein schwerer Uniformmantel, wie ihn auf Wache stehende deutsche Soldaten trugen. Viel zu schwer für mich, der ich völlig abgemagert bin. Jemand hat unser ›Heraustreten‹ dazu benutzt, um seinen fürchterlichen Mantel gegen meinen ›umzutauschen‹.

Nun gebe ich mich auf und bleibe liegen, als wir zum täglichen einmaligen Essenempfang gerufen werden. Alle, die gestorben sind, haben vorher ihr Essen auch nicht mehr geholt. Ich sehne mich danach zu sterben, und der Gedanke daran macht mich ruhig und zufrieden. Aber mein Tuberkulosefreund, der noch lebt, redet unablässig auf mich ein. Er röchelt immerzu, beschwört mich aber ständig, nicht aufzugeben. Also gehe ich am nächsten Tag doch wieder zum Essenempfang, und ausgerechnet an diesem Tag gibt es zum erstenmal einen Teelöffel Zucker zusätzlich. Diesen Zucker lecke ich langsam und mit noch nie erlebtem Genuß. Er wirkt wie eine Medizin, eine Wunderdroge. Kaum habe ich ihn aufgelutscht, verändert er meine Gedanken. Anstatt wie vorher alles nur noch schwarz zu sehen, bekomme ich plötzlich Mut, neue Hoffnung und spüre Selbstvertrauen und Gewißheit, doch noch herauszukommen. Es ist wirklich wie ein Wunder. Wenige Minuten vorher hatte ich den Tiefpunkt erreicht, und mit einem Teelöffel Zucker sieht von einem Moment zum anderen alles nicht mehr so schlimm aus. Als ich kurz darauf zufällig im Kellergang dem Offizier begegne, den ich malen sollte, versuche ich ihm mit großer Intensität meine Lage klar zu machen. Er hört auch — widerwillig zwar — zu, scheint am Ende aber doch verstanden zu haben, daß ich auf keiner Liste bin und deshalb auf eine Vernehmung zur Personenklärung warten kann, bis ich tot bin. Als er geht, habe ich so ein Gefühl, als würde er etwas für mich unternehmen. Ich hoffe wieder.

Am nächsten Morgen ist mein Freund tot. Er hatte sich immer mehr gequält und dabei versucht, so unauffällig wie möglich zu sein. Es geht mir sehr nahe. Auch er kommt auf den Haufen. –

Irgendwann blühen zum ersten Mal die Forsythien, und ich empfinde es wie ein Zeichen. Mein Herz weitet sich mit solchem Entzücken, daß ich den gelb leuchtenden Strauch mit Moses' brennendem Dornbusch vergleichen muß. Mir ist, als spräche Gott auch zu mir aus diesem Busch. Auf jeden Fall bereitet er mir ein ganz großes Glück und gibt Vertrauen und Mut. Und als könnte es nur an diesem Tage sein, werde ich endlich aufgefordert, aus dem Keller zu kommen, und werde mit einer Gruppe von Personen nach oben geführt. Nach wochenlangem Aufenthalt in dem verfluchten Keller empfinde ich den Kasernenhof als Erlösung. Wieder komme ich in den Schuppen mit den beiden Regentonnen, und da es unaufhörlich regnet, sind sie randvoll gefüllt. In der Mitte des Schuppens hat man ein Holzfeuer angezündet, an dem wir uns wärmen können. Außerdem kochen eifrige Männer Regenwasser ab, das sie uns ›Kellerasseln‹ zu trinken geben. Je mehr ich trinke, um so größer wird mein Durst, und ich trinke die ganze Nacht immer wieder Regenwasser. In meiner Gier verbrühe ich mir Mund und Lippen, aber ich muß trinken, trinken, trinken. Die Männer um mich herum wollen mir nicht glauben, daß ich so lange im Keller war. Der ›Keller‹ ist allen bekannt, und sie meinen, wer da hineinkommt, kommt nicht wieder heraus. Mit meinem körperlich und seelisch verletzten Inneren fühle ich mich fürs Leben gezeichnet, spüre aber trotz allem, daß das Schlimmste erst einmal überstanden ist.

Diesmal fanden meine Zwiegespräche mit Gott sozusagen auf Tuchfühlung statt. Wenn ich dabei einmal absehe von dem, was anderen geschah, von dem, was Menschen unter einem guten und schlechten Leben verstehen und was man sich selber wünscht, bin ich auch bereit, IHN einen gnädigen Gott zu nennen. Das Wort *gütig* würde sich mir verweigern. Natürlich kann ich das alles nur für mich sagen, nicht für Menschen, die ich in Situationen gesehen habe, die aber auch jeden Funken von Gnade vermissen ließen. Vielen werden diese Worte wie Ketzerei klingen. Ich habe aber nicht die geringste Hemmung, Gott zu kritisieren. Ich weiß, daß er es verkraftet und mir die Antwort selten schuldig bleibt. Wir differieren sozusagen in unseren Ansichten. Aber unter Freunden − oder kann ich nicht sogar entfernten Verwandten sagen − muß das ohne Feindschaft möglich sein.

Meine Beobachtungen sterbender Menschen vermittelten mir die Gewißheit, daß sie alle ihren Tod als Erlösung empfunden haben. Deshalb ist der Tod für mich eine positive Realität − die am Ende jeden aufnehmenden offenen Arme. Auf gar keinen Fall darf man ihn als Drohung mißbrauchen oder zum Vollzugsbeamten Gottes, zum Gerichtsdiener eines jenseitigen Strafgerichts entwürdigen. Der Tod müßte als großer Trost im Bewußtsein der Menschen weilen, als das mit Gewißheit Ruhe und Frieden bringende Ende.

Das Wiedersehen

Am nächsten Tag mußten wir antreten, und unter Bewachung ging es aus diesem furchtbaren KZ heraus, in Richtung Königsberg zurück. Ich konnte kaum noch gehen und wurde ab und zu von einem Nebenmann gestützt. Andere fühlten sich noch schlechter, denn als wir an dem Oberteich anlangten und einmal dicht genug an einer Begrenzungsmauer vorbeigingen, scherte ein Mann aus und stürzte sich über den niedrigen Zaun in den Oberteich hinunter. Unter wütendem Rufen riß ein Bewacher seine MP von der Schulter und schoß eine Salve hinterher. Möge sie ihm das ersehnte schnelle Ende gebracht haben. Mit viel Verständnis für den Selbstmord zogen wir weiter. Aus irgendeinem Grund kam der Zug zum Stehen, worauf einige zusammenknickten, um sich auf der Erde auszuruhen. Ich gehörte dazu. Der Wunsch, nie wieder aufstehen zu müssen, war so stark, daß mein unbekannter Nachbar wiederum zupacken mußte. Und dann ging es weiter, zurück in dieses unglückselige Königsberg. Mechanisch gehend, ohne Mantel, frierend — den viel zu schweren Militärmantel hatte ich längst liegengelassen — kamen wir nach endlos erscheinender Zeit an unserem Ziel an. Für diesen Marsch von Rothenstein nach Königsberg brauchten wir den ganzen Nachmittag. Es ging auch noch zweimal in die falsche Richtung, ehe wir die Kommandantur fanden, bei der wir abgeliefert werden sollten.

Wieder wurden alle Namen umständlich auf eine Liste geschrieben, während wir auf dem kalten Boden saßen oder lagen. Aber mein neuer Helfer untersagte mir, auf dem Boden zu liegen und wies mich auf die Erkältungsgefahr hin. Ich fühlte mich sterbenskrank und sollte mich vor einer lächerlichen Erkältung schützen? Das schien absurd, aber ich gehorchte. Nach langem Warten führten uns zwei angetrunkene Russen zu unserem Nachtquartier. Auf dem Wege dahin schossen sie noch wild nach herumstreunenden Hunden. Unser Nachtlager war ein provisorisch in Ordnung gebrachter Wohnraum, in dem schon Zivilisten, auch Frauen, waren. Sie sahen uns mit gemischten Gefühlen kommen. Wir nahmen ihnen ja Platz weg. Ich machte mir schnell aus einigen alten Illustrierten, abgerissenen Gardinen und einem aufgeschlitzten Polsterteil ein Lager, kauerte mich sofort in einer Ecke nieder und war glücklich, einen Ruhepunkt gefunden zu haben, von dem man mich nicht sogleich aufscheuchen würde. Daß unsere Russen die beiden Frauen zwangen, mit ihnen mitzugehen – »Frau komm« –, nahm ich noch wahr; dann schlief ich aber fest ein.

Was hätte ich darum gegeben, in Ruhe gelassen zu werden. Meine Ecke in diesem chaotischen Raum war mir zum Himmelreich geworden, und das ›dawai, dawai‹ eines jungen gesunden Russen kam mir wie ein Fußtritt vor. Es half alles nichts, ich mußte aufstehen und mitgehen – ich hatte Mühe, mich auf den Beinen zu halten. So gingen wir zur Kommandantur, wo wir auf einen bereitstehenden Lastwagen geladen wurden. Dort lagen schon Schaufeln und Spaten bereit. Weil es nur wenige befahrbare Straßen gab, brachte man uns kreuz und quer herumirrend an eine Ecke, die durch einen riesigen Bombentrichter alle Verbindungen blockierte. Wir waren in einer Wüste aus Ruinen, von Steinen und Stahlträgern umgeben, und wurden, zusammen mit anderen Zivilisten, beauftragt, mit unseren Schaufeln den Trichter zuzuschippen, bewacht von einigen schwerbewaffneten Russen. Ich war nicht in der Lage, den Spaten zu bewegen, geschweige denn einen Spaten voller Steine in das Loch zu schippen. So stand ich hilflos da, immer dicht vor dem Zusammenbrechen, und muß so elend ausgesehen haben, daß auch der in meiner Nähe stehende Bewacher meinen Zustand erkannte. Er nahm mich beiseite und führte mich in den nächsten Ruinenkeller. Für einen Moment dachte ich, jetzt wird er mich töten, doch er zeigte mir ein rostiges, ausgebranntes Bettgestell und deutete an, daß ich mich darauf legen sollte. Dies war eine menschliche Geste von entscheidender Bedeutung für Leben oder Tod. Ich legte mich auf dieses Gestell, während die anderen schippten, und versuchte mich durch völliges Entspannen zu erholen. Hätte mich der Russe zur Arbeit gezwungen, wäre es unweigerlich zu einem Kollaps gekommen und damit zum Ende. Wer sich nicht mehr bewegen konnte, war verloren, denn niemand würde sich um ihn kümmern. Als man mich am Abend herausholte, fühlte ich mich ein klein wenig besser. Wann ich an diesem Tag gegessen und getrunken habe, weiß ich heute nicht mehr. Meiner Erinnerung nach überhaupt nicht. Am nächsten Tag geschah dasselbe noch einmal. Ich ging zu meinem Bettgestell und legte mich darauf, mit dem konzentrierten Wunsch, wieder zu Kräften zu kommen. An diesem Tag brachte mir der russische Wachtposten Graupensuppe in einem Kochgeschirr. Er hatte einen Rest für mich aufgehoben. In winzigen Portionen aß ich diese Köstlichkeit, glücklich und gerührt. Überhaupt gab es immer mehr Anzeichen dafür, daß einige Russen anfingen, in uns auch Menschen zu sehen, was umgekehrt bewirkte, daß wir Herz und Gemüt der Russen entdeckten. Doch ganz schlimm blieben die nächtlichen Ausschreitungen, unter denen immer die Frauen zu leiden hatten. Aber am hellen Tage brauchten wir nicht mehr ganz soviel Angst vor ihnen zu haben.

In dem Trupp, der auf der Straße arbeitete, war jemand, der meine Eltern kannte. Er kam in der Mittagspause zu mir in den Keller und forderte mich auf, abends mit ihm und seinem Trupp in ihr Quartier zurückzukehren. Das lag etwas näher an unserer früheren Wohnung in der Steinmetzstraße. Dankbar nahm ich das Angebot an, ging mit ihnen mit. Die russischen Bewacher willigten ein, als sie verstanden, daß ich meine Eltern suchte. Verglichen mit anderen Gruppen, die wie gefährliche Sträflinge behandelt wurden, waren unsere Bewacher großzügig und freundlich. Meine neuen Gastgeber hatten ein besseres Quartier und machten mir ein richtiges Lager, gaben mir Hirse zu essen und zeigten Mitgefühl. Die Frauen, die da waren, hatten sich wohl mit bestimmten Offizieren arrangiert, für die sie auch kochten und arbeiteten. Dadurch konnten sie Lebensmittel abzweigen, von denen ich nun ebenfalls profitierte.

Ein ganz großes Glück war es für mich, am nächsten Tag auf meinem Lager liegen bleiben zu können. Das KZ Rothenstein war den anderen hier erspart geblieben. Mich aber hatte Rothenstein an den Rand des Todes gebracht, und davon konnte ich mich so schnell nicht wieder erholen. – Aber so selbstlos man mir auch half, es war kein Dauerzustand. Einige fingen zu nörgeln an. Ich spürte, daß ich nicht bleiben konnte, und bat meine Zimmergenossen, sich immer wieder zu erkundigen, ob meine Eltern irgendwo aufgetaucht wären. Schon am nächsten Tag kamen sie mit der Nachricht zurück, daß meine Eltern sechs

Querstraßen weiter in einem Quartier in der Schrötterstraße wohnten. Also hatte man auch sie wieder nach Königsberg zurückgebracht.

Überglücklich machte ich mich sofort auf den Weg. Die Entfernung, die ich bewältigen mußte, betrug schätzungsweise einen halben Kilometer. In schleppendem Gang, immer wieder durch Pausen unterbrochen, schaffte ich zwei Querstraßen, dann war ich völlig kraftlos, dem Zusammenbrechen nahe und wußte, daß ich mein Ziel nicht mehr erreichen konnte. Mir blieb keine andere Wahl, und nachdem ich eine Weile ratlos und unglücklich stehen geblieben war, wählte ich die kürzere Strecke zurück und kam nur mit allergrößter Mühe zum Ausgangspunkt. Wo war meine Kraft, mit der ich als Sechzehnjähriger Zweizentnersäcke tragen konnte? Selbst mit der Sehnsucht nach meinen Eltern im Herzen konnte ich keinen halben Kilometer gehen. Ich sagte meinen Zimmergenossen, daß ich es am nächsten Tag wieder probieren werde, und sicher sei es dann zu schaffen. Ich bekam noch einmal meinen Hirsebrei, und voller Hoffnung und Vorfreude auf das Wiedersehen schlief ich ein.

Am nächsten Tag hatte ich endlich genügend Kraft, um langsam und mit vielen Pausen bis zur Schrötterstraße zu kommen. Ich mußte mich noch etwas durchfragen, aber schließlich gab es nur zwei halbverbrannte Häuser, in die sich eine Anzahl Königsberger einquartiert hatte. Nach unserem Weggang aus der Steinmetzstraße sah ich auch zum erstenmal wieder unsere ehemalige nächste Nachbarschaft. Alle Häuser, die vorher − nachdem die Russen bereits da waren − noch standen oder zumindest hätten repariert werden können, waren nun bis zum Keller hinunter ausgebrannte Ruinen − eine Geisterstadt.

Es gab das heißersehnte Wiedersehen mit den Eltern. Bei meinem Anblick brachen sie in Tränen aus. Ich fand, daß auch sie sehr verändert und schlecht aussahen. Ihnen brauchte ich nun nichts zu erzählen — habe es auch nicht getan. In ihrem kleinen Zimmer, welches sie zum Glück allein bewohnten, bereiteten sie mir liebevoll ein Lager, und zwar unter dem Bettgestell meiner Mutter, damit ich nicht so leicht von ständig durch die Quartiere patrouillierenden Russen gefunden werden konnte. Endlich hatte ich die langersehnte Ruhe und war bei den Eltern. Meine Hilflosigkeit versetzte Mutter einen Schock, und mit unglaublicher Ausdauer und Energie versuchte sie jetzt Lebensmittel zu finden, zu tauschen oder zu erbetteln. Etwas Weißbrot für eine Tischdecke, Kartoffeln für silberne Gabeln, etwas Pferdefett für eine kaputte Wanduhr. Alles, was man hier und dort finden konnte, tauschten die Russen. Ihr Bedarf an allem und jedem war unstillbar groß. Für ein Stück Brot bekamen sie buchstäblich Gold und Silber.

Tagelang lag ich unter dem Bett. Von Mutter liebevoll versorgt, begann ich mich ganz langsam zu erholen. Nach fünf Tagen stand ich etwas auf und bewegte mich wieder. Meine Gewehrkolbenrippen besserten sich nach und nach. Daß ich aber unter dem Bett lag, war wichtig. Immerzu kamen Russen herein, die arbeitsfähige Männer und Frauen suchten oder sich einfach nach Gegenständen umsahen, die sie gebrauchen konnten. Vergewaltigungen waren zur Regel geworden. Und nach wie vor hörten wir gellende Schreie. Die nächtlichen Geräusche waren noch immer reine Höllenmusik. Mit harten Gegenständen wurde an die verrammelten Türen gepocht. Russen fluchten laut, riefen, drohten. Dann Pistolenschüsse, heulende Hunde, Jammern, Beschwörungen, flehentliche Bitten, langanhaltendes Wimmern.

Es war gespenstisch und alptraumhaft, und doch unsere bittere Wirklichkeit.

Allmählich kam ich etwas zu Kräften und bemerkte, daß Mutter allein nicht in der Lage war, genug Lebensmittel für uns drei zu beschaffen. Die Tauschobjekte waren vergeben, und um neue zu ergattern, waren jüngere Nachbarn flinker und gewitzter. Außerdem mußte Wasser von einer Quelle in Luisenwahl geholt werden, ungefähr eineinhalb bis zwei Kilometer entfernt. Alle drei Tage ging Mutter diese Strecke mit einem Eimer Wasser, den sie einmal in der einen, dann wieder in der anderen Hand trug. Ich sah diese ganze Qual und konnte es nicht abwarten, aktiv werden zu können. − Es waren ungefähr acht Tage vergangen, die ich mich, unter dem Bett liegend, erholen konnte, als ein haßerfüllter, jiddisch-deutsch sprechender Offizier hereinkam und unser Quartier etwas genauer inspizierte. Er entdeckte mich, schlug mir mit der Faust ins Gesicht und zog mich hervor. Mutter, ich und Vater erklärten ihm, daß ich »bolnoj« − krank − sei. Zwar ließ er sich etwas beruhigen, verlangte aber, daß ich mich anziehe und ihm folge. Wir gingen einige Straßen weiter zu einem zertrümmerten Haus, das als russisches Quartier hergerichtet werden sollte. Es mußte von Schutt gereinigt werden. Andere Personen waren schon eifrig dabei, und so begann ich, noch etwas wacklig und langsam, wieder zu arbeiten. Es war gut so, denn alle die arbeiteten, bekamen auch zu essen − vierhundert Gramm Brot. Außerdem hatten wir Gelegenheit, unsere Augen offenzuhalten, um hier und da etwas zu finden.

Ein unbeschreibliches Freudenfest feierten die Russen, als Admiral Dönitz die Kapitulation unterzeichnete. Den ganzen Tag wurde mit allem, was schießen konnte, herumgeballert. Jeder war erleichtert, daß dieser Wahnsinn endlich ein Ende fand und nun an einen Neuanfang gedacht werden konnte. Rassenwahn und Herrschaftsanspruch hatten einen Rückschlag provoziert, wie er vernichtender nicht sein konnte. Das Fazit vom Traum eines weltbeherrschenden Großdeutschland war ein europäisches Trümmerfeld mit enorm vergrößertem Einflußbereich der Sowjetunion.

Von diesem Tag an wurde ich täglich mehr zum Ernährer meiner Eltern. Besonders Vater stand ratlos vor den neuen Lebensbedingungen, die uns alle zu Raubtieren in einer zu kleinen Wildbahn gemacht hatten. Jetzt mußte man die Sinne gebrauchen und flink handeln. Sehen, hören, kombinieren und Einfälle haben, das waren die lebensrettenden Eigenschaften. Sich den Russen unentbehrlich machen, ihre Sympathie gewinnen, etwas reparieren, zum Beispiel eine Uhr oder Petroleumlampen. Dafür gab es Brot oder Haferflocken, Gerste oder Suppe.

Mutter hatte vom Wasserholen Sehnenscheidenentzündung und große Schmerzen. Abends bastelte ich eine Pede — ein über die Schulter zu legendes Joch —, an das man rechts und links einen Eimer hängen konnte. Das erleichterte das Wasserholen. So konnte Mutter zwei halbvolle Eimer ohne Schmerzen tragen. Doch bald war ich selber in der Lage, unser lebensnotwendiges Wasser aus Luisenwahl zu holen. Vater gewöhnte sich daran, von uns versorgt zu werden, und begann wieder Chinesisch zu lernen. Doch auch als alter Mann hätte er versuchen müssen, in irgendeiner Form zum Lebensunterhalt beizutragen. Die Russen respektierten jetzt würdig aussehende und weißhaarige Männer und setzten sie bei Verwaltungs- und Organisationsaufgaben ein. Es sollte bald zu bitteren Auseinandersetzungen zwischen mir und Vater kommen. Irgendwie wollten die Russen der riesigen Probleme Herr werden, zumal erste Typhusfälle und die ansteckende Ruhr auch sie zu gefährden begannen. So wurde ein Seuchenkrankenhaus eingerichtet, um das sich Professor Starlinger verdient gemacht hat. Dort kümmerte man sich allerdings nur um Seuchenkranke, alle anderen blieben sich selbst überlassen.

In den Straßen irren Königsberger herum, die dicht vor dem Verhungern sind. Es riecht immer noch nach unbeerdigten Toten. Geschlechtskrankheiten bei den Frauen und die Krätze breiten sich aus. Frauen können sich nun manchmal ihren Vergewaltigern entziehen, indem sie ihnen sagen, sie seien krank. Die Mehrzahl von ihnen hatte sich angesteckt, und woran jeder auch litt, es gab keinen Arzt oder Medikamente. Es gab nur Selbstbehandlung oder die Bombentrichter.

Herrenlose Hunde sind menschenscheue Wildlinge geworden, die um jeden einen weiten Bogen schlagen, denn die Katzen sind alle schon in die Kochtöpfe gekommen, und irgendwie müssen sie unsere Absichten wittern. Einmal aber überfährt ein rasant fahrender Jeep einen mittelgroßen Hund. Ich gewinne den Wettlauf nach dem verendenden Tier und bringe es nach Hause. Jetzt kommt mir endlich zugute, daß ich zugeschaut habe, wie mein Kaninchen gehäutet und ausgenommen wurde. Genauso machte ich es mit dem Hund, der allen köstlich schmeckte und gut bekommen ist. – Irgendwo finde ich in einem Schutthaufen eine Büchse Sirup, ein großer Glücksfall!

Nach meiner Schätzung lebten zu diesem Zeitpunkt von den angeblich 130000 in Königsberg gebliebenen Zivilisten nur noch höchstens die Hälfte. Im

Laufe der nächsten Monate wird noch einmal die Hälfte davon umkommen, dann wiederum die Hälfte davon in den nächsten drei Jahren. Es gab keine Verpflegung, und jeder mußte selber sehen, wie er sich ernährte. Entweder man arbeitete für die Russen, dann bekam man für den Arbeitstag vierhundert Gramm Brot, mehr nicht, oder man suchte sich etwas aus den Trümmern, tauschte, klaute, ergaunerte etwas − oder man verhungerte. Auch die Russen selbst wurden nur sehr knapp beliefert und hatten nichts zu vergeben. Für ältere Menschen gab es unter solchen Bedingungen kaum eine Überlebenschance, aber auch die jüngeren schafften es nur, wenn sie besonderes Geschick entwickeln konnten, sonst starben sie schnell an Typhus oder den Folgeerscheinungen des Hungers. Es sollen am Ende noch 20000 Menschen − von 130000 − überlebt haben und nach Deutschland ausgesiedelt worden sein. Doch scheint mir auch diese Zahl noch zu hoch gegriffen. − Alle Umstände und die ganze Not, durch die die Bevölkerung um mehr als achtzig Prozent dezimiert wurde, kann man nicht vorstellbar machen. Im Gedenken an alle diese armen Menschen versuche ich es dennoch.

Konflikte und Einzelschicksale

Dr. Stock war inzwischen gestorben, und Mutter und Tochter kämpften nun allein ums Überleben. Klugerweise liierte sich Frau Stock mit einem russischen Offizier und konnte Nahrung und Schutz erlangen. Ute profitierte davon, doch störten die Ereignisse ihre Entwicklung und beeinträchtigten damit ihr ganzes Leben aufs schwerste.

So befriedigend es für die geistigen Bedürfnisse sein mochte, Chinesisch zu lernen, so unbefriedigend war es für die körperlichen. Eine Flucht vor der Realität konnte sich keiner ohne Lebensgefährdung leisten. Wir mußten Vater sehr überreden, wenigstens zu versuchen, in irgendeiner Weise nützlich zu werden. Es fiel ihm sehr schwer. Seine schön klingenden Weisheiten begann ich zu hassen. Hätte doch wenigstens ein kluger Satz uns lehren können, wie der nächste Tag zu meistern sei; aber dafür brauchten wir keine Weisheit, dafür brauchten wir Schlauheit, und gerade die verachtete mein Vater abgrundtief. So vertrat ich die böse, niedrige Schlauheit und er die erhabene, ehrwürdige Weisheit. Selbstverständlich hatte die niedrige Schlauheit für die hohe Weisheit zu sorgen. Sie wäre ja sonst verhungert. Meinem Vater klarzumachen, daß unter diesen veränderten Bedingungen andere Bewertungen Gültigkeit bekommen, war mir nicht möglich, und zu allen Nervenbelastungen kamen bittere Auseinandersetzungen hinzu. Sie beunruhigten und beschäftigten mich sehr. Damals fand ich, daß Weisheit nur für Satte taugt und die Schlauheit die wichtigste Tugend der Hungernden ist. Aber wir waren schon Verhungernde. Für drei Personen Essen heranzuschaffen, wurde unbeschreiblich schwierig. Ohne zu stehlen, war es nicht mehr zu schaffen. Was ich dafür brauchte, war eine moralische Stützung durch meinen Vater. Aber das verweigerte er mir hohen Geistes. Nicht etwa die gestohlenen Lebensmittel oder Tauschobjekte verweigerte er, nein — nur die moralische Absolution. Für einen Sechzehnjährigen ist jedoch das, was sein Vater von ihm hält, von großer Wichtigkeit. Ich war voller Erbitterung.

Erwähnen muß ich noch, daß sich unsere Bewegungsfreiheit vergrößerte. Wir wurden nicht mehr immerzu bewacht, mußten uns selber Arbeit suchen, konnten es aber auch lassen. Allerdings bekam Brot nur, wer für die Russen arbeitete. Vierhundert Gramm reichten kaum für einen allein, und ständig zermarterte ich mir das Hirn, was man noch anstellen könnte, um genug Lebensmittel für uns drei zu bekommen. Einmal hieß es, eine Werft werde repariert und dort gebe es reichlich zu essen. So reichlich, daß man Suppe im Kochgeschirr nach Hause nehmen könnte. Ich meldete mich sofort. Die tägliche Arbeitszeit betrug zwölf Stunden mit einer einstündigen Mittagspause. Der Hin- und Rückweg noch einmal je eine Stunde. Ich verließ das Haus um sieben Uhr in der Frühe und kam um neun Uhr abends zurück. Bald ging das aber über meine Kräfte, und nach zehn Tagen mußte ich aufgeben. Außerdem reichte das Kochgeschirr voll Suppe nicht aus, um auch meine Eltern zu sättigen. Es mußte ein anderer Weg gefunden werden. Da entdeckte ich einmal, daß die Russen ein relativ unzerstörtes Haus — das gab es hin und wieder — eingezäunt hatten. Sie bewachten es und wollten darin wohl die zu erwartenden Militärbehörden unterbringen. Natürlich war auch dieses

Haus von den Kampftruppen ausgeplündert worden, aber trotzdem war noch eine ganze Menge Brauchbares darin. An beiden Seiten des Hauses waren zusammengestürzte Ruinen der Nachbarhäuser; dort endete der Holzzaun. Ich hatte die Idee, daß vom Keller der eingestürzten Ruinen der Mauerdurchbruch zum eingezäunten Haus noch vorhanden sein müßte. Da alle Treppen verschüttet waren, kam man nur durch ein Kellerfenster in die noch nicht eingestürzten Kellerräume. Ich hatte mich nicht getäuscht. Es gab noch den Mauerdurchbruch. Das war eine einmalige Gelegenheit, Bettwäsche, Geschirr, Kochtöpfe, Besteck und vieles andere mehr herauszuklauen. Mutter bot dann die Gegenstände den Russen zum Tausch an. Stolz kam sie abends mit den eingetauschten Lebensmitteln nach Hause. Irgendwann bemerkten dann die Hausbewacher den Einbruch und verrammelten den Durchgang. Ich hatte Glück, daß sie mich nicht in eine Falle lockten. In solchen Fällen schossen sie sofort. Hätten sie mich damals erwischt, wären sie einen Dieb losgeworden, der ihnen in den nächsten Jahren noch so manchen Schaden zufügen wird. Dieser Einbruch war erst der harmlose Anfang einer immer erfolgreicher werdenden Karriere als Einbrecher und Dieb. – Damit greife ich aber den Geschehnissen etwas vor.

An Versuchen, auf ehrliche und damit auch weniger nervenaufreibende Weise die Probleme und Nöte zu bewältigen, hat es nicht gefehlt. Dabei machte ich mir nicht nur Sorgen um den heutigen und den nächsten Tag, sondern auch um die Zukunft. Nicht etwa, was ich werden und wo ich etwas lernen könnte, nein: Wie werden wir uns in ein paar Monaten ernähren, wenn alle Möglichkeiten erschöpft sind – das war die große Zukunftssorge. Offensichtlich wollten die Russen, daß wir alle verhungern, umkommen und verschwinden. Ostpreußen soll für alle Zukunft russisch und polnisch werden. Da sind lebende deutsche Ostpreußen nur hinderlich. Störenfriede, die irgendwann nach ihrer Heimat schreien und den neuen Besitzern wieder alles wegnehmen wollen. So werden sie gedacht haben.

Vorsorglich beschlossen wir, in der Verlängerung der Steinmetzstraße auf einem etwas größeren Gartengrundstück Kartoffeln anzubauen. Wir hatten gerade genügend Kartoffeln eingetauscht. Die schnitt ich in zwei und mehr Teile und setzte diese in den von mir umgegrabenen Garten. Genau wie ich es als Kind auf der Kurischen Nehrung gesehen hatte. Nur – wie konnte ich damals bloß so naiv sein und glauben, daß ich sie auch ernten würde? Als sie so groß wie Murmeln und Walnüsse waren, wurden sie über Nacht von Hungernden herausgerissen. So waren Saatkartoffeln vertan, die Arbeit umsonst und unsere Hoffnungen zerstört.

Ein Tischler für die Brotfabrik wurde gesucht. Brotfabrik, das klang schon sehr gut. Die Russen versuchten, Produktionsstätten zur Versorgung ihrer eigenen Menschen wieder in Gang zu bringen. Fachleute aus Rußland kamen angereist, um das mutwillig Zerstörte neu aufzubauen. Spezialisten und Handwerker wurden gebraucht, und ihr Kurswert stieg enorm. Also gab ich mich als Tischler aus. Wozu hatte ich mit Säge und Hobel umzugehen gelernt? Der Offizier, dem ich sagte, ich sei Tischler, glaubte mir nicht. Er gab mir Bretter, Handsäge, Nägel und Hammer und zeigte mir in dem Ruinenteil der Fabrik eine leere Türhöhle und sagte: »Da machen Tür!« Irgendwie habe ich etwas zustande gebracht, das er gelten ließ. So wurde ich Tischler in der Brotfabrik. Es gab noch drei andere Tischler, die mich akzeptierten und mit denen ich zusammen die verschiedenen Aufgaben erledigte. Alle waren wir in der Fabrik, um an Brot oder Mehl heranzukommen, was sich aber als schwer herausstellte. Die Russen kannten uns inzwischen zur Genüge und schützten alle Lebensmittel wie Kronjuwelen. Es war aber nicht zu verhindern, daß auch da, wo Mehl lagerte, ein Fenster repariert werden mußte, und dann gelang es fast immer, daß einer in einem unbeobachteten Moment den halben Abfalleimer voll Mehl schippte, während man die obere Eimerhälfte mit Mauerdreck und Holzresten auffüllte. Erst später entdeckten die Russen solche Tricks. Wir arbeiteten wieder zwölf Stunden und bekamen mittags Mehlsuppe und ein Stück Brot. Das war die ganze Bezahlung. Mehlsuppe bekamen wir so viel, daß wir eine Literkanne davon nach Hause nehmen konnten. Meine Kanne war dann halbvoll mit Mehl, und obendrauf war die Suppe. Die sehr genaue Ausgangskontrolle konnte ich so unbeanstandet mit mindestens einem halben Pfund Mehl passieren. Aber natürlich gelang es uns nur ab und zu, Mehl zu klauen; an Brot kamen wir nicht heran.

Die Fabrik war von einer Mauer umgeben und lag in einem sonst völlig zerstörten Gebiet. Sie hatte einen bewachten Eingang. Die Verwaltung benutzte eine Baracke im hinteren Teil des Fabrikgeländes. Die Fahrräder, mit denen die Verwaltungssoldaten und Offiziere zur Fabrik kamen, waren ein hochbegehrtes Gut. Für ein Fahrrad waren sie bereit, Fleischkonserven zu geben. Ihre Fahrräder stellten unsere Russen an die hintere Barackenwand, und als ich bemerkte, daß ich unbeobachtet war, nahm ich ein Fahrrad und warf es geschwind über die rückwärtige Fabrikmauer in die dortigen Trümmerhaufen. Die Russen verdächtigten sich gegenseitig des Diebstahls, während ich es abends aus den Trümmern holte und nach Hause fahren wollte. Gerne hätte ich es gegen Lebensmittel umgetauscht, aber leider kam ich nicht sehr weit. Ich wurde von einer weiteren unangenehmen Begleiterscheinung des Krieges überrascht. Im Gefolge der vormarschierenden Russen trieben sich elternlose russische und polnische Jugendliche herum. Sie lebten in unwegsamen Trümmerfeldern und bildeten regelrechte Banden. Die Russen tolerierten sie. Sie wußten selber nicht, was man mit diesen verwahrlosten Kindern anfangen sollte. Viele von ihnen trugen bunt zusammengewürfelte Uniformstücke und hatten gefundene Waffen bei sich. Sie drangsalierten die Zivilbevölkerung zusätzlich und verletzten Mutter später ganz erheblich. Mit einer Rasierklinge schnitt ein solcher Junge in die Hand, mit der Mutter Zigaretten zum Kauf anbot; der Schnitt war so lang, daß sie alles fallen ließ. Natürlich war das die Absicht gewesen, und blitzschnell verschwanden sie mit ihrer Beute. Die Narbe des nur langsam heilenden Schnittes wurde zur ewigen Erinnerung. − In so eine Gruppe geriet ich nun hinein. Mit Messern und einer vorgehaltenen Pistole bedrohten sie mich, nahmen sich das Fahrrad, und ich konnte von Glück reden, nur mit dem Verlust des Fahrrades davongekommen zu sein.

Eines Abends stand vor unserem Haus ein Posten, der niemand hinein ließ. Die Eltern hatten am Drahtzaun einen Zettel befestigt, auf dem sie angaben, wo sie hingezogen waren. Man konfiszierte nach und nach alle weniger zerstörten Häuser, um Unterkünfte für die in zunehmender Zahl nach Königsberg verschickten russischen Fachleute zu bekommen. Meine Eltern erzählten mir, daß sie eine Stunde Zeit gehabt hätten, ihr Zimmer zu räumen und nur mitnehmen durften, was sie tragen konnten. Ihre geliebten Bettgestelle verloren sie dabei genauso wie vieles andere.

Sie zogen wie die meisten in einen Ruinenkeller, den man sich nach und nach herrichten mußte. Ein Brett diente als Stuhl, ein anderes als Tisch. Ausgeglühte Matratzengestelle als Bett. Decken und Unterlagen hatten sie behalten können. Meine Bitterkeit und die Lust, das Konfiszierte wieder zurückzustehlen, wurden immer größer. Zuerst mußte Vater aber wegen Verdachts auf Typhus in die dafür eingerichtete Quarantänestation. Die dort Isolierten wurden wenigstens verpflegt. Vater bekam nur eine leichte Form von Typhus und konnte bald nach Hause kommen. Die klimatischen Verhältnisse in unserem Keller waren aber äußerst ungesund und als Dauerzustand undenkbar.

Russische Ärztinnen begannen sich immer mehr um die Eindämmung der Seuchen zu kümmern. Die Notwendigkeit, sich selber vor Ansteckung zu schützen, sowie der Bedarf an Arbeitssklaven und deutschen ›Spezialisten‹ brachte es mit sich, daß auch gelegentlich menschlich zu nennende Maßnahmen getroffen wurden. Man unterhielt sogar ein zweites Krankenhaus — die »Barmherzigkeit« — das ich noch zur Genüge kennenlernen sollte. Vielleicht kann man zur Entschuldigung sagen, daß es den russischen Organisatoren nicht möglich war, ihre eigenen Menschen zu versorgen, und daß sie sich deshalb um die Deutschen überhaupt nicht kümmern konnten. Es ist aber mein Eindruck gewesen, daß man gezielt alle Lebensquellen, alle Versuche einer Selbstversorgung der Bevölkerung zerstörte. Als wollte man das Sterben der Königsberger immer aufs neue beschleunigen.

Löwenzahn und Brennessel waren die einzigen eßbaren Wildpflanzen, die wir kannten. Wenn ich die Lehrpläne in den Schulen zu bestimmen hätte, würden alle Kinder zusätzlich lernen, welche Pflanzen und Pilze man essen kann und daß eine Handvoll Getreidekörner, frisch gemahlen und eingeweicht, eine bessere Ernährung abgibt als eine Konservenbüchse mit sonstwas drin. Sie müßten lernen, wie man Wasser findet, wie man Fallen baut und daß Schnecken, Muscheln, Würmer eßbar sind — und wie man sich orientiert. Einfache kurze Lehrgänge in Ernährungswissenschaft, Überlebenskunde, Erster Hilfe und Notzeitmedizin, das heißt Krankenbehandlung ohne Ärzte und Medikamente. Irgendwann einmal im Leben der Kinder mag sich dieses Wissen als für sie lebensrettend herausstellen, und das allein würde die Einführung solcher Lehrgänge in den üblichen Lehrplan rechtfertigen. Was ich gelernt hatte — von Schönschrift bis Hebräisch —, war jetzt ohne Nutzen, doch der Lehrzeit in der Tischlerei verdanke ich viel.

Immer mehr Russen kamen nach Königsberg, und wir erlebten, wie Ostpreußen russisch wurde. Zwar hatte ich nichts anderes erwartet, aber die täglichen Erfahrungen verblüfften doch. Fremdartige Kleidung und Uniformen, ihre eigenartigen Holzzäune, die Transparente mit Stalin-, Lenin-, Marx-, Kalinin- und wer weiß was noch für Köpfen, große Lautsprecheranlagen an fast allen wichtigen Kreuzungen, aus denen oft herrliche Musik erklang, wie auch die eindrucksvollen Gesänge russischer Soldatengruppen bestimmten das optische und akustische Straßenbild so stark, daß man glauben konnte, schon in der Sowjetunion zu leben.

Russen galten als gefühlvoll und gutmütig, aber noch immer begegnete man diesem Teil ihrer Natur nur selten. Zu Kindern waren sie schon gelegentlich liebevoll — ich war ja auch fast noch ein Kind —, doch überwiegend bestimmte der Haß ihre Emotionen, und wehe, wenn sie durch Alkohol enthemmt ihre Aggressionen brutal auslebten. Man kann es sich aber nicht oft genug ins Bewußtsein rufen: Von Deutschen wurden sie als Untermenschen klassifiziert und vertragsbrüchig überfallen – wurde ihr Land verwüstet. Jeder Russe trug in seinem Herzen den Schmerz über Millionen gefallener Kameraden, verhungerter Zivilisten und über ermordete Verwandte oder Bekannte. Muß man da nicht die mit letzter Anstrengung sich aufraffenden Gepeinigten verstehen, wenn sie im Rausch der endlich Obsiegenden alle Hemmungen verloren? Ich meine, nur verstehen, nicht entschuldigen, denn daß die Menschen so sind, wie sie sind, ist ja eine der Voraussetzungen für all die Tragik. –

So sehr ich vorher als Jude unter den Nazis zur Passivität verurteilt war, um so mehr nun unter den Russen zur Aktivität. Zwei entgegengesetzte Verhaltensweisen im täglichen Überlebenskampf. Wehe dem, der hier aufhörte, um jeden Tag zu kämpfen. Er gehörte sehr bald zu den über achtzig Prozent, die zwar den Krieg überlebten, nicht aber die Russenzeit.

Wie überall in Rußland gab es bald auch in Königsberg den sogenannten ›Schwarzen Markt‹. Erst ganz versteckt hier und da und dann immer offizieller an bestimmten Orten. Diese schwarzen Märkte sind der Lebensnerv jeder Notgemeinschaft und die Keimzelle aller Wirtschaft. Dort wird getauscht, gehandelt, informiert und profitiert. Ware gegen Ware, Ware gegen Geld, Geld gegen Ware. Dieser Uranfang jeglicher Wirtschaftsform wurde sehr schnell für viele zur einzigen Überlebenschance. Und gerade hier verhafteten und bedrängten russische Patrouillen die Deutschen in bösartiger Weise. Alle Schwarzmarkthändler nannten sie ›Spekulanten‹. Man nahm ihnen die eingetauschten Lebensmittel weg, und es bedurfte größter Geschicklichkeit, hinter dem Rükken der Miliz dennoch Profit zu machen. Aber das gelang den immer schlauer werdenden Königsbergern ganz gut, und mit dem schwarzen Markt erschien ein erster Hoffnungsschimmer am dunklen Zukunftshorizont.

Inzwischen hatte ich mich nach überlebenden Juden erkundigt und fand heraus, daß die meisten von ihnen noch in den letzten Stunden bei einer gewaltigen Explosion umgekommen waren. Eine Explosion, die das ganze Gebäude der Fabrik Gamm & Sohn, einschließlich des Alhambra-Hauses am Steindamm, in einen einzigen riesigen Explosionskrater verwandelt hatte; den größten, den ich je gesehen habe. Wahrscheinlich sind die Artilleriegranaten im Untergeschoß gleichzeitig hochgegangen. Bei dieser Explosion müssen alle ums Leben gekommen sein: die restlichen Juden, die französischen Kriegsgefangenen, die russischen Mädchen und die deutsche Belegschaft. Die Tatsache, daß wir auf den Hufen einen Tag früher von den Russen erobert wurden, rettete uns das Leben.

Aus Berichten anderer erfuhr ich, daß Herr Weinberg von den Russen erschossen wurde. Auch Konzertmeister Hewers fiel noch in den letzten Stunden. Dagegen begegnete ich einem Jungen aus der jüdischen Schule — etwas älter als ich —, Olaf Boenheim, der mit seinem Vater Trommelfeuer und Russeneinmarsch überlebte. Mit Olaf tat ich mich einige Male zusammen, als wir später in die von Russen bewohnten Quartiere einbrachen, um ihnen ihre Lebensmittel wegzunehmen. Sein Ende war besonders tragisch: Ein Jahr später kam zu der Sorge um die Nahrung auch die um Heiz- und Brennmaterial. Der Winter war wieder einmal bitter kalt — es gibt noch einiges darüber zu berichten —, als sein Vater in großer Verzweiflung mich aufsuchte und erzählte, er sei am selben Tag mit Olaf auf Holzsuche gewesen und sie hätten ein kleines Haus gefunden, in dem es noch einen hölzernen Deckenbalken gab. Diesen wollte Olaf mit der Axt herausschlagen, als das Haus über ihm zusammenstürzte. Der entsetzte Vater versuchte sofort, den Schutt wegzuräumen, während er seinen Sohn noch unter den Trümmern »Vater, hilf – Vater, hilf!« rufen hörte. Er hatte aber nicht genügend Kraft, ein schweres Mauerteil wegzuheben, und so lief er fort, Hilfe zu holen, die man in einem solchen Moment selten sofort findet. Als sie Olaf schließlich ausgruben, war er tot. Im Handkarren brachte er seinen toten Sohn nach Hause, wachte bei ihm nach jüdischer Sitte, bis wir beide ihn dann sehr notdürftig beerdigten. Das Unglück des verzweifelten Vaters und die ganze Geschichte verfolgten mich noch lange. Ich traf Vater Boenheim später einmal in London, wo er auf mich einen verstörten, fremden Eindruck machte. – Nach Olafs Tod ganz besonders, und dann viele Jahre später beim schmerzvollen Knochenkrebstod meiner Mutter habe ich Gott angeklagt, und ich möchte den am Ende des ersten Kapitels geäußerten Satz wiederholen: Von allen Ungerechtigkeiten ist das unterschiedlich schwere Sterben der Menschen diejenige, die ich IHM oder jener Urkraft am meisten übelnehme.

Dentist Levy und ein Herr Prinz waren die anderen beiden am Leben gebliebenen Juden. Ich verlor sie aus den Augen. Herr Prinz wurde bei einer Lebensmittelbeschaffungsaktion von der Miliz geschnappt und zu vielen Jahren Zwangsarbeit verurteilt. Solche Urteile waren im Grunde Todesurteile. Nach all dem Durchlittenen überstand kaum einer auch nur ein Jahr russische Zwangsarbeit. Ihn traf ein Schicksal, das jeden ereilen konnte, der sich bei irgendeiner Ungesetzlichkeit ertappen ließ. Sieben Jahre war die damalige Mindeststrafe, die schon für das Stehlen von Zigaretten verhängt wurde. Doch ohne Gesetzesübertretungen wären fast alle verhungert. In dieser nervenbelastenden Zwickmühle lebten wir jahrelang.

Natürlich wird es mir erst in der Rückschau bewußt, daß die eben genannten Personen die letzten Mitglieder der Königsberger jüdischen Gemeinde waren. Zumindest derjenigen, die nicht vor 1941 auswanderten. – Mit zwei Juden – es waren Ärzte – begann diese Gemeinde 1540 zu existieren, und mit der Evakuierung von zwei Juden im April 1948 fand eine 408jährige städtische Religionsgemeinschaft ihr wohl endgültiges Ende. Über die Geschichte dieser Gemeinde berichtet die Encyclopaedia Judaica:

Nennenswerte jüdische Niederlassungen fanden erst in der zweiten Hälfte des 17. Jahrhunderts statt, als jüdische Kaufleute aus Litauen und Polen Königsberger Messen besuchten. Für die Dauer dieser Messen erlaubte man ihnen, 1680, einen Gebetsraum zu eröffnen. 1716 lebten dort bereits achtunddreißig jüdische Familien, die ihre erste Synagoge 1756 bauten, als es nun bereits dreihundert Juden gab. Dann strömten auch Emigranten aus Rußland nach Königsberg und vermehrten die Zahl der Juden auf 1027 im Jahre 1817, 5082 (3,6 Prozent der Bevölkerung) im Jahre 1880 und 4049 im Jahre 1925. Von nun an nahm ihre Zahl ständig ab und 1933 gab es in Königsberg 3 200 Juden. Das war ein Prozent der Bevölkerung.

Zusammen mit Berlin war Königsberg das Zentrum der ›Aufklärung‹, und gebildete jüdische Familien erhielten Zutritt zur christlichen ›Gesellschaft‹. Schon 1712 begannen Juden zu studieren – vorwiegend Medizin –, und einer von ihnen war Markus Herz. Auch unter den Schülern Kants gab es Juden, und beeinflußt durch Moses Mendelssohns Ideen gründeten 1783 Isaak Abraham sowie

Euchel und Mendel Breslau einen Verein zur Förderung der hebräischen Sprache. Sie vertrieben eine hebräische Zeitschrift »Ha-Me assef«. Den ersten Religionsschulunterricht gab Isaak Asher Francolm, ein Anhänger der Reformbewegung. Doch er bekam Schwierigkeiten, als die orthodoxe Mehrheit seine Einsegnungszeremonien für Jungen und Mädchen bekämpfte und die Eröffnung eines Instituts verbot. Daraufhin ging Francolm nach Breslau, und Joseph Lewin Saalschütz bemühte sich, die Arbeit seines Vorgängers fortzusetzen. Er lehrte sogar 1847 Hebräisch an der Königsberger Universität, konnte aber als Jude keine Professur bekommen. Ebenfalls aktiv war zu dieser Zeit der radikale Politiker Johann Jakoby, welcher in einem Memorandum (1847) die jüdische Emanzipation verteidigte. Von 1830 bis 1865 war Jakob Mecklenburg Rabbiner. Sein Nachfolger wurde Isaak Bamberger von 1865 bis 1896.

Für die Königsberger Gemeinde bedeutsam wurden die Jahre 1897 bis 1920. Hermann Vogelstein übernahm die geistige Führung. Er war einer der wichtigsten Persönlichkeiten des liberalen Judentums in Deutschland. [Um nichts geringer waren die Verdienste von Kantor Eduard Birnbaum (1855 – 1920). Seine Forschungen über die jüdische Musik der italienischen Renaissance wurden zur Grundlage der Königsberger Synagogenmusik.] Sein Zeitgenosse Felix Perles wurde 1924 mit einer Ehrenprofessur ausgezeichnet. Er lehrte aramäische und auch moderne hebräische Literatur. Im 20. Jahrhundert machten bedeutende Ärzte auf sich aufmerksam: Ludwig Lichtheim, Julius Schreiber, Max Jaffé und Alfred Ellinger. 1925 gab es fünf verschiedene Synagogen und einige soziale Institutionen. Unter den 1933 von den Nazis vertriebenen Professoren waren Frieda Reichmann und Willy Wolflein.

Was für ein vielfältiges Leben, Kämpfen und Wachsen sich hinter diesem Nachruf auf eine Religionsgemeinschaft verbirgt, läßt sich ahnen. Nicht ahnen läßt sich die Enttäuschung all derer, die seit der

Emanzipation geglaubt und gehofft hatten, daß man durch Verdienste und Patriotismus (zahlreiche Juden, ein hoher Prozentsatz, waren Kriegsteilnehmer des 1. Weltkriegs) Anerkennung oder zumindest Toleranz der christlichen Umwelt erlangen könnte. —

Es kam jetzt vor, daß die Kellerdecken der Last von Schutt und Haustrümmern nachgaben und plötzlich einstürzten. So gab es den Fall eines elfjährigen Jungen, der, nach Hause kommend, vor der eingestürzten Kellerwohnung steht, in der Mutter und vier Geschwister begraben liegen. Auch sein Schicksal konnte uns abgestumpfte, leidgewohnte Menschen noch bewegen. Nun fühlte sich niemand mehr sicher in den einzigen Behausungsmöglichkeiten, die es für viele noch gab. Nur vereinzelt gestatteten die Russen ihren deutschen Bediensteten auch, in ihren Häusern zu wohnen. Zwei Jahre später gelang es uns ebenfalls, zu diesen Glücklichen zu gehören. Einige Kapitel weiter erzähle ich von den Erlebnissen in dem Russenhaus Beethovenstraße.

Symbolträchtig für unsere hoffnungslose Situation fand ich die Begegnung mit Frau B., die sich mit Gesang und Klavierspiel am Leben erhielt. Frau B. — mißbraucht wie alle Frauen — bekam ein Kind. Niemand konnte helfen, konnte es vor Mangelernährung bewahren, und so starb das Kind.

Hartnäckig hielt sich ein Gerücht, daß es im Pillauer Hafen Schiffe gäbe, die deutsche Zivilisten ins ›Reich‹ transportierten. Waren es Wunschträume, Überbleibsel aus der Schlußphase des Krieges? Keiner wußte es. So zog ich eines Tages los auszukundschaften, was es mit dem Gerücht auf sich hat. Ich kam nicht weit, der Hunger quälte mich zu sehr. In einem Dorf fand ich erschöpft Aufnahme bei einer Frau mit einem sechsjährigen Kind. Gegen Erbsensuppe sollte ich auf ihr Kind aufpassen, während sie tagsüber in der russischen Soldatenküche arbeitete. Abends verbarrikadierte sie die Haustür mit Möbeln und Brettern und tat das gleiche mit den Fenstern. Abend für Abend fand immer ein Spektakel um ihr Haus herum statt. Lautes Klopfen, Rufen und Fluchen. Es schien mir, daß sie nur bestimmten Russen Zutritt gewährte und andere mit deren Hilfe erfolgreich fernhielt. Tagsüber ging ich mit ihrem Jungen betteln, und wir stellten uns an die Zäune und Türen, hinter denen die Russen ihre Mahlzeiten einnahmen. Dabei erlebten wir, daß Essensreste den Kindern in die bereitgehaltenen Schüsseln gekippt wurden. Aber es geschah auch, daß sie Suppenreste demonstrativ vor hungernden Kindern auf den Boden schütteten — eine Handlungsweise, die uns entsetzte.

Natürlich war dieser Aufenthalt kein Dauerzustand, und es gab hier auch keine Gerüchte über Transportschiffe. Im Gegenteil. Meine ›Adoptivmutter‹ erzählte, daß Pillau ein Trümmerhaufen sei und die Russen ihr gesagt hätten, daß kein einziges Schiff für einen Abtransport bereitstünde. Mein Kundschafterunternehmen kam mir sogleich unsinnig und fahnenflüchtig vor. Schließlich wußte ich nicht, wie meine Eltern ohne mich zurechtkamen, und so zog es mich zurück nach Königsberg.

Bevor ich zurückging, wollte ich den Russen ein Huhn stehlen. In einem Maschendraht-Verschlag hielten sie sich einige Hühner. Als ich unbeobachtet war, öffnete ich den Verschlag, und hätte nur zugreifen und eines der Hühner sofort töten müssen, durch Halsumdrehen oder was sonst auch immer. Ich brachte es nicht fertig. Eine Weile kämpfte ich mit meiner Schwäche, bevor ich den Verschlag wieder zumachte und beschämt, ja entsetzt über mein Versagen, davonging. Heute noch kann ich es nicht verstehen und diese Erfahrung richtig deuten. Womöglich hat diese Hemmung verhindert, daß mich das zu erwartende Mordsgezeter der Hühner verriet — wer weiß.

Einbrecher-Episode 1

Den zum Zweck des allmählichen Wiederaufbaus nach Ostpreußen gebrachten Russen gestattete man, ihre Familien nachkommen zu lassen. So gab es auch immer mehr Quartiere und Wohnungen, in denen sie zusammen wohnten. Zum Teil waren das die ersten Notquartiere der Königsberger, aus denen diese dann verjagt wurden. Nur in Kellern und in für die Russen als unbewohnbar geltenden Ruinenbehausungen war man einigermaßen sicher, nicht wieder hinausgeworfen zu werden. Meine Eltern und ich wechselten im ganzen sechsmal gezwungenermaßen das Quartier. Jedesmal waren damit – wie man sich denken kann – große zusätzliche Anstrengungen verbunden.

Nach wie vor wurden Königsberger, die bei den Russen keine Arbeit fanden, nicht mit Lebensmitteln versorgt. Arbeit, Diebstahl und der schwarze Markt waren die einzigen Möglichkeiten, zu Lebensmitteln zu kommen. Dabei muß man sich erinnern, daß ein zwölfstündiger Arbeitstag mit vierhundert Gramm Brot und nur in Ausnahmefällen mit einer Suppenmahlzeit entlohnt wurde. Das Durchwühlen von Trümmern, Schutthalden und Fabrikruinen brachte schon lange nichts mehr zutage. So versuchte ich, meine Ernährung und die meiner Eltern auf die drei obengenannten Grundlagen zu stellen. Einmal bewarb ich mich dort um Arbeit, wo die größte Aussicht auf gute Belohnung bestand, das heißt mehr Beköstigung. Außerdem ging ich auf Diebestouren, um für die Eltern und mich das zusätzlich Notwendige zu beschaffen. Gelang es mir, statt Lebensmittel z. B. Zigaretten zu klauen, tauschte Mutter diese auf dem Markt in Brot um. Auch dazu gehörte Geschick und Ausdauer. Natürlich bedeuteten Diebestouren immer Lebensgefahr. Die russischen Soldaten und Offiziere hatten selbst wenig und fackelten nicht lange, wenn sie jemanden erwischten, der ihnen das Wenige noch wegholte. Mehrfach entging ich nur knapp großer Gefahr und hatte bei drei Unternehmungen, bei denen ich ertappt wurde, noch unwahrscheinlich viel Glück. Seit meinen ›Touren‹ kenne ich aber das Leben von Einbrechern und bedauere sie.

Angefangen hatte es mit dem Kellereinstieg in das bewachte Haus und setzte sich allmählich fort mit Einbrüchen in Russenwohnungen; selbst während die Inhaber darin weilten. Den Mut zu solch hohem Risiko gab immer nur der quälende Hunger — meiner und der meiner Eltern. Es kostete mich jedesmal große Überwindung und war immer der letzte Ausweg, wenn alles andere nicht ausreichte. Zurückblickend stelle ich fest, daß ich Talent und Geschick für den schwierigen Beruf eines Einbrechers gezeigt habe. Die Lebensgefahr, in die ich mich jedesmal begab, bewirkte eine sorgfältige gedankliche Vorbereitung, bei der die Rückzugswege, Vertuschungsmaßnahmen und Täuschungsmanöver eine große Rolle spielten. Es fing schon damit an, daß ich nur noch mein Blauzeug trug. Das war für die Russen das Kleidungsstück des respektierten ›Spezialisten‹. Es sollte mir helfen, irgendeinen handwerklichen Auftrag vorzutäuschen, falls ich im Anfangsstadium des Einbruchs entdeckt worden wäre. Dazu hängte ich mir noch eine Tasche mit Handwerkszeug um, in der ich nachher das Diebesgut verstaute. Die beiden Dietriche, mit denen ich bald virtuos umzugehen verstand, versteckte ich in der Zollstocktasche am

Hosenbein. Sie sind dort tatsächlich bei einer strengen Leibesvisitation nicht entdeckt worden. Dann kundschaftete ich immer zuerst den Rückweg aus, ehe ich zur Tat schritt. Am besten geeignet waren Häuser mit verbundenen Dachböden. Ich schloß dann die Bodentüren auf und klärte den Fluchtweg. Erst dann drang ich auf lautlosen Turnschuhen in die Offizierswohnungen ein und mußte mit gutem Gehör auf alle Geräusche achten. Zu finden war nie besonders viel. Ein Stück Brot, ein Pfund Mehl, Hirse oder Graupen, eine deutsche Uhr und ähnliches mehr. Doch diese Beute bedeutete immer, für einen oder mehrere Tage Essen zu haben.

Ich muß noch erwähnen, daß die bisher geschilderten Zustände sich nicht verbesserten. Sie blieben mit geringfügig sich ändernden Komponenten unsere Lebensbedingungen für fast zwei Jahre. Eigentlich ist das alles unvorstellbar und unbeschreiblich. Wir erreichten immer wieder neue Tiefpunkte. Besonders in den Wintermonaten. Über Jahre hinweg mußte ich auf Raubzüge gehen, oftmals täglich, und die Schwierigkeiten waren jedesmal andere; gleich blieb immer nur das hohe Risiko:

Diesmal entschließe ich mich, in die Vororte zu gehen. Die dort angesiedelten Russen leben etwas unbekümmerter als ihre Landsleute in der Stadt. Am Rande eines großen Trümmerfeldes sehe ich einige bewohnte Häuser, in denen Russen mit ihren Frauen leben. Als ›Spezialist‹ getarnt inspiziere ich die Häuser und stelle fest, daß die Bewohner zu Hause sind. In solchen Fällen ziehe ich gewöhnlich weiter und suche andere Objekte. Heute bemerke ich aber die schneeweiße Bettwäsche, vor allen Dingen Kissenbezüge, zum Trocknen auf einer Leine hängen. Da ich den Tauschwert dieser Bezüge kenne, will ich einige davon in meine Tasche stecken. Wegen der Leichtigkeit dieser Räuberei bin ich nicht vorsichtig genug und werde auch prompt entdeckt. Eine kreischende Frauenstimme verkündet die beobachtete Tat und ruft alle in der Nähe befindlichen Russen um Hilfe. Mir ist klar, daß höchste Gefahr droht und es in dieser Situation nichts anderes als die Flucht gibt. So schnell ich kann, laufe ich über das Feld auf die nächsten Ruinengrundstücke zu, bin aber noch keine hundert Meter vom Tatort entfernt, als die ersten Schüsse krachen. Wie ich mich umsehe, werde ich von zwei Russen verfolgt, die halbbekleidet hinter mir herlaufen und dabei mit einem Gewehr oder einer Maschinenpistole herumfuchteln. Daß die Jagd tödlich ausgehen kann und wahrscheinlich wird, ist mir klar, und während ich im Zickzack weiterlaufe und darauf achte, daß möglichst viele Steinhaufen zwischen mir und meinen Verfolgern sind, ziehe ich meine Beute aus der Tasche und werfe sie hoch in die Luft. So hoch, daß meine Verfolger die weißen Kopfkissenbezüge sehen müssen. Ich hoffe dabei, daß sie sich etwas beruhigen werden, wenn sie die Beute finden, und die Verfolgung dann vielleicht aufgeben. Die Rennerei unter den Schüssen kostet mich so viel Kraft und Nerven, daß ich mich in der nächsten Ruine völlig erschöpft und ohne Luft zu bekommen hinter einer Mauer niederkauere. Ich weiß, daß ich verloren bin, wenn sie mich weiterverfolgen und sitze wieder einmal schicksalsergeben in meinem unzureichenden Versteck. Ich warte und hoffe — und habe gewonnen. Meine Verfolger überschätzen meine schwache Kondition. Hätte ich noch weiterlaufen können, wäre das Ruinenlabyrinth die sichere Rettung gewesen. Das haben die Russen sich auch gedacht und die Verfolgung aufgegeben. Bestimmt nur wenige Schritte von meinem Versteck entfernt. Ich fühle mich so miserabel und elend, ärgere mich über meinen Leichtsinn und verfluche, was ich tue. Heute kehre ich ohne jede Beute heim. Zu weiteren Unternehmungen fehlt mir der Mut und die Kraft. Auch die Eltern sind enttäuscht und hungrig. Sonst brachte ich immer etwas nach Hause. Doch Mutter hat ein primitives Fernglas aus dem vorherigen Einbruch umgetauscht, und so gibt es wenigstens irgendetwas zu essen.

Natürlich erzähle ich nie, was ich tue oder erlebe, die Eltern sind zu alt. Vater würde es immer mißbilligen und Mutter sich viel zu sehr sorgen. Verarbeiten muß ich meine Erlebnisse allein, aber die Hauptsache ist, daß der Mut zu neuen Taten bald wiederkehrt.

Räucherfischfang

Inzwischen war der Winter hereingebrochen und erschwerte unser Leben zusätzlich. Brennmaterial mußte besorgt, Öfen mußten installiert werden. Auch suchte ich wieder Arbeit, die eine Möglichkeit versprach, Lebensmittel abzweigen zu können. Aus der Brotfabrik wurden wir entlassen, nachdem alle Fenster und Nischen in der damaligen provisorischen Art mit Brettern verschalt worden waren. Da hörte ich, daß die Russen eine Fischräucherei einrichten wollten und Betriebstischler suchten. Das Wort ›Fischräucherei‹ hörte sich überaus verlockend an, und in Gedanken schwelgte ich schon im Genuß von Räucherfischen oder wenigstens ihren Köpfen oder anderen eßbaren Abfällen. Ich meldete mich und wurde genommen. Wieder gab es die bekannten Arbeiten. Hier war ein Fenster zu reparieren, dort ein Verschlag, ein Geländer, eine Leiter, eine Bank, ein Tisch und was sonst so anfällt. Gleich in den ersten Tagen war Appell, eine Art Betriebsversammlung. Wie üblich wurde mit den schwersten Strafen gedroht, wenn ... Dabei kamen wir überhaupt nicht mit Fischen in Berührung, ob geräuchert oder nicht. Täglich vierhundert Gramm Brot war die Bezahlung und Beköstigung zugleich, wie gewohnt. Niemand von uns gab aber die Hoffnung auf, daß sich doch einmal etwas machen ließe. Ganz vereinzelt nur fand man weggeworfene Fischköpfe oder Schwänze − die Überreste einer Mahlzeit − und war überglücklich. Aber was jeder von uns im stillen hoffte, brachten wir nicht zuwege.

Fische sahen wir nur durch verschlossene Gitterstäbe. Da lagen abgewogene Holzkisten voller herrlich frisch geräucherter Fische. Man stellte sie uns vor die Nase, weit genug von dem Eisengitter entfernt. Das Vorhängeschloß war groß und nicht ohne Beschädigung zu öffnen. Doch etwas mußte geschehen. Nur was? – Eines Tages hatte ich eine Idee. Der Raum, in dem man die Fische hinter dem Eisengitter aufbewahrte, war ein Durchgangsraum mit drei Türen. Mein Plan war, vor dem Gitter der weggeschlossenen Fische Sägespäne und Dreck fallen zu lassen, so daß die pingeligen Russen uns sogleich den Auftrag geben würden, den Fischraum wieder einwandfrei zu säubern. Genauso geschah es auch. Nun hatte ich vorher am Ende meines Besenstiels einen Nagel quer durchgeschlagen. Unauffällig war mein Besenende mit dem herausstehenden Nagel zur Angel geworden, die weit genug zwischen den Eisenstäben hindurchreichte. Mit ausgestellten Wachen und verabredeten Warnsignalen nutzte ich einen geeigneten Moment und angelte zwei Räucherfische aus den Kisten. Man mußte höllisch aufpassen, daß die Fische nicht vom Haken fielen, bevor sie durch das Gitter manövriert waren. Der Trick gelang einige Male, obwohl die Russen Ärger mit dem Gewicht der bereits abgewogenen Fischkisten bekamen. Wir konnten das beobachten. Dann kam es aber, wie es früher oder später kommen mußte: Gerade als ich wieder einen Fisch herausangelte, ertönte das Warnsignal, und ich mußte mich beeilen. Das bekam dem Fangvorgang äußerst schlecht, und der verdammte Fisch fiel auf die Erde zwischen Gitter und Kiste. In größter Eile konnte ich den Besen noch in eine Ecke stellen, damit er nicht in meiner Hand angetroffen wurde. Als der Offizier – unser Chef – in den Raum kam, säuberten wir eifrig Fliesen und Wände.

Leider entdeckte er den auf dem Boden liegenden Fisch sofort und betrachtete sich ihn lange mit gerunzelter Stirn. Dann sah er jeden von uns an, sagte aber kein Wort. Nach erneutem kurzen Nachdenken ging er auf den in der Ecke stehenden Besen zu, entdeckte den Nagel und roch daran. Dann verschwand er, immer noch wortlos. Wir befürchteten das Schlimmste und sahen uns schon in einem sibirischen Straflager.

Mittags war Appell. Alle deutschen Arbeiter mußten antreten. Unser Chef kam mit einem Dolmetscher. Er machte ein verschlossenes, ernstes Gesicht und hielt seine Ansprache: »Genossen! Ich habe noch nie erlebt, daß man Fische mit einem Besen angeln kann und dazu aus einem verschlossenen Raum. Daß man aber im tiefsten Winter Fische angeln kann, die bereits geräuchert sind, ist das Allermerkwürdigste. Doch da diese unglaublichen Dinge heute in meinem Betrieb geschehen sind, sehe ich mich genötigt, einige meiner Angestellten fristlos zu entlassen, beziehungsweise strafzuversetzen.« Wir waren so unsagbar erleichtert, daß wir alle lachen mußten und unseren humorvollen Chef am liebsten umarmt hätten. Eigentlich hätte er uns der Miliz melden müssen, dann wäre das ganze Anklage- und Verurteilungsverfahren in Gang gekommen. Da er aber um die Härte der sowjetischen Militärgerichtsbarkeit wußte, tat er nichts, um die Täter zu überführen. Seine humorige Rede sollte besagen: Was passiert ist, war quasi ein Wunder und nicht ein mit schwerer Strafe zu ahndender Diebstahl. Leider wurden wir aber, wie angekündigt, auf eine Baustelle versetzt, und das war das Ende meiner Tätigkeit in einer Fischräucherei.

Ahnungen

Mutter lernte immer besser die Möglichkeiten des schwarzen Marktes zu nutzen. Zum Beispiel kaufte oder tauschte sie Zigarettenschachteln und verkaufte die einzelnen Zigaretten mit geringem Profit. Dasselbe machte sie mit Brot, welches sie laibweise kaufte – für über 100 alte Rubel – und scheibchenweise verkaufte. Ein mühseliges, aber am Ende doch gewinnbringendes Geschäft. Nur leider voller Aufregungen. Einmal durch die Miliz, die handeltreibende Deutsche als ›Spekulanten‹ verhaftete, und zum anderen durch brutale Russen, die ihr einfach alles wegnahmen. Auch hungernde Deutsche rissen ihr manchmal das Brot aus der Hand.

Ich arbeitete nun als Maurergehilfe für sechshundert Gramm Brot pro Tag. Vater hatte endlich eine leichte Tätigkeit als Wachmann gefunden und erhielt ebenfalls Brot. Mutter erhandelte etwas vom schwarzen Markt. Zusätzliches holte ich mir aus den Wohnungen der Russen, wenn es unumgänglich notwendig wurde. Für ein paar Tage lief alles gut. Ich schleppte Steine, mischte Zement und tat, was ein Gehilfe der Maurer zu tun hat. Aber dann geschah das Erstaunliche. Plötzlich packte mich ein Bedürfnis, nach Hause zu gehen, so stark, daß ich vormittags, während der Arbeitszeit, meinen Posten verließ und nach Hause lief. Eine völlig ungewöhnliche Handlungsweise, die in der Regel mit dem Verlust des Arbeitsplatzes geahndet wurde. Während ich auf dem Weg nach Hause war, überlegte ich mir noch die Sinnlosigkeit meines Tuns und wunderte mich über meinen Drang, ausgerechnet am frühen Vormittag nach Hause zu müssen. Als ich jedoch in unsere Straße einbiege, sehe ich Mutter eigenartig torkelnd ebenfalls auf unser Quartier zustreben. Sie ist kreidebleich, hat eine schlimme Wunde am Kopf und erzählt, sie sei niedergeschlagen und ausgeraubt worden. Sie wußte nicht, wie lange sie bewußtlos in der Ruine gelegen hat, in die sie ein Russe mit Versprechungen über eine besonders günstige Einkaufsmöglichkeit gelockt hatte. Dann schlug er ihr den Ziegelstein auf den Kopf. Als sie wieder erwacht war, hat sie sich mehrfach übergeben müssen und sich schrittweise nach Hause gequält. Sie sah mich wie eine Fata Morgana an, so verwundert und überrascht war sie, mich anzutreffen. Ich half ihr nun weiter und brachte sie in ihr Bett. Es kam uns unheimlich vor, und wir empfanden beide deutlich das Besondere an unserem Zusammentreffen in gerade solch einem Augenblick. Zum Glück erholte sich Mutter bald wieder, jedoch wurde dieser Vorfall zu einem Erlebnis, welches mich mein ganzes Leben beschäftigen wird. Zweifelsfrei gab es hier Gedankenübertragung. Eine über den Raum hinweg wirkende Verbindung zweier Menschen. Wenn das aber möglich ist, was ist dann noch alles möglich? Eine über Zeit und Raum wirkende Verbindung? Bilden wir Einheiten mit bestimmten Personen, die unser Handeln und Denken beeinflussen? Hinzu kommt, daß ich einige Male die Erfahrung gemacht habe, im Zustand des Ahnens eine unmittelbare Gefahr oder ein sich erst in der Zukunft abspielendes Ereignis vorausschauen – ahnen – zu können. Allerdings nur in extremen Situationen, und niemals absichtlich. Wenig später passierte folgendes:

Ich habe gerade sehr leise eine Russenquartiertür mit meinem Dietrich geöffnet und lausche angestrengt und lange in die Wohnung hinein. Das Türschloß war leicht zu öffnen gewesen, denn die später üblichen Sicherheitsschlösser gab es damals noch nicht. Ich hatte zwar angeklopft, und niemand reagierte, aber heute habe ich ein deutliches Gefühl, daß eine unmittelbare Gefahr auf mich wartet. Gewiß hatte ich dieses Gefühl auch unbegründeterweise schon einige Male gehabt und mich hinterher über die unnötige Angst geärgert. So sage ich mir: ›Sei nicht feige und wage es.‹ Ich gehe in die Küche, so leise ich kann, und sehe dort ein großes Netz mit Kartoffeln liegen, genau das, was wir uns sehnlichst wünschen. Also schnell zugepackt und dann leise weg. Ich kann aber nicht. Etwas hält mich mit Gewalt davon ab. Ganz stark lähmt mich eine Ahnung, und so stehe ich eine ganze Weile vor den Kartoffeln und kann sie nicht nehmen. Verblüfft und hilflos wundere ich mich über dieses Phänomen, als, für mich noch unsichtbar, eine Zimmertür laut, ruckartig und böse aufgerissen wird und eine Sekunde darauf ein Russe mit erhobenem Beil durch die Küchentür auf mich zurast. Sein Gesichtsausdruck signalisiert verbissene Entschlossenheit, zuzuschlagen. Unsere Augen begegnen sich, und mit Blick und Geste kann ich ihm Einhalt gebieten. Ich spüre unmittelbar, daß ich ihn beeinflußt habe, daß ich in höchster Not so etwas wie hypnotische Kraft entwickeln konnte. In der Luft, über seinem Kopf, hält er das Beil still und sieht mich gebannt an. Hinter ihm erscheint seine verängstigte Frau. Sofort rede ich auf ihn ein. Erzähle ihm, daß ich ›Spezialist‹ sei und die elektrischen Anschlüsse überprüfen müsse. Auch hätte ich nichts genommen, er könne sich selbst überzeugen. Es dauerte eine ganze Weile, ihn wieder zu beruhigen und endlich zu überzeugen. Meine Kraft der Beeinflussung, Überredungskunst zusammen mit seiner Gutartigkeit, Gutgläubigkeit verhelfen mir dazu, aus dieser Situation unbeschadet herauszukommen.

Was war auch hier wieder am Werk? Glück, Zufall, höhere Gewalt? Dieses Unbekannte, das uns ahnen läßt und die Fähigkeit zur Intuition gibt, was ist es? Spezielle Sensibilität? Warum soll es nicht etwas mit Gott zu tun haben? Besonders wenn man Gott als in allem immanent wirkende Kraft versteht, als etwas, das alle Erscheinungsformen bedingt — die körperlichen und geistigen — und somit alles verbindet und verknüpft.

Wie üblich dauerte es keinen Tag, bis ich aus solchen Gedanken wieder in die Niederungen des Lebenskampfes zurückgestoßen wurde. Mutter brachte im Tauschweg erstandene Pilze nach Hause und bereitete sie notdürftig zu. Eine halbe Stunde nach der Mahlzeit bekamen wir furchtbare Bauchschmerzen, und entsetzlich übel wurde uns auch. Natürlich hatten wir gehört, daß man sich mit Pilzen eine tödliche Vergiftung zuziehen kann. Daß die wirklich gefährliche Vergiftung — durch den Knollenblätterpilz — erst viele Stunden nach dem Verzehr bemerkbar wird, wußten wir nicht. Diese unmittelbare Reaktion war zwar äußerst schlimm und schwächte uns zusätzlich, sterben aber — wie wir zuerst glaubten — mußten wir nicht.

Die »Barmherzigkeit«

Professor Wilhelm Starlinger, der auf Anordnung der Besatzungsmacht das erste deutsche Seuchenkrankenhaus (DSK) einrichtete, schreibt in seinem knappen, die damalige Situation treffenden Bericht – ich zitiere aus seinem Buch »Grenzen der Sowjetmacht«:

1. Die leib-seelische Belastung betraf vor allem Frauen und Kinder (zumal die Männer, soweit sie den Endkampf überlebt hatten, in ihrer Masse schon bald nach der Eroberung ausgelagert wurden), die Schutzlosigkeit der Frau war total, die Zerreißung der Familie vollkommen, eine das Leben der Kleinkinder erhaltende Versorgung unmöglich. – 2. Die erste unregelmäßige und unzureichende, nur arbeitsfähige Erwachsene betreffende Brotverteilung kam langsam im Mai in Gang. Das Brot, sehr wasserreich, 400 g, blieb bis zum Sommer 1946 die einzige, aber nicht regelmäßige Versorgung und kam nur dem kleineren Teil der Bevölkerung zugute. Die meisten Menschen lebten von Roggenkörnern, die von besonders Einsatzfähigen oder Gewinnlustigen auf den Feldern geborgen wurden, deren Saat im Winter 1944/1945 in die Erde gekommen war, deren Halm ungeschnitten auf den Feldern blieb, die selbst vom Sommer 1945 ab immer stärker keimten. Es wurde reichlich Fleisch von längst vergrabenen und wieder ausgegrabenen Tieren gegessen. Im Winter 1945/1946 wurden sichere Fälle von echtem Kannibalismus festgestellt. Erst ab Sommer 1946 gab es geringe weitere Zuteilungen, später auch Geldauszahlungen an regelmäßige und nötige Arbeiter. – 3. Der Wohnraum war aufs äußerste beschränkt, gekennzeichnet durch Zusammenpferchung auf engstmöglichem Raum; Hausrat, Wäsche, Kleider,

insbesondere Schuhe waren weitgehendst in Verlust geraten; Holz genügte in den schweren Wintern kaum zum Kochen, im schwersten Winter 1946/1947 starben in mancher Nacht ganze Familien auf einmal vor Kälte und Entkräftung. − 4. Auf dem Höhepunkt der Typhusepidemie, im Herbst 1945, lebte Königsberg vom Wasser allein seiner Brunnen, die mit wenigen Ausnahmen verunreinigt waren, und der Bombentrichter, wenn das Brunnenwasser nicht reichte; es wusch sich mit dem Wasser der Bombentrichter (denn der Weg zum Pregel war zu weit und zu gefährlich), es konnte Wäsche nur ausnahmsweise wechseln und waschen. Die Kanalisation lag tot, die vorhandenen Latrinen waren unzureichend und schlecht gepflegt, der Weg zu ihnen vielfach zu weit und gefürchtet, die Verschmutzung der Höfe und Keller demgemäß schwer. Licht kam erst 1946 in Teilbezirken in Gang, aber nur wenige konnten es nützen. − 5. Die Vermehrung der Fliegen war im Sommer 1945 so groß, daß im Augenblick jedes Gefäß, jedes Stück Brot, jeder Kranke, aber auch jedes frische Exkrement in dichten Trauben befallen war. Die Verlausung begann im Mai und war bis zum Winter 1945/1946 massiv und vollkommen, die Rattenvermehrung war so ungehemmt, daß Schlafende angefallen wurden. − 6. Die Bevölkerung hatte und erhielt keine Desinfektionsmittel, hatte selbst Seife nur ausnahmsweise. Die Säuberung der Stadt beschränkte sich auf die Freimachung der Verkehrsstraßen. Latrinenanlagen und -benützung kamen nur langsam in Gang. Selbst die Leichenbergung wurde erst nach Wochen abgeschlossen. − 7. Mit der Einrichtung eines lockeren Netzes deutscher Ambulatorien, die Anfang Mai 1945 im wesentlichen stand und gut arbeitete, konnte an die Erfassung der Infektionskranken, später auch der Verdächtigen gegangen werden. Die Erfassung war mit Beginn der ersten Typhuswelle bereits in gutem Gang, nur die Frischerfassung blieb verspätet. Die festgestellten und erfaßten Seuchenkranken wurden den neu gegründeten Deutschen Seuchenkrankenhäusern zugewiesen. Der Transport war namentlich im ersten Jahr sehr schwierig, für Schwerkranke langwierig, anstrengend, oft unmittelbar gefährdend, und geschah immer auf offenen Pferdewagen [Handwagen!].

Über sein Spezialgebiet der Seuchenbekämpfung schreibt Professor W. Starlinger noch:

5. Die Verlausung war mindestens im Winter 1945/1946 total und massiv. — 6. Die Seuchenabwehr mußte sich darauf beschränken, die erfaßbaren Seuchenkranken zu isolieren und asylieren. Die Frischerfassung gelang allmählich. — 7. Die Unterbringung und Pflege in den improvisierten, unzureichend versorgten, sich ununterbrochen ausdehnenden Deutschen Seuchenkrankenhäusern (DSK) geschah unter schwersten und völlig unzureichenden Bedingungen, die aktive ärztliche Hilfsmöglichkeit war auf das Äußerste beschränkt. Daraus folgt, daß die Epidemien von Königsberg eine geschlossene und homogene deutsche Bevölkerung befielen, die 1. weder durch vorherige Seuchenberührung noch durch Impfung einen immunbiologischen Schutz erwerben konnte, 2. gegen die ungehemmte umweltbedingte Seuchenausbreitung durch keine aktive sanitär-hygienische Abwehrmaßnahme (außer einer oft verspäteten Isolierung und Asylierung der erfaßbaren manifest Erkrankten) geschützt wurde, während umgekehrt der explosiven Seuchenausbreitung durch die totale Desorganisation jeder Lebensführung und Haltung möglichst Vorschub geleistet war, und 3. unter einem solchen Übermaß an seelisch—leiblichen Belastungen litt, daß jede nur mögliche milieu—individuelle Krankheitsanfälligkeit zur Auswirkung kommen mußte, während auf der anderen Seite die pflegerisch—ärztliche Versorgung den grundlegendsten Forderungen nicht Genüge tun konnte. — Man kann also wohl mit Recht sagen, daß die Epidemien von Königsberg unter elementaren Bedingungen abliefen. Es schien damals dem Berichterstatter nicht selten, als ob Schicksal und Natur prüfen wollten, was Menschen ertragen können und wie sie sich dabei gegen freischaltende Seuchen verhalten.

Unser gesundheitlicher Zustand war miserabel. Vater fühlte sich sehr schwach und magerte entsetzlich ab. Es schien, als wären Frauen generell besser in der Lage, mit völlig ungenügender Ernährung, der es vor allen Dingen an Proteinen fehlte, auszukommen. Die Todesrate unter den Männern war auffallend höher. Bei uns erwies sich Mutter ebenfalls als die Widerstandsfähigste, und jeder, der sie in dieser schweren Zeit erlebt hatte, mußte ihrer unermüdlichen Energie, Hilfsbereitschaft und ihrem Mut im täglichen Lebenskampf höchste Bewunderung entgegenbringen. Sie hätte diese schwere Zeit wahrscheinlich nicht ohne mich, ich aber ganz bestimmt nicht ohne sie überstehen können. Ihre größte Bewährungsprobe kam aber im Winter, im Dezember 1945: Eines Morgens konnte ich mich nicht mehr rühren, redete wirr und hatte alle Anzeichen hohen Fiebers. Das Thermometer zeigte später 41 Grad. So begann bei den meisten das Ende. Nachdem sich die Menschen verzweifelt darum bemühten, nicht zu verhungern, kam immer irgendwann eine Krankheit, die dann den Tod brachte. So wäre es auch bei mir gewesen, wenn nicht Mutter stumm und verbissen gekämpft hätte. Als sie bemerkte, daß es sehr ernst um mich stand und mein Befinden sich in den nächsten Tagen verschlechterte — ich konnte kaum noch atmen —, lief sie fort, bis sie eine russische Ärtzin fand. Die untersuchte mich, ließ mich einige Male ›Trizet Trie‹ (33) sagen und verfügte meine sofortige Überführung in die »Barmherzigkeit«. Das war ein wieder in Funktion gebrachtes Krankenhaus, von dessen Existenz wir noch gar nicht wußten. Auf Geheiß der resoluten Ärztin, die einen hohen Offiziersrang hatte, brachte mich eine russische Ambulanz in das von deutschen Ärzten geführte Krankenhaus. Als ich zur Aufnahme kam, stritten sich eine Krankenschwester und der Aufnahmearzt, ob ich, wie es die Vorschrift verlangte, erst in die Entlausung gebracht werden oder sogleich auf die Station kommen sollte. Ich hörte, wie der Arzt sagte: »Der kann nicht in die Entlausung geschickt werden, der krepiert uns da.« Er untersuchte meine Haare auf Läuse und befahl meine sofortige Aufnahme in eine der Krankenstationen. Man behandelte mich mit äußerster Vorsicht und brachte mich in einen Raum mit acht Betten. Richtige Betten mit weißem Bettzeug. Vier Betten standen an der rechten Wand und vier an der linken, quer in den Raum hineingestellt. Der Gang in der Mitte war nur wenig breiter als der Zwischenraum der Betten. Hier fühlte ich mich geborgen und erlebte zum erstenmal eine offizielle Einrichtung, die sich um mein körperliches Wohl kümmerte. Allerdings stellte sich sehr bald heraus, wie beschränkt ihre Möglichkeiten waren. Ich lag jedoch erst einmal in einem sauberen Bett und brauchte nichts zu tun, nichts zu planen. Sogar die Sorgen ließen nach, als Mutter nach einer sehr schweren Woche berichtete, daß sie eine Idee gehabt hätte, durch die sie für sich und Vater etwas Lebensmittel erhandeln konnte. Glücklicherweise hatte ich bei einem Einbruch eine größere Menge ›Muckefuck‹ (Mocca Faux; Ersatzkaffee) geklaut. Den mußte Vater zubereiten, während Mutter mit der heißen Kaffeekanne nebst ein paar Tassen auf den schwarzen Markt ging, um tassenweise Kaffee – für einen Rubel – an die frierenden Russen zu verkaufen. Der Profit reichte für ihr Überleben und brachte mir jene seelische Beruhigung, die wichtige Voraussetzung für eine langsame Genesung war; eine sehr langsame.

Dr. Frank röntgte mich und stellte doppelseitige Lungenentzündung nebst Rippenfellentzündung (trocken) fest, sowie Unterernährung. Die beiden

Ärzte, die die Station betreuten, waren Professor Böttner und Dr. Schaum. Wenn sie auch in meinem Fall kaum etwas anderes tun konnten als abzuwarten – Medikamente gab es überhaupt keine –, so waren ihre Fürsorge und ihr persönliches Interesse sicher ganz ausschlaggebend für mein schrittweises Überwinden der schlimmen Erkrankung. Dies ist der Moment, diesen beiden Männern herzlich zu danken. Dr. Schaum konnte sich bestimmt nicht vorstellen, was es für mich bedeutete, wenn er sich ab und zu mit mir unterhielt. Der Zustand des Wichtiggenommenwerdens, des Loslassenkönnens brachte mir ein Wohlgefühl, wie ich es lange nicht mehr gekannt hatte. So lag ich völlig still in meinem Bett, glücklich und voller Hoffnung. Einmal am Tag gab es etwas zu essen. Meistens Mehlsuppe, aber auch Bohnen- oder Erbsensuppe, die uns wie köstliche Delikatessen vorkamen. Manchmal gab es noch am Nachmittag irgendwelche Kleinigkeiten. Es reichte nicht aus, um die an schweren Hungerödemen erkrankten Zimmergenossen vor dem Verhungern zu bewahren. Sie starben einer nach dem anderen, und ihre Betten wurden sofort wieder mit ebenso hoffnungslosen Fällen belegt. Alle hatten Ödeme, nicht heilende Wunden und Wasser im ganzen Körper. Unentwegt punktierte Dr. Schaum Rippenfelle und Herzbeutel. Es war wohl das einzige, was er tun konnte. Als ein dreizehnjähriger Junge, den man neben mich gelegt hatte, starb – auch sein Herzbeutel wurde mehrfach punktiert –, ging mir das besonders nahe. Er hatte niemanden, der ihn besuchen kam, verschied neben mir fast lautlos und wurde zusammen mit unzähligen anderen namenlosen Opfern in irgendein Massengrab getan. Mir wäre es nicht anders ergangen, wenn nicht Mutter fast täglich gekommen wäre und angefangen hätte, Schwarzmarkteinkäufe mitzubringen. Eine Scheibe Brot, etwas Pferdefett, irgendwelche Konserven und wiederum etwas Brot. Sie erkannte schnell, daß ich ohne ihre Zusätze niemals gesund werden würde. Als sie wegen erneuter Sehnenscheidenentzündung die Kaffeekanne nicht mehr halten konnte, baute sie für die Kanne sogar selbst einen Bauchladen, den sie sich um den Hals hängen konnte. Nun wirkte sie wie eine richtige Marketenderin. Von morgens bis abends auf den Beinen, nur mit einem Ziel: Brot oder Lebensmittel zu ergattern. Sie schaffte das nur unter Aufbietung aller ihrer Kräfte. Vater mußte unterdessen Holz suchen, das Feuer unterhalten und Kaffee kochen, während Mutter auf dem Markt ihre heiße Erfrischung unermüdlich anpries und verkaufte.

Was sie mir jeweils ins Krankenhaus brachte, steckte sie mir unter der Bettdecke zu. Ich aß es gleich und so unauffällig wie möglich. Es war undenkbar Essen aufzubewahren, da es einem sofort weggenommen wurde, sobald man schlief. Außer meinem jungen Bettnachbarn gab ich niemandem etwas ab. Den Strohhalm, an den man sich klammert, kann man auch nicht mehr mit anderen teilen. Es war eine böse Situation. Wer nicht schon völlig apathisch war, redete vom Essen, von nichts anderem als vom Essen. Doch in diesem Zustand des ruhig Liegenbleibenkönnens war ich glücklich. Mir blieb aber keineswegs verborgen, daß in den Mauern dieses Krankenhauses eine Anzahl von Menschen schmarotzerhaft ihr Überleben zu sichern versuchte. Sie alle lebten von den schon viel zu knapp für Personal und Patienten vorgesehenen Lebensmittelzuteilungen der Militärverwaltung. Auch Gerüchte über Korruption bei der Verwaltung der Lebensmittel und Diebstähle in der Küche drangen in die Krankenzimmer. – Ich fing wieder an zu lesen. In der Anstaltsbibliothek gab es viele philosophische Bücher, und mit wahrer Besessenheit las ich alles, was mir gebracht wurde. Vor allen Dingen begeisterten mich die scheinbar logischen Weltbilder der Vorsokratiker – Anaximander, Heraklit, Thales von Milet usw. Da wird eine Hypothese aufgestellt und aus ihr die Welt erklärt; kaum hat aber einer gesagt, alles ist so, kommt schon ein anderer und sagt, alles ist anders. Ich fand das faszinierend und anregend, und las und las.

Der Winter draußen erschwerte das Leben zusätzlich, und es gingen Gerüchte über Kannibalismus um. Ärzte hatten auf dem Markt angebotenes Fleisch als Menschenfleisch erkannt. Ebenfalls stellten sich Klopse als aus Menschenfleisch gefertigt heraus. Und dann entdeckten die Russen in den Ruinen der Stadt eine regelrechte Menschenschlächterei. Dorthin lockte man Menschen, die umgebracht und deren Fleisch, Lunge und Herz verwertet wurden.

Mutter versuchte jetzt durch einen Kleinhandel – Kaufen und Verkaufen – den Profit zu vermehren. Sie erzählte, wie scharf die Miliz aufpaßte und wie schwer es war, hinter ihrem Rücken trotzdem etwas herauszuhandeln. Als die Miliz erkannte, daß es unmöglich war, die um ihr Überleben kämpfenden Königsberger an ihren kleinen Tausch- und Handelsgeschäften zu hindern, verbreiteten sie das Gerücht von den vergifteten Lebensmitteln, die Deutsche an Russen verkaufen würden. Nach ihrem Willen sollten wir es wohl nicht schaffen, doch am Leben zu bleiben.

Ich lag nun schon fünf Monate im Krankenhaus und fing gerade an, mich etwas zu erholen, als sich plötzlich wieder hohes Fieber einstellte. Am nächsten Tag war es weg, dann kam es wieder, und so fort. Ich war an Malaria erkrankt, einer Krankheit, die zu grassieren begann und den verdreckten Feuerlöschteichen zugeschrieben wurde. Feuerlöschteiche waren von den Nazis angelegte künstliche Teiche, die auch als Wasserreserve gedacht waren, wenn die Wasserversorgung ausfallen sollte. Jetzt moderten sie vor sich hin mit den Kadavern und Abfällen, die man in sie hineingeworfen hatte. Fliegen und Mücken konnten ungestört brüten und wurden zur Plage, wie es Läuse, Ratten und anderes Ungeziefer schon seit langem waren. So tauchten plötzlich Krankheiten auf, die es in Königsberg noch nie gegeben hatte. Doch wie behandelt man nun Malaria ohne Chinin, das es natürlich nicht gab? Die Krankheit warf mich weit zurück. Aber irgendwann hörte das Fieber von allein auf, und allmählich überwand ich die Malaria, die mir zum Andenken eine geschädigte Milz hinterließ.

Ganz große Not brachte der Monat Mai, als es nichts mehr zu essen gab. Zuerst wurde die Suppe immer dünner, dann blieb sie völlig aus. Was war geschehen? Die bisherige Militärverwaltung sollte von einer neu eingesetzten Zivilverwaltung abgelöst werden. Aber die übernahm die Verantwortung erst am 1. Juni. Und da das Militär sich daraufhin schon im Mai um nichts mehr kümmerte, entstand ein todbringendes Interregnum. (Durch Erlasse vom 7.4. und 4.6.1946 des Präsidiums des Obersten Sowjets der UdSSR wurde Königsberg formell der RSFSR und damit der Sowjetunion einverleibt.) Sie belieferten das Krankenhaus einfach nicht mehr und überließen alle ihrem Schicksal. Die Verzweiflung war groß, die Not unbeschreiblich. Wer jetzt keine zusätzlichen Lebensmittel von draußen bekam, war verloren. Ungefähr eine Woche nach Einstellung der Lebensmittelbelieferung durch die Rote Armee stieg die Sterblichkeitsrate der Patienten so dramatisch an, daß es täglich bis zu vierzig Tote gab. Ständig starben um mich herum Menschen, und die Handlung der über die Gesichter der gerade Gestorbenen gelegten Bettücher wurde zur stereotypen, sich immer wiederholenden Geste. Dann kamen die groben Krankenhaushelfer und holten die Toten ab. Wie leergelaufene Batterien wurden sie gefühllos weggeschafft. Nach wie vor war das menschliche Leben nicht nur nichts wert, sondern auch unerwünscht. Darüber konnten die schönen Choräle, die die Schwestern in den Fluren sangen, auch nicht hinwegtäuschen. Je schneller einer starb, um so besser. Am Ende waren es nach meiner Schätzung über 100 000 von ehemals 120 000 bis 130 000 Zivilisten, die den Russen diesen Gefallen taten. Hitler wollte Europa ›Judenrein‹ machen, Stalin Ostpreußen ›Deutschrein‹. Und trotzdem läßt sich das eine mit dem anderen niemals vergleichen. Aber daß ich beides überleben durfte, ist für mich unbegreiflich.

In einer Verzweiflungsaktion ordneten die Ärzte an, daß alle Krankenhauspatienten und Schwestern auf Wiesen und in den Ruinen eßbare Pflanzen sammeln sollten. Alle, die ohne fremde Hilfe auf die Toilette gehen konnten, mußten mithelfen. Es ging wieder einmal unmittelbar um Leben und Tod. So kam ich auf sehr schwachen Beinen zu meinen ersten Ausgängen. Positiv daran war lediglich, daß ich endlich die eßbaren Pflanzen − vor allen Dingen Brennnessel, Giersch, Melde und Löwenzahn − kennenlernte. Aus dem täglich Gesammelten wurde Suppe gekocht. Ob es die Sterblichkeitsziffer herunterdrückte, weiß ich nicht. Mutter mühte sich unsäglich und benötigte immer dringender meine Hilfe. Sie war rettungslos überfordert. Lebensmittel für drei Personen zu erhandeln, war ein Ding der Unmög-

lichkeit. Daß sie es vorher für zwei schaffte und außerdem noch etwas für mich abzweigen konnte, war
fast schon ein Wunder. Lange bevor ich gesund war,
verließ ich das Krankenhaus, um mich aufs neue in
die ›freie Wildbahn‹ zu begeben.

Als ich vom Krankenhaus nach Hause kam, waren meine Eltern wieder einmal umgezogen. Sie wohnten jetzt im Erdgeschoß einer Ruine. Es gab da einen überdachten, regendichten Raum, dessen Fensterhöhlen man verschalen konnte. Die Eingangstür war von den verstorbenen Bewohnern recht ordentlich eingebaut. Da das Quartier ganz gut war, hatten die Eltern noch eine alte Bekannte zu sich genommen, Gerda S., eine Musiklehrerin, die Vater aus früheren Zeiten kannte. ›Die Gerda‹, wie meine Eltern sie nannten, hatte das schwere Schicksal der Frauen geteilt, sich aber als kräftige Gutsbesitzerstochter nicht unterkriegen lassen. Mit Anthroposophie und Musik verstand sie es bewundernswert, Geist und Körper am Leben zu erhalten. Sie zog von Russenfamilie zu Russenfamilie, von Soldatenklub zu Soldatenklub, um mit Klavierunterricht und Spiel eine Mahlzeit oder etwas Brot zu verdienen. Damals wirkten ihr guter Mut und die geistige Komponente, mittels deren sie sich vor bleibendem Schaden zu bewahren trachtete, auf uns alle positiv. Anregend waren auch die Gespräche über ihre ›Religion‹. Allerdings verstanden meine Eltern genausowenig wie ich, wenn sie uns ab und zu, leuchtenden Auges und gestenreich, die Anthroposophie zu erklären versuchte. Sie benutzte Begriffe wie Äther- oder Astralleib, Geist und Seelenwesen und malte blumige Gedankenbilder, deren Farbenpracht den erfreuten, der — mehr empfindend als denkend — daran glaubte. Doch empfinden möchte ich lieber in Farben, Tönen und

Musik. Von Worten erhoffte ich mehr Klarheit. Ich sagte ihr damals sinngemäß: Weil das Höchste sich im Unbegreiflichen vollzieht, muß deshalb eine unbegreifliche Philosophie nicht gleich das Höchste sein. Aber vielleicht hatte sie gegenüber ihrer Fähigkeit logisch zu denken ganz einfach nur eine zu geringe Selbsteinschätzung und meinte, daß das, was verständlich sei, nicht gleichzeitig auch hochgeistig sein könne − ich weiß es nicht. Zusammen im Zimmer waren wir nur feiertags und nachts. Gerda überlebte die Jahre, war aber sehr krank, als ich sie vor nicht so langer Zeit wiedersah. Der zwar ungebrochene Geist hat sich von dem Erlebten nicht befreien können; ihr selber sicher nicht bewußt, trägt sie diese Zeit als schwere Last − auch körperlich − durch ihr weiteres Leben.

Die Eltern sahen sehr gealtert aus und wirkten siebzigjährig. Sie waren beide völlig verlaust, und Vater knackte die Viecher unentwegt zwischen den Daumennägeln. Eine andere Form, sich ihrer zu entledigen, gab es nicht. Urin war das einzige Desinfektionsmittel, das sich aber im ganzen als untauglich erwies. Ich hatte damit in der Anfangszeit versucht, meine Krätze loszuwerden, was mir aber nicht gelang. Zurückblickend stelle ich fest, daß uns Überlebenden die Heilkräfte der Natur halfen, Krankheiten zu überwinden. Krankheiten, bei denen sonst Medikamente pfundweise verbraucht worden wären. Aber der Allgemeinzustand war schlecht und die Not unvermindert groß. Es mußte wieder etwas unternommen werden, um zu mehr Lebensmitteln zu kommen. Leider war ich so schwach, daß ich nicht daran denken konnte, gleich als Tischler oder Maurergehilfe anzufangen. Ich war froh, wenn ich hundert Meter gehen konnte, ohne eine Pause einlegen zu müssen. Also marterte ich mein Gehirn aufs neue, um irgendetwas zu finden. Kleine Diebestouren hatten wenig Erfolg. Es fehlte mir Konzentration und auch noch der Mut.

Im Sommer 1946 wurden die elektrischen Anschlüsse erweitert, und die Russen suchten dringend Elektriker. Die Arbeit eines Elektrikers ist körperlich nicht so anstrengend, und so gab ich mich als Elektriker aus. Das ließen die Herren wiederum erst einmal nachprüfen. Ein deutscher Meister gab mir ein Blatt Papier und einen Bleistift, mit dem ich eine Wechselschaltung aufzeichnen sollte. Er fand sofort heraus, daß ich kein Elektriker war. Trotzdem gab er seine Zustimmung und empfahl den Russen, mich einzustellen. Das war wieder viel Glück und für den weiteren Lebenskampf von großer Wichtigkeit. Alle Russen respektierten ja Spezialisten und die Elektriker ganz besonders. Sie warteten darauf, endlich mit Elektrizität versorgt zu werden, und die Elektriker sollten ihnen dabei helfen. Das öffnete uns nicht nur ihre Türen, sondern verhalf uns zu mancher Zuwendung in Form von Brot oder Kartoffeln. Außerdem lernte ich auch Möglichkeiten kennen, die sich für erneute Einbruchsunternehmungen eigneten. Das aber blieb nach wie vor, schon wegen der lebensgefährlichen Risiken, der letzte Ausweg; wir unternahmen wirklich alle Anstrengungen, uns mit Handel auf dem schwarzen Markt und Arbeit vor dem Verhungern zu bewahren.

Als man die ersten Wohnhäuser der Russen mit Strom versorgte, war der Bedarf an Lampen und Deckenleuchten sehr groß. Nun suchte ich nach alten Glühbirnenfassungen und ausgeglühten Lampengestellen, versah alles mit neuen Leitungsdrähten und machte es auch sonst irgendwie ansehnlich. Das Ergebnis waren Objekte, die sich auf dem Markt gut verkaufen ließen. So geschickt wie andere, die aus einem Stück Messingrohr ›goldene Eheringe‹ herauszauberten, war ich nicht. In meiner neuen Branche waren mehrarmige Leuchter das Lukrativste. Auf diese altmodischen, sternförmigen eisernen Ungetüme waren die Russen besonders erpicht. Ab und zu fand man solche Stücke in dem Müll ausgebrannter Dachgeschosse. Sie waren meistens völlig defekt, aber in der Regel wiederherstellbar. So unternahm ich jetzt Touren in die von Russen bewohnten Häuser, um dort die Dachböden zu inspizieren. Nicht sehr viele ›Kollegen‹ trauten sich so direkt in die Höhle des Löwen, und deshalb lagen auf den Dachböden noch vereinzelt brauchbare Gegenstände herum:

Als ich das dreistöckige Wohnhaus betrete, stellt sich eine Beklemmung ein, die über das normale Maß hinausgeht. Ich kann nicht sagen, daß es eine deutliche Vorahnung ist, die mich warnt. Aber die Beklemmung ist besonders groß. Wie üblich steige ich in meinem Monteuranzug und Turnschuhen leise die Treppen hoch bis zum Dachboden, welcher in diesem Haus noch erstaunlich intakt ist. Ich höre keine Geräusche, keine Tür öffnet sich, und unbemerkt, wie ich glaube, gelange ich bis zu einer verschlossenen Tür. Die großen Schlösser dieser Eisentür sind mit dem Dietrich gar nicht so leicht zu öffnen. Oftmals klemmen sie. Mit Geduld schaffe ich es und gelange in einen noch wohlgefüllten Gerümpelboden. Bevor ich alles inspiziere, verstecke ich den Dietrich in der Zollstocktasche am Hosenbein. Das vergesse ich nie. Beim näheren Hinsehen stelle ich aber fest, daß kaum etwas Verwendbares herumliegt. Nur ein paar Fassungen, keine Lampen. Außer zwei Fassungen nehme ich nichts mit. Langsam gehe ich wieder die Treppe hinunter. Um heute auch noch in die Wohnungen einzubrechen, fehlt mir der Mut. Während ich vom zweiten Stock zum ersten heruntergehe, öffnet sich plötzlich eine Tür, und heraus stürmt ein junger, jüdisch aussehender Oberleutnant. Der stürzt sich auf mich und prügelt mit soviel Haß auf mich ein, daß ich blutend zu Boden stürze. Dort bekomme ich noch ein paar Fußtritte versetzt und werde dann an Haaren und Kragen gepackt, die Treppe herunter bis auf die Straße geschoben. Wir müssen ein kurioses Bild abgeben, denn immer mehr russische Zuschauer sehen uns neugierig und befriedigt lächelnd zu. Jeder empfindet ja Befriedigung, wenn ›das Böse‹ bestraft wird. Auf diese Weise geht er schnurstracks zur nächsten Milizstation. Ich immer vorneweg, mein wutschnaubender Oberleutnant hinterher. Vielleicht hat er überlegt, ob er mich nicht gleich erschießen sollte. Einen Moment hatte ich auf dem Treppenflur so ein Gefühl. Da ich aber kein Diebesgut bei mir hatte, tat er es wohl nicht. Später erfuhr ich, daß in demselben Haus einige Tage zuvor eingebrochen worden war. Meine Kollegen waren anscheinend erfolgreicher gewesen, und dieser Offizier gehörte vielleicht zu den Bestohlenen. Das Bestehlen der Russen wurde ja von allen — außer meinem Vater — als Heldentat und gerechtfertigte Handlung angesehen, und längst waren Scharen von meist ganz jungen Menschen am Werk, die ebenfalls auf diese Weise ihr Überleben zu sichern versuchten. Nur erzählte niemand, wo er eingebrochen hatte. Deshalb wußte keiner, wo man sich am besten eine Weile fernhält. Diesmal habe ich Pech, und wie schon bei einer Anzahl Königsbergern werde ich nun in einem Schnellverfahren abgeurteilt werden und sofort in ein Arbeitslager nach Rußland kommen. So verfuhr man jedenfalls mit ertappten Dieben. Doch es kommt wieder einmal anders: Auf der Miliz angelangt, brüllt mein Oberleutnant immer noch. Er stellt mich vor sich hin, und in großer Erregung spricht er unablässig auf den Milizbeamten ein. Der ist etwas älter und scheint sich nicht im geringsten aus der Ruhe bringen zu lassen. Ich bemerke aber, daß er den Offizier mit Zwischenfragen zusätzlich reizt. Die Wut meines Offiziers steigert sich immer mehr, und wieder fängt er an, auf mich einzuschlagen. Gleichzeitig sucht er noch einmal nach Diebesgut und inspiziert ganz besonders meine Werkzeugtasche. Die Dietriche findet er nicht. Das wäre mein Verhängnis gewesen. Immer wütender redet er auf mich ein und treibt mich dabei an die rückwärtige Wand. Dort fängt er an, mich auszuziehen. Ich streife nun extra meine Hose herunter, damit vielleicht das Merkmal unserer Gemeinsamkeit seinen Haß besänftigen möge. Doch das Gegenteil ist der Fall. Er packt mich an den Haaren und schlägt meinen Hinterkopf so lange an die Wand, bis mir die Knie weich werden und ich zusammensinke. Dann kehrt er wieder zum Tisch des Polizeibeamten zurück.

Noch etwas benommen, bemerke ich, wie sich der Polizeimann angewidert an die Schreibmaschine setzt und den böse und erregt diktierten Bericht zu schreiben beginnt. Es dauert eine ganze Weile, ehe sie fertig sind und mein Peiniger mit großer Geste seinen Namen unter das Getippte setzt. Dann verschwindet er, nachdem er noch eine Drohung ausspricht, die wohl an die Adresse des Polizisten gerichtet ist. Nicht zu übersehen ist, daß der Milizionär diesen Offizier nicht mochte. Vielleicht ist er ein Antisemit, vielleicht gefällt ihm der ganze Auftritt nicht und vielleicht ist die Tatsache, daß keinerlei Diebesgut vorgelegt oder gefunden wird, ausschlaggebend für sein Verhalten.

Ich sitze in meiner Ecke und harre der Dinge, die nun kommen werden. Von Zeit zu Zeit versuche ich dem Milizbeamten zu erklären, daß ich nicht geklaut habe. Doch er sagt kein Wort, und so verbringe ich den ganzen Nachmittag auf der Wache. Nach einigen Stunden, wohl kurz vor dem Schichtwechsel, kommt der Beamte auf mich zu, die schriftliche Anzeige in der Hand redet er auf mich ein. Ich verstehe — in Bruchstücken zwar nur —, was er sagt: »Ich lasse Dich jetzt laufen, aber sorge Du dafür, daß Du diesem Offizier nie wieder begegnest, sonst wird es auch für mich problematisch.« Dann zerreißt er die beiden Papiere mit der Unterschrift meines Anklägers, öffnet die Tür und läßt mich gehen.

Menschlichkeit beim Milizionär, Haß beim jüdischen Offizier — solche Erlebnisse zu verarbeiten, fiel mir nicht leicht.

Wasser und Strom

Ich dachte mir wieder einmal einen neuen Trick aus und löste in den schon mit Strom versorgten Häusern an der Zuleitung eine Phase aus dem Verteilerring — der Verteilerring war in der Regel neben dem Hauseingang —, dann wartete ich so lange, bis einige Russen ratlos am Sicherungskasten herumfummelten. Nun zeigte ich mich wie zufällig. Der ›Spezialist‹ wurde dankbar begrüßt, und scheingefällig bot ich meine Hilfe an. Nach wichtigtuerischen Untersuchungen mit der Probierlampe behob ich den Fehler und verlangte mein Belohnungsbrot. Das ging einige Male gut, bis ich an das falsche Haus kam, in dem es einen russischen Elektriker gab. Der durchschaute das Manöver und prügelte mich aus dem Haus hinaus. Danach gefiel mir der Trick nicht mehr so gut, und ich spezialisierte mich auf Antennenbau. Das waren einfach von einer Porzellanrolle zur anderen gezogene Drähte, weiter nichts. Es brachte ein halbes Brot Belohnung. Aber so sehr man sich auch mühte, es reichte nicht, um uns alle drei satt zu machen. Zumindest nicht satt für eine Folge von Tagen.

Mein Verhältnis zu Vater war immer äußerst gespannt. Es ist gar nicht leicht, die sicher nicht nur mich belastenden Auseinandersetzungen mit ihm zu rekonstruieren. Beide bemühten wir uns immer, unsere Lebensanschauungen zu rechtfertigen. Seine fragwürdige Inaktivität und meine fragwürdigen Aktivitäten sollten durch noch fragwürdigere philosophische Gedankengebilde als gutes oder schlechtes, richtiges oder falsches Verhalten hingestellt werden. Da war vom Fluch der bösen Tat die Rede — was ich als Anspielung auf meine Diebereien verstand — und von der weltverbessernden Wirkung des Weisen, der ständig den Frieden und die Liebe mehrt. Seine Vorbilder waren Dulder wie Ghandi und Buddha, meine die Tatmenschen Moses und Wilhelm Tell. Allerdings war er nur insoweit Ghandi, als er zu wenig tat, und ich Moses, weil ich die russischen ›Ägypter‹ beklaute. Aber wer hat schon seine Vorbilder erreichen dürfen? Zu fragen war nur ständig aufs neue: Gelten hehre Verhaltensweisen für alle Lebenslagen? Brauchten wir in unserer extremen Situation nicht andere Richtlinien? War es edel und richtig, nichtstuend zu sterben anstatt stehlend zu überleben?

Gottseidank war Vater zum Sterben nicht bereit. Er wurde immer bitterböse, wenn er glaubte, daß ich ein größeres Stück Brot bekam. Mutter verteilte das spärlich Vorhandene und berücksichtigte dabei, daß ich für meine Arbeit und sonstigen Unternehmungen auch mehr Kalorien brauchte, abgesehen davon, daß sie vielleicht den jüngeren Menschen auch aus anderen Gründen bevorzugte. Vater haßte mich solcher ›Ungerechtigkeiten‹ wegen, und ich haßte ihn um diesen Haß. Im Raum stand sein selten ausgesprochener Anspruch — den ich grundsätzlich akzeptierte —, nämlich: Weil er der Grund unseres Überlebens in der Nazizeit war, hätten wir für sein Überleben in der Russenzeit zu sorgen. Der Umstand, daß wir durch sein Vorhandensein nicht in die Gaskammern abtransportiert worden waren, ließ sich aber mit unserem jetzigen Einsatz nicht aufrechnen. Und außerhalb solcher Gedanken gibt es doch eine moralische Pflicht, ganz besonders für Familienangehörige zu sorgen. Das galt für ihn damals unter Hitler genauso wie für mich später unter Stalin.

Mein Problem war ja nur, Vater zu größerer aktiver Beteiligung am Überlebenskampf zu bewegen. Aber mit ihm über diese Dinge zu sprechen, war schwer, zumal seine Fähigkeit, Gedanken zu formulieren, der meinigen überlegen war. Übrig blieb immer ein großes, tiefes Unbehagen, das alles nur noch schwerer machte.

Dann fing Vater an zu resignieren und war überhaupt nicht mehr zu aktivieren. Er magerte bejammerungswürdig ab und wollte nicht mehr aufstehen. Dabei hatten wir unser Leben im ganzen verbessert. Man ließ uns sogar in ein Parterrezimmer ziehen, das in einem nur von Russen bewohnten Haus war. Das Haus stand in der Beethovenstraße. Es war wieder so ein einzelnes, zwischen Ruinen stehengebliebenes Haus. Man gestattete uns dreien, das Zimmer zu beziehen, machte uns jedoch zur Auflage, auch Hauswartsarbeiten zu übernehmen. Wir waren darüber sehr froh. Der nächste Winter wäre in unserem unbeheizbaren Quartier nicht zu überstehen gewesen. Es war zwar völlig ungeklärt, womit wir heizen würden, aber einen wirklich abgeschlossenen Raum zu haben, war eine der wichtigsten Voraussetzungen.

Wasser brauchte nicht mehr eimerweise aus Luisenwahl geholt zu werden. Hydranten, die an verschiedenen Stellen standen und angezapft werden konnten, erleichterten die Wasserversorgung schon seit einiger Zeit. Für die körperlichen Bedürfnisse mußten aber nach wie vor die Ruinen herhalten, in denen bald eine eindrucksvolle Vegetation zu wachsen begann. Jedoch die Bewohner unseres Hauses praktizierten eine andere Methode. In einer im Parterre gelegenen — allerdings recht zerstörten und unbenutzten — Küche hatten sie ein Loch in den Fußboden geschlagen, und durch dieses Loch wurde hindurchgesch... Der im Keller größer werdende Haufen wuchs in Kegelform zum Küchenloch hinauf. Später hätte man an einer anderen Stelle ein weiteres Loch in den Boden stemmen müssen, wenn nicht ein Ereignis dieser Gepflogenheit ein Ende bereitet hätte: Genau wie beim elektrischen Strom schloß man nach und nach einzelne Häuser und Straßen an die Wasserversorgung an, und als ich eines Tages nach Hause kam, standen die Bewohner ratlos davor, während es überall munter plätscherte. Unser Haus war von einigen unsichtbaren Fachgenies an die Wasserleitung angeschlossen worden, und alle defekten oder abgeschraubten Wasserhähne − aber auch die Leitungen selber − spuckten Wasser. Man war völlig hilflos und empfing mich wie einen Retter in der Not. Ich spürte ihre Erwartung und die Verpflichtung, das Übel zu beheben. Schließlich war ich ihr ›Spezialist‹. Ich fragte den russischen Major aus dem ersten Stock, ob sie denn den Haupthahn zugedreht hätten, der natürlich irgendwo im Keller sein mußte. Er verneinte und meinte nur etwas verlegen, da könne man nicht hinein. Sofort lief ich hinunter und ahnte schon, was er meinte. Der ganze Keller war bereits knietief mit Wasser überschwemmt, und obendrauf schwamm die ganze Kacke. Gerade in dem Kellerraum unter der Küche war ein Rohrbruch oder abgeschraubter Wasserhahn, aus dem es mit scharfem Strahl herausspritzte. Der hatte den deckenhohen Haufen in Bewegung gesetzt. Natürlich gab es keine andere Wahl, als Schuhe und Strümpfe auszuziehen − Hose auch − , um in der braunen Brühe watend nach dem Haupthahn zu suchen. Es dauerte auch einige Zeit, bis ich den verdammten Hahn endlich fand und das Wasser abgestellt werden konnte. Unter vielmaligem ›Otschen Charascho‹-Gerufe stieg ich aus der stinkenden Brühe und freute mich, daß ich den Erwartungen genügte. Diese Gelegenheit benutzte ich jedoch, meinen Mitbewohnern klarzumachen, daß es keine gute Sache wäre, wenn sie weiterhin in der Küche ... usw. Sie nickten mit dem Kopf, und von nun an traf ich auch Herrn Major öfter drüben in der Ruine.

Das Haus wurde noch jahrelang nicht repariert und instandgesetzt, zuviel war kaputt. Aber ganz nahe, in einer anderen Ruine, sprudelte jetzt unentwegt Wasser, und das war wesentlich näher und bequemer als der in einer anderen Straße gelegene Hydrant. Nun waren Strom und Wasser auch für unser Haus verfügbar und erleichterten das Leben bedeutend.

Eine der letzten nervenaufreibenden Diebereien war vielleicht auch mein risikoreichstes Unternehmen. Der Hunger quälte uns wieder dermaßen, daß etwas herangeschafft werden mußte. Die in unserem Haus lebenden Russen niemals zu bestehlen, war selbstverständlich. Nicht nur aus moralischen Gründen, sondern auch, um den großen Vorteil unseres winterfesten Wohnzimmers nicht zu gefährden:

So ziehe ich los und komme zu drei nebeneinander liegenden Mehrfamilienhäusern, die ausschließlich von Offizieren bewohnt werden. Im Blauzeug, mit Werkzeug und den Dietrichen in der Tasche versuche ich herauszufinden, welche der Wohnungen gerade menschenleer ist. Im zweiten Geschoß des mittleren Hauses wage ich eine Tür zu öffnen und höre im Wohnzimmer eine laute Unterhaltung. Hoffend, daß bei so angeregtem Wortwechsel niemand das Zimmer verlassen wird, gehe ich in die Küche und sehe dort einen ganzen Zentnersack mit Kartoffeln stehen wie ein von Gott gesandtes Manna. Aber einen ganzen Zentner kann ich nicht mehr hochheben, geschweige denn eine größere Strecke tragen, vielleicht gerade noch auf der Erde entlangschleifen. Aber wenn ich jetzt ertappt werde, ist alles zu Ende. Diesmal ähnelt es beängstigend dem russischen Roulette. Vor den Augen der ständig kommenden und gehenden Russen einen Sack Kartoffeln wegschleifen zu wollen, ist eine freche Herausforderung des Schicksals.

Vage erinnere ich mich daran, daß auf dem Hof eine Baustelle ist, an der eine Schubkarre herumsteht. So verlasse ich wieder die Wohnung, lehne die Haustüre an — um mir das erneute Dietrichgefummel beim Öffnen zu ersparen — und gehe zu der Baustelle. Ich muß um den Wohnblock herum, und da ist tatsächlich die abgestellte Schubkarre. Auf der Straße vor dem Hauseingang stelle ich sie an den Rinnstein und suche noch etwas von herumliegenden Dachpappenfetzen zusammen, um den Sack später zu verdecken. Dabei begegne ich zwei hochdekorierten Russen. Als ich wieder an die Wohnungstür im zweiten Stock komme, ist sie ins Schloß eingeschnappt, was beweist, daß in der Zwischenzeit jemand hinein- oder herausgegangen war. Ich öffne sie ein zweites Mal — was immer schneller geht — und höre wieder den lauten Wortwechsel. Leise gehe ich in die Küche und muß meinen ganzen Mut zusammennehmen, als ich den Sack Kartoffeln ergreife und herauszuzerren beginne. Wer immer mich in dieser Situation antrifft, würde sofort wissen, was ich vorhabe und entsprechend handeln. Ich überlege mir nicht einmal mehr eine Ausrede für den Fall, daß ich entdeckt werde, es hätte sowieso keinen Sinn gehabt. Ich muß wahnsinnig sein; wie kann ich nur hoffen, unbemerkt die Treppe hinunter und vom Haus wegzukommen. Außerdem muß der Sack ja noch in die Karre hineingehoben werden.

Schon bin ich aus der Wohnung heraus, obwohl der Sack an jeder Bodenschwelle ziemliche Geräusche macht und eine sandige Schleifspur hinterläßt. Jeder kann sofort sehen, was hier passiert. Mit plopp-, plopp-, plopp-Getöse ziehe ich den Sack die Treppe herunter. Jedoch unbemerkt komme ich zur Schubkarre, wo ich unter Aufbietung all meiner Kräfte den Sack hineinwuchte, die Dachpappenfetzen daraufpacke und losziehe. Die Russen, die mir jetzt begegnen, sehen in mir wieder einen Arbeiter und nicht einen Kartoffeldieb. Als ich die nächste Straßenkreuzung überquere, ist es passiert. Lautes Gezeter und Geschrei kommen aus der Richtung hinter mir. Der Schreck fährt mir dermaßen in die Glieder, daß er mich für einen Moment lähmt. Wie ich mich dann umdrehe, sehe ich zwei uniformierte Russen in größter Eile in meine Richtung laufen. Nun ist alles vorbei. Diesmal wird und kann mich nichts mehr retten, das ist mir völlig klar. Gleich überkommt mich eine merkwürdig passive Schicksalsergebenheit — ich kenne sie von früheren Momenten —, als wenn man sein eigenes Leben ungerechtfertigt lebt und im tiefsten Innern gewärtig ist, daß der ›große Eigentümer‹, dem man sein Leben entlehnte, jederzeit das Recht hat, es sich zurückzuholen oder zumindest etwas Furchtbares damit anzustellen. Langsamen Schrittes ziehe ich weiter und erwarte, daß mich die fluchenden Russen erreichen und zur Rede stellen, über den Haufen schießen oder zumindest zusammenschlagen. Doch nichts dergleichen geschieht — und wie ich mich wieder umdrehe, sehe ich eine menschenleere Straße, auf der niemand mehr in meine Richtung läuft. Es kann doch nicht schon wieder ein Wunder geschehen sein! Entweder sind sie an der Straßenkreuzung einer anderen Spur gefolgt, oder die fluchenden, laufenden Russen hatten überhaupt nichts mit meinem Einbruch zu tun. Ich kann es nicht sagen. Diesmal habe ich mich aber mehr erschreckt als die anderen Male, und ein eigenartig taubes Gefühl weicht nicht mehr aus meinen Gliedern. Als ob der ›große Eigentümer‹ sagen wollte: Das hier ist eine letzte Warnung.

Zum wievielten Mal schwor ich mir, nicht immer aufs neue das bis jetzt gerettete Leben so leichtsinnig aufs Spiel zu setzen. Aber wenn der Hunger wieder unerträglich war, zog ich erneut los. Es blieb mir keine andere Wahl. — Als ich nach Hause kam, kochten wir gleich einige der Kartoffeln, doch stellten sie sich leider als bereits erfroren heraus. Das ·schmälerte den Genuß und bedeutete eine große Enttäuschung. Aber natürlich nährten uns auch die erfrorenen Kartoffeln, und wir waren glücklich in der Gewißheit, über eine Reihe von Tagen immer noch eine nächste Mahlzeit zu haben.

An einem der folgenden Abende läuft ein junger Königsberger — etwas jünger als ich — in großer Eile die Luisenallee entlang. Hinter ihm her ein russischer Soldat mit gezogener Pistole. Momente später — außerhalb meiner Sichtweite — höre ich einen Schuß. Er hatte ihn in den Kopf getroffen.

Die elektrische Heizung

Als Elektriker sollten wir ein ehemaliges Kino wieder betriebsfähig machen. Unsere Hauptarbeit bestand aber mehr darin, die letzten Reste eines wertvollen Parkettbodens zum Heizen nach Hause zu schmuggeln. Die Eichenhölzer trugen noch Teerreste und brannten ganz vorzüglich. Doch der Winter 1946/1947 wurde so bitter kalt, daß alle Bemühungen um genügend Heizmaterial nicht ausreichten. Neben dem Hungertod drohte nun das Erfrieren. Holzstücke aus Parkettböden wärmten uns immer nur für einige Stunden. Der Winter jedoch schien diesmal besonders lang und streng zu werden. Schon gab es Nächte mit mehr als 25° C Kälte. Es mußte etwas geschehen. Mein Elektrikermeister fand eine Möglichkeit. In dem Kino, in dem wir arbeiteten, gab es eine ganze Anzahl elektrischer Widerstände. Das sind mit schlecht leitendem Draht umwickelte Spulen. Sie hatten die Aufgabe, ein stufenloses An- und Ausgehen der Kinobeleuchtung zu ermöglichen. Schloß man die Widerstände an der Stromleitung kurz, begannen sie – wie bei einem normalen elektrischen Ofen – zu glühen und strahlten Hitze ab. Strom gab es ja bereits, und sämtliche Sicherungen waren mit viel zu dickem Draht überbrückt. Damit waren sie eigentlich keine Sicherungen mehr. Richtige Sicherungen wären durchgebrannt, hätte man solche primitiven, mehrere tausend Watt verbrauchenden Heizungen angeschlossen. Stromzähler gab es ja noch nicht. Unser ›Widerstand‹ rettete uns vor dem Erfrieren. Mit seiner Hilfe konnten wir die Zimmertemperatur erhöhen. Das war ein großer Segen, besonders nachts. Wir lagen warm angezogen auf Matratzenteilen, die auch zusammengesammelte Beutegüter waren. Einmal fing solch ein Roßhaarmatratzenteil nachts stark zu glimmen an. Es war zu nahe an den heißen ›Widerstand‹ herangerutscht. Mutter roch es als erste und entdeckte den kurz bevorstehenden Brand gerade noch rechtzeitig. Denn in wahrlich letzter Minute ergriff sie das Matratzenteil und konnte es schnell durch die geöffnete Balkontür auf den Hof hinauswerfen. Es stand im selben Moment lichterloh in Flammen und mußte, unter gleichzeitiger Beruhigung der aufgeschreckten Russen, gelöscht werden. Ein Zimmerbrand wäre zur Katastrophe geworden. Unsere Wasservorräte hätten niemals ausgereicht, um schnell genug Herr der Lage werden zu können.

Dieser fürchterliche Winter verbindet sich für mich aber auch mit weiteren unvergeßlichen Eindrücken und Erlebnissen. So hatten die Russen an allen Straßenkreuzungen riesige Lautsprecher angebracht. Die meiste Zeit übertrugen sie wohl Propagandareden und Nachrichten. Dazwischen aber hörte man die herrlichste Musik. Es kam vor, daß abends, wenn ich im Dunkeln unter dem klaren Sternenhimmel auf dem Heimweg war, die wie auf einer Weihnachtspostkarte verschneite, vereist glitzernde Landschaft von den überirdisch schön gespielten Tönen des Bachschen Doppelkonzertes für zwei Violinen überflutet wurde. Eine traumhafte Landschaft und der Geigenton David Oistrachs erschütterten und verzauberten mich zugleich. Wie läßt sich das beschreiben? – Ich eilte von Straßenecke zu Straßenecke, um immer gut hören zu können, und glaubte in solchen Momenten an das Vorhandensein einer besseren Welt, an ein Reich der Seele, in dem es die herrlichsten Güter geben mußte. Unüberhörbar gab diese Musik Kunde davon. — Doch gleichzeitig sahen meine Augen die zusammengekauerten Gebilde erfrorener Menschen. Steif und wie versteinert saßen oder lagen sie da. Manchmal mit frisch gefallenem Schnee zugedeckt. Es waren diejenigen, die es nicht mehr bis zu einem wärmenden Herd geschafft oder sich auf der vergeblichen Suche nach Nahrung aufgegeben hatten. Meistens ältere Männer, aber einmal war es auch ein Kind. Wie sollte sich da ein gefühlvoll reagierender Mensch noch zurechtfinden können? Zu groß waren die Kontraste zwischen der Welt der Musik und der Königsberger Wirklichkeit. Wieviele waren es, die sich ohne jede Hilfe abquälten und schließlich erfroren? Diese Menschen wurden ebenfalls zu bitteren Mahnungen. Oftmals blieben sie noch mehrere Tage in der Kälte liegen, ehe man sie wegschaffte.

Baiserbäcker

Die Temperaturen sanken noch tiefer, und die Wasserholerei sowie jeder Toilettengang wurden zu einer schwierigen Prozedur. Zu lange konnte man sich mit entblößten Körperteilen dieser Kälte nicht aussetzen. Wie meine alten Eltern das alles überstanden haben, wundert mich heute — da ich selber älter geworden bin. Ich kann mich nicht einmal mehr daran erinnern, daß wir uns erkälteten. Das hätte auch schlimme Folgen gehabt. Unsere elektrische Heizung war der rettende Wärmequell, zu dem sich alle möglichen Bekannten von Zeit zu Zeit hinflüchteten.

Eines Tages kam auch Frau Stock, die gelegentlich Baisers buk und auf der Straße verkaufte. Auch sie wollte sich aufwärmen, sah aber gleichzeitig unsere kritische Lage. Vater lag aus Schwäche nur noch im Bett. Mutter konnte auf dem schwarzen Markt kaum etwas ergattern, und ich arbeitete von morgens bis abends ohne die Möglichkeit, für alle drei genügend Brot heranschaffen zu können. Es war abzusehen, daß es nicht mehr sehr lange dauern würde, bis auch wir den zu anstrengenden Lebenskampf verlieren würden. Stocks, die in russischen Offiziershaushalten arbeiteten, mit ihnen quasi eine Wohngemeinschaft bildeten, hatten es dadurch leichter als wir. Mit dem Verkauf von Baisers verschafften sie sich zusätzlich Nahrung. Sie stellten fest, daß die Russen diese Gebäckart — die sie nicht kannten — mit Vergnügen kauften. Zum Baiserbacken braucht man Eiweiß und Zucker; Produkte, die auf dem schwarzen Markt allerdings selten und teuer waren.

Frau Stock wollte uns die Tricks beim Backen von Baisers beibringen. Die Voraussetzung dazu war aber ein Herd mit unabhängig zu regulierender Unter- und Oberhitze.

Da ihr Vorschlag die einzige Chance auf Rettung schien, zergrübelte ich mir den Kopf, wie ich zu solch einem Backofen kommen könnte. Unsere Holzöfen hatten wir schon selber gebaut. Ziegel und auch Zement waren zu haben. Nur, wie stellt man einen Backofen mit regulierbarer Unter- und Oberhitze her? Ein technisch gar nicht so leicht zu lösendes Problem, das aber die Voraussetzung für eine echte Überlebensmöglichkeit zu sein schien. So fing ich einfach zu bauen an: Im Wohnzimmer, an der Schornsteinwand, mauerte ich ein Ziegelgebilde um einen aus Trümmern herausgewühlten eisernen Backkasten – das übriggebliebene Innenteil eines sonst verbrannten Backherdes – und sorgte für zwei unabhängig voneinander regulierbare Wärmequellen. Ich dachte mir, daß Holzfeuer die Unterhitze und ein elektrischer Widerstand gleichzeitig die Oberhitze erzeugen sollten, also ein kombinierter Holz- und Elektroherd. Nachdem die Idee dazu da war, bereitete die Herstellung keine großen Schwierigkeiten mehr. Und siehe da, das Ding funktionierte tatsächlich, so daß Frau Stock mit dem Unterricht beginnen konnte. Eiweiß mußte steifgeschlagen, gezuckert, das Ganze häufchenweise auf ein Blech gekleckst, sodann mit sorgfältig kontrollierter Unter- und Oberhitze gebacken werden. Wenn man Glück hatte, kamen aus einem Ei eine ganze Menge kleiner, schneeweißer, süß schmeckender Baiserstücke zustande. Hatte man Pech, mußte man eine braune Bonbonmasse vom Blech kratzen. Mit verbissenem Eifer stürzten wir uns auf diese Chance, oder auch letzte Hoffnung, denn es war allerhöchste Zeit, daß etwas geschah. Rücksichtslos klaute ich alle restlichen elektrischen Widerstände, die wir im Kino sehr wohl noch brauchten, tauschte sie — oder das Geld, das ich für sie bekam — gegen Eier und Zucker, und fing zu backen an. Das erste Blech war ein Reinfall, und wir trösteten uns, indem wir die verunglückten Reste mit Genuß selber verzehrten. Aber schon das zweite Blech gelang bereits ganz gut. Nach einigen mißlungenen und gelungenen Blechen bekam ich langsam ein Gefühl für die nötige Dosierung der Hitze, eine Art sechsten Sinn, und das war dann der entscheidende, unser Leben rettende Wendepunkt. Jetzt konnten wir auch etwas herstellen, das die Russen nicht kannten und gerne kauften. Dabei machten wir nicht nur etwas finanziellen Profit, sondern behielten außerdem die Eigelbe noch für uns selbst. Sie bewahrten uns vor dem gefährlichen Zustand der ›Entkräftungsapathie‹, einer Vorstufe des Verhungerns.

Schon bald waren wir drei wieder ein Team. Ich buk, Mutter verkaufte und kaufte ein, Vater — der sich durch die Eidotter erholte — half Holz zerkleinern und Eiweiß schlagen. Jetzt hatten wir das Gefühl, unser Schicksal doch noch meistern zu können. Nach zwei Jahren bitterster Not, nach kältesten Wintermonaten und womöglich kurz vor unserem Ende fanden wir diese Chance durch die Baiserbäckerei. Es war der rettende Ausweg. Vorbei waren meine Diebestouren, die ja nur durch großes Glück bis zu jenem Zeitpunkt gutgegangen waren und in ihren Ergebnissen niemals die Anstrengungen und Risiken aufwogen. Vorbei waren auch die Zwistigkeiten mit Vater, wenn auch lange noch Spannung und Entfremdung bestehen bleiben sollten. — Trotzdem wäre es falsch zu glauben, daß unser neues Leben schlagartig ein Zuckerlecken geworden wäre. Baisers verbrannten und mißlangen immer wieder. Die Gefäße, in denen wir die Baisers zum Verkauf anboten, wurden Mutter aus der Hand geschlagen, das eingenommene Geld geraubt. Die Miliz verhaftete alle Straßenhändler, die sie erwischte. Man mußte höllisch aufpassen. Überraschten sie einen doch, wurde alles weggenommen und Freiheitsstrafen angedroht, Gottseidank nicht immer verhängt. Aber mehrmals war Mutter nicht heimgekehrt, weil sie die Nacht in einem Milizkeller verbringen mußte. Nicht immer gab es Eier auf dem Markt zu kaufen, und dann konnten wir natürlich nicht backen. Holz war täglich schwerer zu finden. Der Gewinn war minimal. Wir verkauften ein kleines Baiser für zwei Rubel und bezahlten für ein Ei acht bis zehn Rubel – wenn ich mich recht erinnere. Unsere Baisers waren viel kleiner als die in heutigen Bäckereien erhältlichen. Aber trotz aller bösen Verluste und Rückschläge hatten wir jetzt einen Weg, eine Hoffnung und konkret die Möglichkeit, von den Mangelernährungsfolgen wegzukommen und nach und nach mehr Widerstandskraft zu erlangen.

Wir sind Frau Stock zur Dankbarkeit verpflichtet. Ihr Verdienst wird nur wenig durch die Vorsicht eingeschränkt, die für unser aller Verhalten in jener Zeit typisch und verständlich war: Erst als sie durch ihren Offizier konkrete Zusagen hatte, bei ihrem Antrag auf Ausreise berücksichtigt zu werden, verriet sie uns ihr Backgeheimnis. Das sagte sie uns selber, und so muß ich annehmen, hätte ihr nicht die Ausreisezusage die begreifliche Angst vor Konkurrenz genommen, wären wir sicher ohne Hilfe geblieben. Bei dem extrem harten Lebenskampf war das völlig natürlich und ändert nichts an der Tatsache, daß die entscheidende Wende in unserem Leben dadurch eintrat, daß sie uns ihr Baiserbackrezept verriet. Sie beschwor uns, dieses Wissen zu hüten, solange es unsere einzige Existenzgrundlage ausmachte. Wir konnten aber mit Eigelb und den später daraus hergestellten Plätzchen einigen Menschen helfen und große Freude bereiten. Die unausbleibliche Folge waren ständige Betteleien, denen man nur zum kleinen Teil entsprechen konnte.

Ich erfuhr, daß ein deutscher Kriegsgefangener eine Geige gegen Brot und Rubel umtauschen wollte. Ich war ganz aufgeregt, denn ich sehnte mich immer nach einer Geige. Der Tausch kam zustande, und ich hatte nun eine billige und schlecht besaitete Geige mit einem genauso minderwertigen Bogen. Jedoch konnte ich jetzt hin und wieder üben und etwas tun, bei dem ich das Bewußtsein haben konnte, daß es nicht nur für wenige Momente, sondern für mein ganzes Leben von Wichtigkeit war. Mein Herz verhakelte sich in diese Geige, und noch heute verbindet mich mit meinem Instrument – inzwischen eine italienische Geige – genau die gleiche Liebe. Wenn ich mir etwas Zeit nehmen konnte, übte ich Tonleitern und Dreiklänge sowie die Romanzen von Beethoven, deren Noten ich irgendwo fand.

Einmal hatten wir allen Grund, besonders dankbar dafür zu sein, daß die Russen, mehr als wohl jedes andere Volk, Künstler lieben und bewundern. Schon der Anblick eines Geige übenden Jungen genügte, um Kunst zu vermuten, und sie verloren umgehend ihr nur zu berechtigtes Mißtrauen:

In unserem immer leicht muffig riechenden Zimmer bin ich gerade allein und übe wieder einmal hingebungsvoll Beethoven. Plötzlich stürzen mit lautem Getöse und erregtem Palaver Mutter, ein Milizionär und eine mollige Russin herein. Die Russin trägt ein gestepptes Jackett und auch das für russische Bäuerinnen obligatorische Kopftuch. An der Uniform des finster dreinblickenden Polizisten klimpert eine imponierende Zahl von Tapferkeitsmedaillen. Mutter sagt immerzu ängstlich »nitschewo, nitschewo!« Ohne Gruß oder Erklärung fängt die Frau sogleich an, unser Domizil zu durchsuchen. Aber es hatte auch keiner extra Erklärung bedurft, ich kann mir auch so einen Reim auf das Geschehen machen. Mutter war ja auf dem schwarzen Markt gewesen, um unter anderem auch ein Tischdeckchen aus einem früheren Einbruch gegen Zucker einzutauschen. Hier handelt es sich ganz offensichtlich um die bestohlene Besitzerin, die es wiedererkannt hatte und nicht ganz falsch vermutet, daß über die Hehlerin auch an den Dieb heranzukommen sei. Die Situation ist wieder einmal äußerst brenzlig. Sollte zu guter Letzt die unmenschliche russische Justiz uns doch noch zu packen bekommen? Jetzt wo sich alles zum Besseren gewendet hat und die Zeit der verzweifelten Raubzüge endgültig vorbei zu sein scheint? Irgendwie spüre ich aber, daß mein schon recht passabel klingendes Geigenspiel beide irritiert hat. Sie müssen wohl denken, wer schöne Töne produziert, kann nicht gleichzeitig ein Dieb sein. Diese Chance muß ich wahrnehmen und täusche sofort Gleichgültigkeit vor, indem ich wie unbekümmert weiter übe. Dabei bemühe ich mich, ganz besonders gefühlvoll zu spielen und wiederhole wohlweislich nur die wenigen Passagen, die ich gut beherrsche. Es macht Eindruck. − Schon blickt der Milizionär freundlicher, und immer mehr gilt seine Aufmerksamkeit meinem Geigenspiel.

Die ganze Zeit versucht Mutter aufreizend ungeschickt von unserem provisorischen Regal abzulenken, in dem noch ein Paar Handschuhe aus derselben Quelle verstaut sind. Sie sieht dabei blaß und so besorgt aus, daß schon deswegen hätte Verdacht aufkommen müssen. Möglichst unauffällig versuche ich durch Blicke und Kopfschütteln beruhigend auf sie einzuwirken, doch je mehr der Polizeibeamte mir bewundernd zuschaut, um so weniger Gelegenheit habe ich dazu. Allmählich wird es der an sich gutmütigen Russin unbehaglich. Zunehmend lascher durchwühlt sie unser ärmliches, unordentliches Zimmer. Zu früh für einen Erfolg gibt sie die Suche auf und bedeutet ihrem Begleiter, daß sie sich wohl geirrt habe. Einige Sekunden stehen beide ratlos herum. Verlegen beginnt sie sich zu entschuldigen, was wir mit großer Erleichterung huldvoll akzeptieren. Fast schon wie ein Spuk ist alles wieder vorbei, und beide sind so schnell verschwunden, wie sie gekommen waren.

Es beschäftigte mich nachhaltig, daß diese gutmütigen und ganz gewiß ebenfalls sehr armen Russen mir nichts Schlechtes zutrauten, nur weil ich Geige spielte.

Nachlese

Erlebnisschilderungen können immer nur eine Auswahl sein. Von den klar einzuordnenden Geschehnissen abgesehen, gibt es eine Fülle von Erinnerungsbildern, die sich weigern, in die zeitlich genaue Abfolge eingepaßt zu werden. Sie gleichen etwas schwierigeren Puzzleteilen, die in mein drei Jahre währendes ›Russenpuzzle‹ hineingehören. Doch ob sie Erlebnisse wiedergeben, die etwas früher oder später geschahen, scheint mir nicht mehr so wichtig.

Heute gehe ich mit meiner Geige zum Büro des Kulturoffiziers. Ein jüdischer Hauptmann empfängt mich. Ich sage zu ihm auf russisch, daß ich vorspielen möchte, um als Geiger beschäftigt zu werden. Es gäbe doch eine Künstlergruppe, die zur Unterhaltung von Soldaten und Gefangenen existiert. Er will die Beethoven-Romanzen hören, die ich, so gut ich kann, vorspiele. Dann holt er noch ein paar Noten aus dem Schrank, mit vielen Vorzeichen und ungewohnten Rhythmen; die soll ich vom Blatt spielen, was ich weniger gut konnte. Trotzdem sagt er etwas von ausprobieren wollen und mal ohne Entlohnung mitspielen dürfen. Ich bin mit dem Erfolg zufrieden und glaube einen ersten wichtigen Schritt getan zu haben.

Als ich auf den Balkon hinaustrat, waren alle meine Kleider, die Mutter an einem frischen Sonnentag zum gründlichen Lüften hinausgehängt hatte, gestohlen worden. Was ich gerade gemacht hatte, weiß ich nicht mehr. Jedenfalls war alles weg. Irgendwie mußte ich zu neuen Kleidern kommen. Auf dem Markt fragten wir Russen, was sie für ihre Hemden und Mäntel haben wollten, und sie nannten Preise. Wir hatten gerade eine gute Phase bei unseren Baiser-Verkäufen, und so kam ich zu zwei verwaschenen russischen Uniformhemden und einem Marinemantel. Der war unbequem und schwer, aber warm. Dazu trug ich alte, auf irgendeinem Misthaufen gefundene und dann gewaschene deutsche Soldatenhosen sowie Turnschuhe, die ich behalten hatte. Das war schon eine komische und zugleich zeitgemäße Kostümierung.

Williott Schwab gab mir Geigenunterricht. Er machte das mit großer Sorgfalt und Liebe. Ich verdanke ihm viel. Wir arbeiteten sehr konzentriert.

Die Währungsreform wertete den Rubel 10:1 ab. Es gab neues Geld. Sogenannte Magazine wurden eingerichtet, in denen man nach und nach Lebensmittel kaufen konnte. Man mußte stundenlang anstehen und mit rücksichtslosen Vordränglern rangeln.

Im »Deutschen Klub« wurde getanzt. In der Hauptsache waren es russische Soldaten. Die Kapelle brauchte einen Stehgeiger. Ich versuchte es, und siehe da, es ging. Herr Simonsohn – ein ehemaliger Kapellmeister – spielte Klavier und arrangierte allerlei Stücke für Klavier, Geige, Saxophon und Schlagzeug. Vorwiegend russische Tanzmusik, die ich besonders liebte, aber auch Wiener Walzer und deutsche Schlager, zum Beispiel von Peter Kreuder.

Seit wann es diesen deutschen Klub gab und was seine Hauptaufgabe war, weiß ich nicht mehr zu sagen. Meine Berührungspunkte mit ihm beschränkten sich darauf, zweimal wöchentlich zum Tanz aufzuspielen, wofür ich irgendwann auch einige Rubel bekam. Ich war, wie fast jeder Deutsche in jener Zeit, antikommunistisch eingestellt. Kommunismus verband ich mit dem Erlebten und war sicher auch beeinflußt von der unentwegten Nazipropaganda. Bei solcher Einseitigkeit konnte es eine intellektuelle Auseinandersetzung gar nicht geben. Bücher und Gespräche führten mich später zu etwas differenzierterem Urteil, was aber niemals meine emotionelle Antipathie beseitigte. Behaupten doch Kenner sowjetischer Verhältnisse, daß die Opfer des Stalinismus zweistellige Millionenzahlen erreichen. Unvorstellbar!

Nicht nur damals war Stalin für mich ein anderer Hitler. Jemand, der seine unbegrenzte diktatorische Macht zur Versklavung und Verängstigung seines Volkes mißbrauchte. Hinzu kam, daß er, zumindest in Ostpreußen, uns Naziopfern in keiner Weise half. Gewiß hatte er Hitler besiegt, aber Einrichtungen wie die VVN (Vereinigung der Verfolgten des Naziregimes) oder Privilegien für Opfer des Naziterrors gab es für uns in Königsberg nicht. So haßte ich natürlich jede Form von Diktatur mit ganzer Seele, und die ja noch nie erfahrene Demokratie erschien mir als das Himmelreich auf Erden. Trotz meiner Ablehnung des Kommunismus wurden mir jedoch russische Charakterzüge, ihre Gefühlsüberschwenglichkeit, Volksmusik und Tänze nach und nach sympathischer, ihre Lebensart vertrauter, und ich begann mich an sie zu gewöhnen. Es gab ja nun auch immer mehr Kontakte und Gespräche.

Eines Tages hörte mich ein Russe Geige spielen. Er klopfte an, kam herein und erzählte, daß er etwas mit dem Konservatorium in Riga zu tun habe. Er könne

mir das Angebot machen, mit sowjetischem Staats-
stipendium Musik zu studieren. Ich müßte mich aber
auf viele Jahre verpflichten und sowjetischer Bürger
werden, anders ginge es nicht. Trotz der verlocken-
den Aussicht, aller Sorgen enthoben Musik studieren
zu können, kam dieses Angebot nicht in Frage. Einmal waren da meine Eltern, die weiter auf Hilfe angewiesen blieben. Dann gehörte politische und vor-
militärische Erziehung ebenfalls in den Stundenplan.
Das war völlig undenkbar für mich, und so blieb das
ersehnte Musikstudium weiterhin ein Wunschtraum.

Die ›Deutsche Truppe‹ sollte eine Reise zur Solda-
tenbetreuung unternehmen. Man hatte mich als ›Ob-
ligatgeiger‹ hinzugenommen. Ein alter Opernrouti-
nier, Herr Mühlhoff, nahm sich meiner an. Das war
auch nötig, denn die Arien, die der herrlich singende
Leiter der Gruppe, Herr Imkamp, sowie ein Herr
Augustin und eine zu Tränenausbrüchen neigende
Sopranistin (deren Namen ich leider vergessen habe)
sangen, waren für mich gar nicht leicht zu begleiten.
Zum Beispiel den Bajazzo-Prolog mit seinen Vorzeichen und Tempowechseln oder die ›Fünftausend Ta-
ler‹-Arie. Williott Schwab spielte unter anderem die
Zigeunerweisen von Sarasate, mit Frau Fietkau am
Klavier. Gerda tanzte, Herr Schulz trat als Komiker
auf, und die Liliputaner mit dem Namen Klein
machten ihre Kunststücke. – Wir waren schon eine
bunte Truppe!

Einmal wurden wir auf einen offenen Lastwagen
geladen und bei 30 °C Kälte nach Rauschen gefahren.
Dort sollten wir die Silvesternacht der sich erholen-
den sowjetischen Soldaten verschönern. Wir waren
jedoch so kalt gefroren, daß es Stunden dauerte, bis
wir wieder aufgetaut waren. Dann aber waren die
Russen bereits so betrunken, daß nur noch das halbe

Programm gespielt zu werden brauchte. Kalt war es auch noch auf dem Podium des Versammlungssaals, und zwar so, daß die Wände von einer Reif- und Eisschicht glitzerten. Schwab versuchte seine Geigenstücke mit Wollhandschuhen zu spielen, was er tatsächlich fertigbrachte. Während wir gerade spielten, entbrannte aus irgendwelchem Grund eine fürchterliche Schlägerei. Fäuste wirbelten und Gegenstände flogen durch die Luft. Bereits zu Boden Geschlagene wurden mit Füßen getreten, bis sie reif für ein Krankenhaus waren. Uns wurde zugewinkt, weiterzuspielen. Wir machten uns große Sorgen, wie sich alles entwickeln würde. Doch schon nach kurzer Zeit gab es Tränen, Versöhnungen und Umarmungen. Solche Vorgänge habe ich später noch öfter erlebt, und es verblüffte mich immer wieder aufs neue, Haß und Liebe so dicht beieinander zu sehen.

Endlich, endlich beginnen erste Ausreisetransporte für deutsche Zivilisten. Damit vermehrt sich bei allen noch am Leben gebliebenen die Hoffnung. Man muß Anträge stellen, und wie bei einem Lotteriespiel bekommt dann irgendwann jemand den Ausreise->Propusk‹, das russische Visum. Nach welchen Gesichtspunkten die Genehmigungen erteilt werden, ist völlig unerfindlich:

Mutter verdient sich etwas Geld, indem sie Antragstellern beim Ausfüllen der russischen Fragebogen hilft. Vater wird nun − endlich − auch als Geiger gebraucht. Im ›Klub der Roten Armee‹ hatte man ein Unterhaltungsorchester gegründet, so besorgte man ihm eine Fabrikgeige und bat ihn, einen zweiten Geigenpart zu übernehmen. Eine reichliche Abendmahlzeit ist die hauptsächliche Entlohnung. Doch am wichtigsten ist dabei, daß Vater wieder aktiv gewor-

den ist. Der Klub ist in der ehemaligen Mädchenge-
werbeschule in der Beethovenstraße, ganz in der Nähe unseres Quartiers.

Es war 1948, und die vergangenen drei Jahre russischer Besatzungsherrschaft lasteten wie eine böse
Ewigkeit auf uns. Auf den Ausreiseantrag hatten wir
bisher keine Antwort bekommen und wurden wieder nervös und mutlos. Immer mehr Deutsche
konnten ausreisen, doch wir bekamen keinen Bescheid. Zuzusehen, wie nun schon seit über einem
halben Jahr Deutsche in die Freiheit durften, und selber nicht dazuzugehören, war wiederum eine bittere
Geduldsprobe. Mit dem Schicksal zu hadern, hatte
ich mir abgewöhnt. Am Leben geblieben zu sein war
ja das Wichtigste.

Noch in den letzten Monaten wurde ein junger
Deutscher — ich glaube, Siebenhaar war sein Name
— von einem Gericht zu sieben Jahren Zwangsarbeit
verurteilt. Der Grund war ein geringfügiger Diebstahl, den man normalerweise als Mundraub bezeichnet hätte. Bei solchen Nachrichten packte mich
immer Entsetzen, und ich mußte staunen, bisher so
glimpflich davongekommen zu sein. Solche langjährigen Verurteilungen bedeuteten das Ende aller
Hoffnungen.

Mutter bekam den Rat, der Zuteilung eines ›Pro-
pusks‹ durch Bestechung etwas nachzuhelfen. So zog
sie auf die Behörde, von der es hieß, daß sie die
Ausreiseanträge bearbeitete, nahm alles Geld mit,
das wir aufbringen konnten, gab es dem Beamten
und sagte, daß er die gleiche Summe noch einmal
bekäme, wenn er uns die Ausreisepropusks beschaffen würde. Wir mußten abwarten und uns bemühen,
noch einmal eine solche Summe zu erarbeiten. Wie
gewöhnlich spielte ich zum Tanz, während Mutter

auf dem schwarzen Markt ›spekulierte‹ und Vater im Hause dies und jenes machte und außerdem viermal in der Woche Unterhaltungsmusik spielte. Doch zusätzliche Rubel konnten wir hauptsächlich durch den Verkauf der Baisers erwerben. Nach wie vor war das der Grundstock unserer Existenz. Eines Abends, als ich vom Zum-Tanz-Aufspielen nach Hause kam, empfing mich meine in Tränen aufgelöste Mutter. Sie erzählte, daß der bestochene Beamte mit zwei Ausreisepropusks gekommen sei, jedoch für mich keinen dabeigehabt habe. Ich fragte Mutter sofort, ob sie ihm denn die versprochenen dreihundert Rubel gegeben oder gezeigt hätte. Aber aus Schreck darüber, daß ich keine Ausreisegenehmigung erhalten sollte, hatte sie an die Hauptsache gar nicht mehr gedacht. Ich war mir ziemlich sicher, daß der fehlende Propusk die Aufforderung sein sollte, erst einmal die restliche Bestechungssumme zu zahlen. Und so war es dann auch. Als Mutter am nächsten Tag mit unseren Rubeln zum selben Beamten eilte, zog dieser auch mein Ausreisepapier aus der Schublade. Grinsend steckte er die Rubel weg, ohne sie zu zählen. Da hätten es dann ja auch weniger sein können, witzelte Mutter glücklich.

Wir sollten uns einen Verpflegungsvorrat für sieben Tage beschaffen und an einem bestimmten Tag mit tragbarem Gepäck in der Nähe des Hauptbahnhofs einfinden. Ich fühlte mich wie in einem Rauschzustand und wollte nicht glauben, daß endlich das Ende der nunmehr fünfzehn Jahre ständig eskalierenden Unfreiheit, Verfolgung, Diskriminierung, Not und Lebensgefährdung gekommen sein sollte. Neunzehn Jahre alt war ich inzwischen geworden, und alle Sehnsucht nach Ausbildung war bisher Wunschtraum geblieben. Sollte ich doch noch Gelegenheit haben, alles Versäumte nachzuholen? Wie wunderbar wäre das. Auch Vater und Mutter wandelten wie auf Wolken, und es fiel uns schwer, immer noch weiter Baisers zu backen und zu verkaufen, während wir in unseren Gedanken schon in Deutschland waren. Einem Deutschland, von dem wir uns natürlich keine richtige Vorstellung machen konnten, das wir mit so viel guten Erwartungen herbeisehnten und von dem wir annahmen, daß es nach solch einem tiefen Fall tolerant und weise geworden sein müßte, daß es Rassenwahn und Großmannssucht für alle Zukunft abgeschworen haben würde.

Quälend lange dauerte es noch, bis der Tag des endgültigen Abtransports da war und wir uns an der Sammelstelle einfanden. Diese schicksalsträchtigen Sammelstellen, bisher Symbole für das Ende oder den Anfang von etwas, das immer nur leidvoll war: Menschenansammlungen zur parteigefälligen Indoktrination, vor Judendeportationen, nach Bombenangriffen, zur Flucht, vor der Gefangenschaft, zum Zwangsarbeitseinsatz und nun zum Abtransport in die Freiheit. Diesmal konnte es unmöglich wieder der Anfang von etwas Schlimmem sein, denn die Freiheit war das, was ich als das höchste Gut der Menschen betrachtete. Ein unbeschreibliches Glücksgefühl hatte uns alle erfaßt. Man mußte achtgeben, daß es nicht zuviel wurde. Wir spaßten, lachten und erzählten uns, wie schön alles sein würde.

Gedanken an den endgültigen Abschied vom jahrhundertealten Heimatboden mit den Gräbern unserer Vorfahren, ihren Wirkungsstätten wurden verdrängt. So schnell wie möglich alles wie einen bösen Traum abschütteln, nach Möglichkeit wieder vergessen, das war unser aller Wunsch. Ohne Gefahren, in neuer Umgebung, mit völlig anderen Menschen ein neues Leben beginnen, meine Schwester wiedersehen, die nun schon zehn Jahre getrennt von all ihren Verwandten in Schottland lebte, studieren, sich immer satt essen können, das spukte in meinem Kopf herum. Theater, Konzerte, Kino, Reisen, Freunde, Schokolade und Apfelsinen – möglichst alles auf einmal.

Die Güterwagen waren, wie man sie von den Gefangenentransporten her kannte. Stehen konnte man nur in der Mitte, da beide Seitenteile des Waggons auf halber Höhe abgeteilt waren, so daß die doppelte Anzahl Menschen Platz zum Liegen hatte. In der Mitte stand ein Kohlenofen, daneben lagen Briketts, Kohlen und etwas Holz. Wieder war da dieser Hobbock, ein stuhlhoher Blecheimer, wie ich ihn noch von Rothenstein in schlimmster Erinnerung hatte; die Nottoilette – für alle immer sichtbar – von Frauen und Männern gleichermaßen zu benutzen.

Es war ein großer Transport mit sicherlich über tausend Menschen. Nachdem die gründlichen Kontrollen vorüber waren, wurden die Waggons nacheinander völlig wahllos mit Männern und Frauen gefüllt. Die Älteren legten sich auf den unteren Boden, während wir Jüngeren auf die obere Etage kletterten. Ich lag neben Frauen und Mädchen, die es bald recht lustig fanden, mich zwischen sich zu haben. Sie spürten meine Unerfahrenheit – man könnte es auch Keuschheit nennen – und brachten mich schon in der ersten Nacht mit wie zufällig tastenden Händen in größte Verlegenheit. Eine Verlegenheit, die meinen Glücksrausch keineswegs beeinträchtigte. Auch am Tage war es ziemlich dunkel, denn die schweren Waggontüren wurden von außen verriegelt. Die hoch angebrachten Entlüftungsklappen ließen nicht viel Licht herein und gaben nur wenigen die Möglichkeit hinauszuschauen. Sie berichteten, was sie entdeckten, und nannten die Ortsnamen, die sie auf Bahnhöfen erkennen konnten.

Wir standen mehr als daß wir fuhren. Manchmal rollte der Zug wenige Minuten und stand dann wieder stundenlang herum. So dauerte die Fahrt durch Polen mehrere Tage, aber irgendwann wurden die Waggons doch geöffnet, und wir durften heraus, um uns in freier Natur zu ergehen und die ersten Schritte auf deutschem Boden — noch deutsch gebliebenem Boden — zu machen. Befreite, tiefe Atemzüge füllten unsere Lungen mit der herrlichen Frühlingsluft. Aber schon bald ging die Fahrt in der gewohnt langsamen Weise weiter, und wie es uns schien, fuhren wir richtungslos hin und her. Irgendwo gab es heiße Getränke, und da waren wir zum erstenmal mit Menschen aus Deutschland zusammen, die aber auffallend unwillig waren, Näheres zu erzählen — wir waren in der sowjetischen Besatzungszone.

Es hatte sich auch zu uns herumgesprochen, daß es in Westdeutschland mehr zu kaufen gab, und daß jede Besatzungsmacht die in ihren Ländern praktizierte Gesellschaftsordnung auch in ihren deutschen Einflußgebieten eingeführt hatte. Von daher war uns die Ostzone von vornherein unsympathischer als die Westzonen, in denen wir uns einen demokratischen Neubeginn in unserem Sinn erhofften. Das hört sich aber kundiger an, als wir damals waren. Was eine Demokratie ist, wußten die meisten nur vom Hörensagen, und die Erzählungen von der besseren Versorgungslage der Westzonen gaben in der Regel den Ausschlag. Aber in den Westen konnte nur, wer dort nachweislich Verwandte hatte. Das erfuhren wir dann alles in dem Quarantänelager Kirchmöser, welches endlich nach fünf- oder sechstägigem Herumreisen das Ziel war, an dem wir den Zug endgültig verlassen durften.

Die ersten Kontakte, Maßnahmen, Behandlungen, mit denen wir konfrontiert oder begrüßt wurden, waren eine gründliche Entlausung und eine noch gründlichere DDT-Bepuderung der aus den Entlausungsöfen zurückkommenden Kleider. Die Lagerbeamten, gereizt durch meine russischen Uniformstücke, schütteten eine halbe Büchse von dem später verbotenen Gift auf mich und meine Kleider, sichtlich angewidert davon, daß ein Deutscher an solchen Kleidungsstücken Gefallen finden konnte – als hätte ich eine Wahl gehabt.

Jede freie Zeit nutzte ich, um wie besessen Geige zu üben. Inzwischen konnte ich das Violinkonzert von Max Bruch und Sarasates Zigeunerweisen recht gut spielen und hatte soviel Freude daran, daß es für mich nichts Wichtigeres auf der Welt mehr gab.

Die Eltern nahmen brieflich Kontakt mit in Berlin lebenden Bekannten und entfernteren Verwandten auf, und schnell sprach es sich unter ihnen herum, daß die ›Wiecks‹ angekommen seien.

Man kann sich bestimmt vorstellen, was in mir und in den anderen jungen Aussiedlern in dem Quarantänelager vorging, als eines Tages eine zukunfts- und berufsberatende Versammlung einberufen wurde. Schon fast mit Zwang wurden männliche Lagerinsassen in einen Raum beordert, dessen Ausgang von mehreren Beamten abgesperrt wurde. Wir hörten uns einen Propagandavortrag über das Leben in der russischen Besatzungszone an und bekamen bald zu verstehen, daß es sich hier um eine Anwerbekampagne für den Uranbergbau handelte. Nachdem man uns eine volle Stunde lang das Leben im Uranbergbau als das eigentliche Schlaraffenleben geschildert hatte, bei dem gute Bezahlung, Behausung und reichliche Verpflegung die einzigen für das Leben wichtigen Kriterien zu sein schienen – die Arbeit wurde nicht mit einem Satz erwähnt –, zogen sie fertige Listen hervor, auf denen unsere Namen bereits vorgedruckt standen, verteilten Kopierstifte und verlangten unsere Unterschriften. Als keiner bereit war zu unterschreiben, wollte man uns zwingen, noch einen weiteren Vortrag anzuhören. Gleichzeitig versperrte man die Ausgänge für diejenigen, die Anstalten machten, den Raum zu verlassen. Sofort hatten alle begriffen, was hier vorging, und in wenigen Augenblicken waren wir Königsberger Jungen eine Schar wütender, zu allem fähiger Individuen. Wir drohten den Beamten, die uns den Ausgang versperrten, so fürchterliche Prügel an, daß sie um ihr Leben bangen müßten, wenn sie uns nicht augenblicklich herausließen. Wir zögerten dabei nicht, sie mit festem Griff anzupacken. Mit unseren, nach all dem Überstandenen, voll Entschlossenheit funkelnden Augen zwangen wir sie zum widerstandslosen Nachgeben. Ungehindert verließen wir daraufhin den Raum. – Es war der erste Schock im Lande unserer Hoffnungen: andere sollten folgen.

Nach diesem Erlebnis wollte ich aus dem Lager fliehen, wozu ich recht bald Gelegenheit bekam: Igna war die Tochter von Mutters Cousine Lotte Beth, die sich das Leben genommen hatte. Igna war, ähnlich wie meine Schwester, rechtzeitig nach England geschickt worden und nach dem Krieg wieder nach Berlin zurückgekehrt. Dort arbeitete sie als Reporterin für die »DEFA«, die einzige staatliche Filmgesellschaft in der DDR. Sie drehten auch Wochenschauen. Als Igna hörte, daß wir in Kirchmöser waren, überredete sie ihre Vorgesetzten, einen Wochenschaubericht über unser Lager zu verfertigen und die Aussiedlung des ›bekannten Musiker-Ehepaares Wieck‹ besonders hervorzuheben. Und so kam eines Tages ein Lastwagen mit Leuchtern, Leitern und Kameras, dazu ein Personenwagen mit imposanten Herren ins Lager hineingefahren, um den Bericht zu drehen. Cousine Igna war natürlich dabei. Nach herzlicher Begrüßung, und nachdem ich mir den Lastwagen genauer angesehen hatte, stand unser Plan sogleich fest: In diesem Lastwagen werde ich nach Berlin ausbrechen. In Berlin würde sich alles andere schon finden. Die Kameramänner waren bereit mitzumachen.

Um die Eltern brauchte ich mich nun nicht mehr zu sorgen, da sie wegen ihres Alters keine Behinderungen zu befürchten hatten und nach Ablauf der dreiwöchigen Quarantänefrist ohne Schwierigkeiten nach Berlin kommen konnten. Anders war es mit uns arbeitsfähigen Männern. Wir konnten nun nicht mehr sicher sein, nicht doch noch durch subtilen Zwang verpflichtet zu werden, indem man uns die Ausreise aus der sowjetischen Zone verbot und raffiniertere Druckmittel anwendete.

Als die Filmarbeiten fertig waren, stieg ich in einem unbeobachteten Moment auf den Lastwagen, und unkontrolliert verließen wir das umzäunte Lager in Richtung Berlin. Es gab keinen auffälligen Abschied, denn ich glaubte, meine Eltern bald wiederzusehen. Doch Vater verließ uns unmittelbar nach Ablauf der Quarantänefrist für immer. Seine ehemalige Schülerin Gerti holte ihn nach Elmshorn, und damit entschwand Vater aus meinem Leben. Zwei bis drei Besuche in Elmshorn sowie seine Besuche einiger Konzerte in Hamburg – bei denen ich mitwirkte – änderten nichts mehr daran, daß wir uns eigentlich nicht mehr umeinander kümmerten. Er ließ sich von meiner Mutter scheiden und heiratete zum dritten Mal. Sein Neubeginn brachte ihm noch zwanzig glückliche Jahre, die er als Lohn für tapferes Durchhalten betrachtete. Achtundachtzigjährig starb er einen leichten Tod, während auf Mutter der schmerzhafteste Krebstod wartete. Eine unbegreifliche Prüfung nach einem wahrhaft schweren Leben.

Übrigens sah ich dann den Wochenschaubericht in einem Berliner Kino. Mit Staunen erkannte ich, daß man meine Eltern dazu benutzte, vorzutäuschen, daß auch alte Menschen aus Ostpreußen evakuiert werden. Aber meine Eltern waren die einzigen über Sechzigjährigen im Lager, und ich behaupte heute, daß es 1948 unter den fünfzehn bis zwanzig Prozent der Überlebenden kaum Kleinkinder und Menschen dieses Alters gegeben hat. Vater und Mutter waren eine Ausnahme.

Die Ankunft in Berlin war der langersehnte große Moment meines Lebens, eine zweite Geburtsstunde. Nun endlich bekam ich die Möglichkeit, auf meinen Lebensweg selber Einfluß zu nehmen, zu entscheiden und zu handeln. Erst jetzt war ich frei zu tun und zu lassen, zu lernen, mich zu informieren, zu urteilen, an Studium und Beruf zu denken, womöglich in ein anderes Land zu reisen oder das zu werden, was die Berliner einen ›jelernten Berliner‹ nennen.

Berlin

Die Irritation, Verwirrung und Überforderung eines
Südseeinsulaners, der plötzlich nach Sydney, oder
eines Eskimos, der nach New York verpflanzt wird,
kann nicht größer sein als das, was ich erlebte. Igna
wohnte in einer Seitenstraße des Kurfürstendamms,
ganz in der Nähe der ›Kurbel‹ an einer sternförmigen
Kreuzung im Zentrum Westberlins. Noch am Tage
meiner Ankunft brachte sie mich zu Eduard Künneke, dem Operettenkomponisten, mit dessen Frau
meine Mutter entfernt verwandt war. Künnekes
wohnten in der Sybelstraße, in einer großen Berliner
Wohnung mit hohen Räumen, Haupt- und Dienst-
boteneingang und einem riesigen, durch Vorhang
unterteilbaren Musikzimmer. Frau Künneke war als
ehemalige bedeutende Operettensängerin noch immer ganz Star. Unglaublich temperamentvoll und
originell. Sie begutachtete ihren verschüchterten
Verwandten und stellte sofort nicht unrichtig fest,
daß dieser Halbwilde zuerst einmal zivilisiert werden
müßte. Unsympathisch war ich ihr nicht, und so
verfügte sie, daß ich sie und ihren Mann — den ich
am Nachmittag noch gar nicht zu Gesicht bekam —
am selben Abend bei einem Kinobesuch begleiten
sollte. Sie wollte sich sofort um die weiteren Ein-
trittskarten kümmern. Daraufhin waren wir bis zur
verabredeten Zeit erst einmal entlassen.

Igna holte noch Erkundigungen bei der jüdischen
Gemeinde ein und bekam wichtige Ratschläge, die
mir die Überwindung einer Reihe bürokratischer
Schwierigkeiten erleichtern sollten. Ich befand mich

wie in Trance. Mein erster Tag in der Freiheit im großen Berlin, ohne Angst vor Hitler oder Stalin; war das überhaupt so schnell zu begreifen? Am liebsten hätte ich mich an einen stillen Platz begeben und in Versenkung und Besinnung meinen Schicksalsmächten gedankt. Ein geistliches Konzert wäre für meine Stimmung richtiger gewesen als der beabsichtigte Kinobesuch, auf den ich mich zwar auch freute, ihn aber lieber abgesagt hätte. Doch verabredungsgemäß traf ich mich abends mit Künnekes und sah nun auch zum erstenmal den berühmten Komponisten mit dem wallenden weißen Haar. Eine auffallende Erscheinung, die sich von den vielen Menschen abhob, wie der Berliner Funkturm von den anderen Gebäuden. Wir zogen also gemeinsam los, um im Kino des ›British Information Center‹ den Film »Die zwölf Stühle« zu sehen. Die Berliner drehten sich nach uns um, denn man kannte die Künnekes, wie man den Bürgermeister Reuter kannte.

Von dem Film verstand ich überhaupt nichts. Dem Tempo der Handlung konnte ich nicht folgen, Anspielungen nicht erkennen. Der Geist und Witz einer der Unterhaltung dienenden belanglosen Geschichte waren mir völlig fremd. Außerdem kommentierte Frau Künneke ständig so laut, daß es im ganzen Kino zu hören war. Zeitweise schenkte man ihr mehr Aufmerksamkeit als dem Film. Da ich direkt neben ihr saß, beäugte man auch mich, und das fand ich sehr unbehaglich. Ich war sowieso nahe daran, meine Identität zu verlieren, und mein Realitätssinn mußte sich neu orientieren. In solchem Zustand möchte man sich am liebsten verstecken.

Mit einem ungewohnten, neuartigen Minderwertigkeitsgefühl legte ich mich nachts auf die Luftmatratze und versuchte, meine Emotionen und Empfindungen sowie die auf mich einstürmenden Eindrükke der Großstadt zu verarbeiten und in Harmonie mit meinem bisher von ganz anderen Geschehnissen geprägten inneren Wesen zu bringen. Meine Orientierungsmarken waren durch die Königsberger Zeit gesetzt und nicht von heute auf morgen veränderbar. Wieder einmal war es meine Geige, zu der ich mich hinflüchten konnte. Sie gab mir in meinem seelischen Durcheinander insofern Halt, als ich nur durch sie wußte, was mir wirklich wichtig war und nur durch sie eine Möglichkeit erhielt, mich auszudrükken. Ich übte, soviel ich Zeit dafür zur Verfügung hatte, und konnte das Glücksgefühl, endlich frei zu sein, so richtig nur beim Üben genießen. Wie sehr hatte ich mich doch nach diesem Gefühl gesehnt.

Man forderte mich auf, in verschiedene Vereinigungen einzutreten, zum Beispiel in die »Vereinigung der Verfolgten des Naziregimes« (VVN), erst dann könnte ich ab und zu Carepakete erhalten (das waren Hilfsspenden der Amerikaner in Form von Lebensmittelkonserven und Kleidern). Ich tat alles, was man mir sagte, und zum erstenmal, drei Jahre nach Kriegsende, erlebte ich einen Vorteil aus der Tatsache, Verfolgter gewesen zu sein.

Ein Besuch in der Synagoge Fasanenstraße weckte zwiespältige Gefühle. Das hatte nichts mehr mit dem Gott zu tun, dem ich besonders in Rothenstein so nahe gewesen war. Meine Hinwendungen zu Gott bedurften nicht mehr schön klingender Kantorengesänge oder anderer Vermittlungen; jedoch wehmütig schmerzliche Erinnerungen lösten sie allemal aus.

Eine amerikanische Kleiderkammer versorgte mich mit dunkelgrüner, viel zu großer Army-Unterwäsche, grellfarbigen Hemden und einem herrlichen Wolljackett. Der Angestellte der Kleiderkammer fragte mich, woher ich käme und was ich tun würde. Ich erzählte ihm ein wenig mit Bitterkeit über meine

Russenzeit, worauf er mir eine Adresse gab, an die ich mich mit seiner Empfehlung wenden sollte. Man würde mir dort weiterhelfen. Er hatte mich in ein Büro des CIC (Counter Intelligence Corps) geschickt und wohl geglaubt, daß ich aufgrund meiner Erlebnisse ein geeigneter Mann für diese Organisation sein könnte. Er irrte sich gewaltig. Als ich merkte, worum es ging, überkam mich Zorn, dem ich auch deutlich Ausdruck verlieh, da ich mit den Russen als einem von Hitler verachteten und schwer mißhandelten Volk Solidarität empfand. Niemand sollte mich zurückbringen können in eine Welt des Hasses mit dem Bestreben, anderen zu schaden.

Nicht viel später entdeckte ich, daß meine »VVN« ebenfalls benutzt wurde, um politische Konfrontation voranzutreiben. Diese Vereinigung war nämlich schon seit 1945 kommunistisch gesteuert. Sofort setzte ich mich hin und schrieb einen flammenen Brief an den VVN-Vorsitzenden, dem ich gleichzeitig meinen Austritt erklärte. Das war im Herbst 1948. Kaum nach Berlin gekommen, erlebte ich am eigenen Leib die sich immer mehr entwickelnde Feindschaft zwischen Russen und Amerikanern. Es dauerte auch nur noch zwei Monate, und die Berlin-Krise führte zu der berüchtigten Sperre aller Zufahrtswege. Diese Berlin-Blockade ging ja in die Geschichte ein. In einer Anstrengung sondergleichen versuchten die Alliierten, sich den russischen Absichten zu widersetzen. Es war die »Luftbrücke«, die Westberlin und natürlich auch mich davor rettete, erneut unter russische Oberhoheit zu fallen.

Doch bevor die amerikanischen und englischen Flugzeuge pausenlos Lebensmittel nach Berlin einflogen und wir auf dem Schöneberger Rathausplatz gegen die russische Aggression protestierten, meldete ich mich am Konservatorium in Berlin zum Mu-

sikstudium an. Leider war — wie auch an der Hochschule für Musik — das Semester (bzw. Trimester)
schon in vollem Gang. Weil aber der Direktor des
damals noch von der Musikhochschule abgetrennten
Sternschen Konservatoriums ein alter Königsberger
war, der meine Eltern noch gut kannte — Professor
Heinz Thießen —, bekam ich eine Aufnahmezulas-
sung außerhalb des normalen Aufnahmeverfahrens.
Damit erhielt ich auch endlich den langersehnten offiziellen Zuzug nach Westberlin, wo ich bis dahin
illegal lebte. Meine Aufnahmeprüfung wurde von
Professor Thießen am Klavier begleitet — ich spielte
den ersten und zweiten Satz des Bruchschen Violin-
konzerts —, und kam in die Klasse von Professor
Lessmann, einer außergewöhnlichen Geigenbega-
bung, dem es aber etwas an Niveau fehlte. Doch
bewarb ich mich für das Sommersemester an die re-
nommiertere Hochschule für Musik, um dort nach
erfolgreicher Aufnahmeprüfung zu Rudi Schulz zu
kommen, dem Geiger, den ich von meinen Königsberger Kopfhörer-Radioerlebnissen kannte und so
verehrte. Ein eigenartiges Gefühl von wirkenden
Schicksalskräften überkam mich auch hier.

Inzwischen war Mutter nach Berlin gekommen
und fand eine Anzahl ehemaliger Königsberger, mit
denen sie Kontakt aufnahm. Sie konnte bei Künnekes unterkommen, die ihr ein Zimmer zur Verfügung stellten. Geheizt wurde mit kleinen Öfen —
sogenannten ›Kanonenöfen‹ —, die man überall dort
aufstellte, wo es vorher Zentralheizung gegeben hatte. Das Ofenrohr wurde einfach durch ein in die
Wand geschlagenes Loch nach außen geführt. Ganz
Berlin war voll mit aus den Wänden herausragenden
Ofenrohren. Wollte Mutter es warm haben, heizte
sie mit Briketts und Kohlen, die damals noch ratio-
niert waren.

Ich zog zu anderen Bekannten, der Familie Weise am Breitenbachplatz Nr. 12, die mich wie einen Sohn annahm. Frau Weise war eine geborene Eva Stern, ihr Vater ein bekannter Königsberger Arzt, der sich vor seiner Deportation das Leben nahm. Hausherr war Paulchen Weise, der dem Dirigenten Wilhelm Furtwängler so ähnlich sah, daß er oft verwechselt wurde. Ihre liebenswerte Tochter Andrea war siebzehn Jahre alt und hatte einen festen Freund. Dadurch wurde unsere Beziehung ein unbeschwertes, geschwisterliches Verhältnis. Bei ihnen verlebte ich eine schöne Jugend-, Studien- und Entwicklungszeit. Schön ist sicher nicht ein erschöpfender Begriff für den Zustand, in dem nicht nur tagtäglich Neues verarbeitet, sondern auch Versäumtes nachgeholt werden mußte. Mein Mangel an Allgemeinwissen, zeitgeschichtlicher Information, Verständnis für Politik und die damit verbundenen ideologischen Auseinandersetzungen zwangen mich, viel zu lesen, zu fragen und zu reden. Es gab damals eine sehr gute Zeitung im amerikanischen Sektor von Berlin, die »Neue Zeitung«, für die hochqualifizierte Köpfe schrieben, und genauso war der »Monat« ein höchst niveauvolles Magazin. In diesen Foren setzte man sich mit der Vergangenheit auseinander und versuchte, die Gegenwart zu verstehen. Mein Denken wurde von den beiden Blättern sehr beeinflußt. Leider gingen diese Publikationen später ein.

Für die meisten Menschen war nur der Wiederaufbau wichtig. Alle packten zu, arbeiteten fleißig, sehr fleißig und verdrängten dabei vieles. Mich bewegten aber Gedanken über die Phänomene Nationalsozialismus und Antisemitismus mit unverminderter Intensität. Zu viele Fragen waren offen geblieben. Gleichzeitig faszinierte mich Spinozas ›Ethik‹, und ich nannte mich fortan einen Spinozisten. Durch ihn wurde mein Gottes- und Menschenbild entscheidend beeinflußt. Spinoza definiert Gott im 14. und 15. Lehrsatz seiner »Ethik« (Teil I): »Außer Gott kann es keine Substanz geben und kann keine gedacht werden.« »Alles was ist, ist in Gott und nichts kann ohne Gott sein, noch begriffen werden.« Und im 43. Lehrsatz (Teil III) steht: »Haß wird durch Gegenhaß verstärkt, durch Liebe dagegen kann er getilgt werden.« Wie wahr ist das doch! Solche Sätze beantworteten manche Fragen, und wenn er weiter sagt, daß jeder Mensch durch Erkenntnisse, seiner ihm innewohnenden Vernunft Macht und Entscheidungskraft verleihen kann (Teil V), dann war das genauso wichtig.

Auf der Geige hatte ich im Verhältnis zu anderen Studenten sehr viel nachzuholen und übte bis zu zehn Stunden täglich. Heute weiß ich, daß unzählige Stunden mit nicht sehr sinnvollem Üben verbracht wurden, aber ich wollte durch Energie, Fleiß und Zielstrebigkeit mich meines privilegierten Schicksals eines ›Davongekommenen‹ würdig erweisen. Das ging übrigens vielen so.

Die Familie meines Schwagers lud Mutter und mich nach Edinburgh ein. Das langersehnte Wiedersehen mit Schwester Miriam, ihrem Mann und Nichte Barbara brachte die Begegnung zweier sich fremd gewordener Geschwister. Viele Jahre später, als wir uns dann besser verstanden, erzählte Miriam, wie absonderlich sie meine Briefe fand und daß sie Angst und Sorge vor diesem Wiedersehen hatte. In meinen Briefen mußten sich wohl irreale Vorstellungen von ihrem Leben und der englischen Freiheit zusammen mit Andeutungen von wiederum für sie völlig unverständlichen Russenerlebnissen vermischt haben. Die Realität aber war, daß sich Geschwister begegneten, die genau zehn Jahre lang durch eine so unterschiedliche Umwelt geprägt wurden, daß selbst ihr Lachen, Gestikulieren und Aussehen, worin sie einander so ähnlich waren, die entstandene Kluft nicht überbrücken konnten.

Miriams Mann Hans, ein Mathematiker und Kind Wiener Emigranten, gehörte zu einem Kreis ehrenwerter, in Schottland lebender Juden, deren Denken und Fühlen aus einer anderen Welt herrührte, und daß ich mich trotz großzügiger Gastfreundschaft entsetzlich unwohl fühlte, lag an diesen Unterschieden. Alle Vergnügungen, Gasthausbesuche, Stadtbummel, Schloßbesichtigungen, Gespräche, Witzeleien bereiteten mir Magendrücken. Mir war ständig, als ob mit frevelhaftem Müßiggang die so kostbare Lebenszeit vergeudet würde. Immer wieder flüchtete ich mich in eine Autogarage, in der ich so viel Geige üben durfte, wie ich wollte. Für mich war es ja das Wichtigste auf der Welt.

Unser aller Innenleben war mit so unterschiedlichen Bildern, Gefühlen, Erleiden und Gewohnheiten ausgefüllt, daß wir deutlich die Schwierigkeit gegenseitigen Verstehens spürten und resignierten, bevor ein Versuch in dieser Richtung unternommen wurde. Wie sich meine dreizehnjährige Schwester damals in der Fremde allein gefühlt haben mußte — erst im College, dann in Edinburgh —, wie die Liebe zu Hans sie wie ein Aschenputtel in erfolgreiche jüdische Emigrantenkreise hineinbrachte, wie sie ständig gezwungen war, sich anderen Lebensgewohnheiten und Denkweisen anzupassen, davon hatte ich nicht die geringste Ahnung. Immer völlig mittellos und auf Almosen angewiesen, litt ihr Selbstwertgefühl. Und als sie dann endlich studieren konnte und Erfolg hatte — der Dirigent Sir John Barbirolli wollte sie ins berühmte ›Hallé-Orchestra‹ aufnehmen —, wurde sie schwanger. Der schwer erkämpfte Wunschtraum von Selbständigkeit, Musik und Freiheit zerplatzte, und das Leben einer Frau und Mutter an der Seite eines erst langsam avancierenden Wissenschaftlers begann. Wir begriffen damals nicht einmal, daß — wie für mich, so auch für sie — die Musik und unsere Geigen immer Retter in seelischer Not waren und gerade deshalb die sofort verbindende Brücke hätten sein können.

Früher als geplant fuhr ich wieder nach Berlin zurück und kränkte dabei sicherlich Miriams Schwiegereltern, die Reise und Aufenthalt bezahlten. Heute schäme ich mich, daß ich Jahre gebraucht habe, um das Leben meiner Schwester begreifen zu können. Mein Unverständnis hat genauso lange gedauert, wie ich gebraucht habe, um mein eigenes Leben etwas distanzierter betrachten zu können.

Die Alliierten durchbrachen die russische Berlinblockade. Wir fuhren extra zum Flughafen Tempelhof, um die in ununterbrochener Folge landenden und aufsteigenden Transportflugzeuge zu sehen, welche Berlin mit allen nötigen Lebensmitteln und sonstigen Gütern versorgten. Es gab auch Lieferungen bereits verdorbener Nahrungsmittel, die man wahrscheinlich aus Lagern mit uralten Beständen herausgeholt hatte. Das alles hielt uns aber nicht davon ab, unser Leben zu genießen. Nur erschwerte mir zunehmend eine wachsende Scheu den Umgang mit anderen Menschen. Wurde ich eingeladen, war es mir unmöglich, entspannt und ungezwungen zu sein. Das wiederum belastete alle Beteiligten, und so lehnte ich Einladungen ab, übte stattdessen Geige und entwickelte Eigenbrödelei. Geplagt wurde ich vor allen Dingen durch den Teufel der Reflexion. Er entsprang der ständigen Sorge, wie andere auf mich reagieren würden.

Aber wie schon oft in meinem Leben, geschah im

rechten Moment das für mich Richtige: Andrea bekam Besuch von einer Schulfreundin – Hildegard.
Ich verliebte mich und fand in Hildegard einen ver-
ständnisvollen Menschen, der mit Zartheit und psy-
chologischer Klugheit begann, mich etwas abson-
derlichen Fremdling an die Hand zu nehmen und
ganz langsam nach und nach zum ›brauchbaren‹
Menschen werden zu lassen. 1950 heirateten wir.

Nachwehen

Das geliebte Geigenspiel wurde zum Beruf. Meine
Kinder kamen in die Welt. Freunde begleiteten. Alles, was schrecklich war, könnte allmählich im Vergessen versinken. Doch viele Begebenheiten beweisen, daß Erlebtes lebendig bleibt:

Warum regte ich mich so maßlos auf, wenn ich zu
spät zur U-Bahn kam und einen im Schalterhäuschen
mit Knipszange bewaffneten Beamten antraf – die
gab es damals noch. Ich war überzeugt, daß der Kerl
sich mit dem Lochen meiner Fahrkarte extra so lange
Zeit ließ, bis er sicher war, daß ich den am Bahnsteig
stehenden Zug nicht mehr erreichen würde. Ich
schimpfte ihn einen KZ-Wächter und verdammten
Nazi und konnte meinen Wutanfall nicht mehr
bremsen. Das gleiche passierte auf einer Behörde,
deren Beamter meine Angaben bezweifelte, weil ich
das Datum, an dem der Judenstern eingeführt wurde, falsch benannte.

Es gab einen Bekannten, der in jugendlichem Über-
mut Freude daran zu haben schien, in meinen Wunden herumzustochern. Das hörte sich dann so an:
»Der Herr X, der selber Jude ist, behauptet, daß sich
die Juden den Haß ihrer Umwelt selbst zuzuschrei-
ben haben. Was meinst du dazu?« Oder: »Herr Y,
der Sozialdemokrat ist, sagte, der Versailler Vertrag,
die Arbeitslosigkeit sowie der Einfluß der Juden
zwangen Hitler zu handeln.« Oder: »Die Grausamkeit der Russen und die Unmenschlichkeit der Luftangriffe auf die Zivilbevölkerung durch Amerikaner

und Engländer sind genauso schlimm.« Nach solchen Überraschungsangriffen ergötzte er sich dann an meiner damaligen Ungeschicklichkeit, seine Behauptungen nicht mit ein paar Sätzen widerlegen zu können. Wie sehr ich jedesmal darunter litt, konnte er sich nicht vorstellen.

Natürlich kann man das Böse nicht mit Bösem eliminieren, genauso wenig wie man Schwarz mit Schwarz auslöschen kann. Hitler war jedoch nur durch Gewalt zu besiegen. Nicht Feinde, sondern sein aus dem Machtrausch entstandener Größenwahn ließen ihn so handeln, wie er handelte. Gewiß kann keiner bestreiten, daß auch Juden Menschen sind. Aber für mich waren ›die Juden‹ Personen, die meine Kindheit behüteten, es waren meine Verwandten, Schulfreunde und Lehrer. Alles liebenswerte, höchst ehrenhafte, fleißige Menschen, die man grausam ›ausmerzte‹. Ich konnte sie nun nicht wieder ins Leben zurückrufen und denen, die niemals selber Juden kennengelernt hatten, vorstellen. Unerträglich waren mir deshalb Reden, bei denen das Schicksal dieser Armen wie teilweise selbstverschuldet hingestellt wurde. Ich erblaßte und fing zu stottern an. Anstatt die Packen der Vergangenheit allmählich abladen zu können, zwang man mich, mit Fakten und Argumenten das schlimme Geschehen überhaupt erst einmal nachzuweisen. Dann wollte jeder ausgerechnet durch mich von jeder Mitschuld freigesprochen werden, seine Rechtfertigungen bestätigt bekommen. Dabei mußte ich feststellen, daß das Tarnkappenreservoir der Selbstgerechten und Dünkelhaften unerschöpflich ist.

Bedauern und Trauer existierten in der Regel nur ichbezogen. Hatten doch die meisten selbst schlimme Verluste erlitten, Opfer gebracht. Welche von den Opfern Ursache und welche Folge waren, spielte keine Rolle mehr. Opfer war für sie Opfer, Leiden war Leiden. Man hat sich gegenseitig getötet und ist am Ende quitt. Schluß, aus. — Und das war noch die mildeste Form des Nichtverstehenwollens. Am liebsten versteckte ich mein Judesein, um nicht ständig ins Herz getroffen zu werden. Wenn ich es aber versteckte, erweckte gerade das wieder Schuldgefühle. Nicht zu beschreiben ist das wochenlang andauernde gallige Gefühl, wenn ich ausnahmsweise schwieg, wo ich hätte reden sollen, wo unmittelbarer Protest hätte erfolgen müssen und fehlende Gelegenheit, Mut, Kraft oder Zeit mich daran hinderten.

Immer öfter meldete sich in mir der Wunsch auszuwandern. 1956 fuhr ich endlich nach Israel — allein. Ich wollte mich umsehen und feststellen, ob es für mich und meine Familie eine Heimat werden könnte. Aber das war nicht möglich. Die Intoleranz der orthodoxen Juden hätte das Leben für meine christliche Frau und unsere Kinder zu dem gemacht, wozu das Leben der Juden in so vielen Ländern gemacht wurde. Der junge Staat wollte mit seinen Menschen endlich unter sich sein. Die arabischen Einwohner brachten schon genug Probleme. Für uns kam Israel als neue Heimat nicht in Frage.

Unser Häuschen war gemütlich und im Winter warm. Im Herbst wuchs sogar Wein um das selbstgebaute Terrassendach herum. Mich befriedigte meine Arbeit; ich spielte Violine mit ganzem Herzen und oftmals tiefer Ergriffenheit. Uns fehlte eigentlich nichts, was suchte ich denn anderes? Doch dann kam es wieder herauf und ließ sich nicht verdrängen. Träume quälten so sehr, daß ich auf Konzertreisen in Hotels immer Angst hatte, durch im Schlaf ausgestoßene Schreie, durch Rufen oder Reden meine

Kollegen zu beunruhigen und meine Probleme zu verraten.

Wie war das doch in Rothenstein, als ich Gott ewige Dankbarkeit und Genügsamkeit schwor, frische Meeresluft und geräucherten Fisch als das höchste Glück ersehnte? In welcher Beziehung stand mein jetziges Leben zu jenen Gedanken? Bedeutete mein Neuanfang, daß alte Gelübde überhaupt nichts mehr galten, daß der Anspruch meiner Schulfreunde auf irgendeine Art von Gerechtigkeit und Rehabilitation nicht mehr beachtet zu werden brauchte, nur weil sie tot waren? War die Ermahnung, dem Judentum treu zu bleiben, nur die Routine eines Rabbiners, und war die angesichts der leergebliebenen Plätze weinende Gemeinde eine phantastische Szene aus einer Tragödie — mehr nicht? Nein, nichts davon werde ich vergessen können. Aber es sind ganz allein meine persönlichen Wunden, und andere haben die ihren — und wer weiß, vielleicht noch schlimmere. Belasten wir uns nicht gegenseitig ständig weiter. — Nur, wo ziehe ich die Grenze — ich, wiederum ganz allein ich —, wenn ich mich und die Umgekommenen nicht verleugnen will. Ziehe ich die Grenze vor Lorenz und Globke? Oder doch lieber noch weiter dahinter, vor Eichmann und Himmler — Hitler? Oder überhaupt nicht mehr? Versöhnung, Vergebung und Neubeginn auch für die Mörder und ihre Befürworter?

Ein Gespräch

Wohl niemals mehr in meinem Leben wird die Erregung und das Herzklopfen verschwinden, wenn da irgendwo von ›Juden‹ geredet wird. Ist es die Angst, immer noch auf Haß und Verachtung zu stoßen oder ist es jedesmal die große Hoffnung, doch auf verständnisvolle und vorurteilsfreie Menschen zu treffen? Oft sprach man von ›den Juden‹. ›Die Juden‹ waren so oder so, taten dies oder das, wollten dies oder jenes, mußten also für alle, die so sprachen, etwas fundamental anderes sein. Etwas, was sie nicht nur ihres anderen Glaubens wegen unterschied (aus dem sich die emanzipierten Juden sowieso nicht mehr allzuviel machten). Wenn man sie aber von vornherein für etwas anderes hielt, was war denn nun so anders an ihnen? Kritisierte ich solche Reden, sah man mich mitleidig an, als wenn man sagen wollte: »Ach ja, du bist ja auch einer von ›denen‹.«

Es gab aber auch Freunde und viele junge Menschen, die sich mit lauterer Gesinnung bemühten, die Welt toleranter und friedlicher zu machen. Die Stunden mit ihnen waren immer wichtige Momente für mich. Bei den ersten Zusammenkünften − nach dem Krieg − saßen wir auf Kisten. Wir hatten kein Geld für Möbel und wuschen die Stoffwindeln unserer Kinder mit der Hand. Wirtschaftliche Erholung und Wiederaufbau kamen ja erst langsam in Gang. Je nach Nachfrage produzierte die Konsumgüterindustrie stoßwellenartig ihre Produkte. Die Radio-, Waschmaschinen- und Eisschrankwelle gab es erst viel später, und noch viel später das Fernsehen. Dafür besuchten wir uns oft und gern und diskutierten voller Lebendigkeit und manchmal beachtlichem Wissen über alle möglichen Themen. Ein solches Gespräch möchte ich frei rekonstruiert nacherzählen — auch wenn mir dabei bewußt ist, daß kurze Gespräche über den Antisemitismus einer so schwierigen Thematik niemals gerecht werden können:

V.: Animositäten haben immer Gründe!

M.: Meinst du etwa den Antisemitismus?

V.: Ja, auch.

S.: Sicher ist, daß man Animositäten nur überwinden wird, wenn man ihre Gründe erkennt.

K.: Es gibt aber manchmal so komplexe Gründe, von denen viele im Unterbewußtsein ruhen und sich einer nüchternen Betrachtung schon deshalb entziehen, weil man gar nicht weiß, daß sie überhaupt vorhanden sind.

M.: Ich glaube daran, daß es dem Menschen möglich ist, seine Animositäten und Beweggründe zu analysieren, wenn er sich nur ehrlich genug darum bemüht.

V.: Soll M. doch mal versuchen, den Antisemitismus zu erklären.

G.: Aber laßt dabei bitte die primitiven Gründe aus, wie: die Juden sind Mörder des Gottessohnes, an allem schuld, können hexen usw.

K.: Was heißt primitive Gründe? Sind religiöse Gründe primitive Gründe? Nichts sitzt mehr im Bewußtsein religiöser Menschen als ihre Religion.

M.: Die religiösen Gründe sind gewiß die Hauptursache. Geschichtlich erreichte die christliche Judenverfolgung ihren ersten Höhepunkt mit dem dritten und vierten Laterankonzil zur Zeit Papst Innozenz III. [1198 – 1216]. Man beschuldigte die Juden, mit den Ketzern verbündet zu sein, und erließ schlimme diskriminierende Gesetze. Das war, als das Papsttum seine in der Geschichte größte weltliche Macht erreichte, an der selbst das Kaisertum der Staufer zerbrach. Damals wurde Intoleranz Staatsdoktrin und zugleich das Wesen des Christentums — die christliche Nächstenliebe — der Machtgier geopfert. Es wurde den Christen verboten, Juden zu beschäftigen, für sie zu arbeiten, unter ihnen zu wohnen, und die Juden wurden von allen öffentlichen Ämtern ausgeschlossen. Damit jeder wußte, wer Jude war, wurden sie gezwungen, mit Abzeichen oder einem hohen, für alle sichtbaren Judenhut gekennzeichnet herumzulaufen. Von diesem Moment an waren Juden durch Staatsdoktrin entrechtete Außenseiter, was sie dann in graduellen Unterschieden bis in unser Jahrhundert hinein blieben. Jeder von uns weiß ja, daß Außenseiter immer leicht zu Sündenböcken gemacht werden.

K.: Daß die christliche Religion und die christliche Kultur jüdischen Ursprungs sind, störte die Nazis am meisten. Hitlers mißglückter Versuch, das ihnen verhaßte jüdische Erbe mittels Kirchenkampf, Auschwitz und wiederbelebtem Germanenkult abzuschütteln, stärkte am Ende jedoch wieder das Christentum und stärkte gleichzeitig den Willen der Juden, einen eigenen Staat zu gründen.

K.: Wie war es eigentlich in vorchristlicher Zeit?

M.: Die Heiden waren anderen Religionen gegenüber tolerant, wenn man ihre Riten nicht störte. In der Antike muß man leider die Juden als intolerant bezeichnen. Sie hatten einen ›eifersüchtigen‹ Gott — Jahwe. Juden durften anderen Göttern oder Kaisern keine religiöse Reverenz erweisen. Ganz hart steht das im 5. Buch Moses [Kapitel 17, Vers 2 – 7].

V.: Grund genug zum Antijudaismus damaliger Nichtjuden.

S.: Mit all diesen historischen Geschichten könnte man Vergangenes erklären. Heute gibt es aber jenen Einfluß der Kirche nicht mehr, und Juden sind in den meisten Ländern gleichberechtigte Bürger. Trotzdem kann man von einem nicht nur religiös motivierten Antisemitismus sprechen.

M.: Nicht religiös motivierter Antisemitismus entspringt in der Regel Angst- und Neidgefühlen; der Angst vor neuen Ideen und den Veränderungen, die sie bewirken (Marx, Freud, Schönberg, Einstein), sowie dem Neid auf eine Menschengruppe, die von Konventionen unabhängiger und erfolgreicher zu sein scheint.

G.: Es gibt ja nicht nur die russischen, amerikanischen, deutschen, jemenitischen Juden, sondern neben der ganzen Bandbreite menschlicher Charaktere auch die orthodoxen, freidenkenden, reichen, armen, klugen und primitiven. Übersehen werden darf nicht, daß die Juden untereinander stritten und sich heftig bekämpften; die orthodoxen, liberalen, freidenkenden und agnostischen Juden. Außerdem blickten polnische Juden auf litauische, russische auf polnische, und deutsche auf russische mit Geringschätzung herab. Man müßte erst einmal Eigenschaften finden, die alle Juden von Nichtjuden unterscheiden und nicht nur einige Besonderheiten einzelner sind, bevor man rationale Gründe für einen nicht religiös motivierten Antisemitismus geltend machen kann.

V.: Ich behaupte, es gibt einen jüdischen Gemeinschaftssinn, der wie in Klubs oder Sekten alle Mitglieder verbindet. Die Solidarität der aus gleichem Anlaß gefährdeten Menschen, die um vergangenes Leid wissen und sich um zukünftiges sorgen. Sie sind gewöhnt, rational zu denken; das wiederum befähigt sie, sich manchmal besser zu stellen als andere Gruppen. Amerika, das Land der gleichen Chancen für alle Einwanderer, beweist dies recht überzeugend. Außerdem sind Juden oft mit den sich bei allen Minderheiten ausbildenden Komplexen behaftet, und das ist ja von der Geltungssucht bis zur Überempfindlichkeit ein beachtlicher Katalog.

S.: Ist das zu widerlegen?

K.: Wenn überhaupt, gilt das nur für Minderheiten — also nicht für die in Palästina lebenden Menschen (Israelis).

M.: ... und sind nur als Pauschalbewertungen anzusehen.

K.: Warum sollen ausgerechnet Juden gewöhnt sein, rationaler zu denken?

G.: Weil es sich eine über Jahrtausende von der Vernichtung bedrohte Gruppe nicht leisten kann, die Realitäten falsch einzuschätzen, ohne dafür zu bezahlen — oft genug mit dem Leben. Sie mußten sich doch zu schützen versuchen, und die einzigen Trümpfe, die sie erwerben und ausspielen konnten, waren Wissen und allenfalls Geld. Es gab unter Juden kaum Analphabeten, denn es gehört zur Barmizwa des Dreizehnjährigen, daß er aus der Thora vorlesen kann.

S.: Ist Wissen und Geld nicht oft Kompensation, ein Mittel zur Erlangung größerer Sicherheit und sozialen Ansehens?

K.: Ja! Aber in dem Zusammenhang darf man nicht die vielen beruflichen Beschränkungen vergessen, denen sich Juden fügen mußten.

M.: Also werden die Menschen durch ihre Umwelt,

in der sie leben, geprägt — ob nun sozial, ethnisch, religiös, auch rassisch et cetera —, aber gleichzeitig wirken sie ebenfalls auf die sie prägende Umwelt. Dabei sind die Verknüpfungen von Ursachen und Wirkungen unendlich.

V.: Könnten nicht doch auch die Minderheiten für ihr Schicksal mitverantwortlich gemacht werden?

M.: Zu den unzähligen Verknüpfungen von Ursachen und Wirkungen kommt noch das in menschlichen Beziehungen entscheidend bestimmende Faktum Macht oder Ohnmacht, das ich ganz generell in seinen Auswirkungen auf das menschliche Verhalten an erste Stelle setze. Minderheiten sind in der Regel immer in der Situation des Schwächeren und damit des mehr Gefährdeten (von einigen typisch kolonialen Ausnahmen wie in Südafrika abgesehen). Und wie in der Politik oder in jedem Betrieb hat der Stärkere, der Mächtigere immer auch die Verantwortung für das Wohl der von ihm Abhängigen. Unter allen prägenden Ursachen haben Macht und Ohnmacht einen ganz besonderen Stellenwert und sind infolgedessen ein Thema für sich.

K.: Dann willst du sagen, Schuld trifft immer nur den Mächtigen?

M.: Ja, insofern, als die schlimme, große Schuld meistens als Folge des Machtmißbrauchs entsteht und der Mächtigere den größeren Spielraum zum Handeln hat. Wie z. B. Papst Innozenz III. und Hitler den Juden gegenüber.

V.: Aber immer noch könnte man sagen, daß die vorher erwähnten Besonderheiten der Juden antisemitische Reaktionen provozierten.

M.: Selbst wenn sie uns gelegentlich als begabter, reicher und empfindlicher erscheinen, anderes glauben und Solidarität üben, wären das doch keine

364

wirklich negativ zu nennenden Besonderheiten. Die Judenhasser haben Schlimmes erfunden oder aus Einzelfällen verallgemeinert. Offenbar gingen sie davon aus, daß, wenn sie Haß empfinden, ganz sicher auch negative Ursachen dafür vorhanden sein müssen. Untersuchungen und die Statistiken beweisen aber, daß alle Beschuldigungen der Nazis unrichtig waren. Die Kriminalität der Juden war zeitweise prozentual — je nach Verbrechensart — bis zu fünfmal geringer gewesen als bei der deutschen Bevölkerung. Nur, solche Zahlenbeispiele bewirken nichts, und Theodor Herzl — der Verfasser des »Judenstaats« und damit auch der Begründer des Zionismus — sagte zu einer ähnlichen Statistik: »Solcherlei Schriften, wie manch andere ›Abwehr‹, geht von dem Irrtum aus, daß sich der Antisemitismus vernünftig widerlegen lasse. Doch man haßt uns vermutlich ebensosehr wegen unserer Vorzüge wie wegen unserer Fehler.«

S.: Bei den Nazis handelte es sich ja um eine Ideologie, nach der die arische Rasse höherwertig sei und alle anderen Rassen — besonders eben die Juden, die man außerdem gar keine einheitliche Rasse nennen kann —, minderwertig. So minderwertig, daß sie entweder ›ausgemerzt‹ werden müßten oder aber gerade gut genug zum Sklaventum wären, wie z. B. die Slawen. Der Nationalsozialismus mit seiner Rassenideologie war eine der folgenschwersten Mißgeburten menschlichen Intellekts.

M.: ... und der Beweis dafür, daß sich Menschen zu herzlosen Monstern verwandeln können, wenn sie erst einmal dem Größenwahn verfallen sind.

V.: Ich wüßte nun gern, ob die angeführten Argumente ausreichen, um einen Haß zu erklären, der die unglaublichen Geschehnisse der Nazizeit möglich machte?

K.: Nein, und noch einmal, nein!

V.: So wäre dann unser Versuch, es doch zu tun, gescheitert.

M.: Wir wollten Animositäten ergründen. Wenn aber Animositäten durch Demagogie − religiöse oder politische − zu Haßgefühlen aufgeputscht werden, wird die Grenze zum Irrationalen und zum Wahnsinn überschritten. Das Irrationale und der Wahnsinn entziehen sich aber logischen Erklärungen.

S.: ... und das scheint mir das Fazit unseres Gesprächs zu sein.

Ganz sicher brachten solche Gespräche keine erschöpfende Analyse, jedoch halfen sie, über ein bestimmtes Problem größere Klarheit zu gewinnen und zu entdecken, wie weitverwurzelt die Ursachen eines Phänomens sein können.

Dieses ewige Einerseits und Andererseits! Wir machen die Bekanntschaft eines wirklich netten Menschen. In einem Nebensatz fällt die Erwähnung seiner Militärzeit in den Lichterfelder Kasernen in Berlin. Sofort denke ich: Waren die Lichterfelder Kasernen nicht die SS-Kasernen, in denen man Hitlers Gegner zu Hunderten erschoß?

Als ich Cousine Dorothea Wieck besuchte, erzählte sie — auf meinen Wunsch — über ihre Begegnungen mit Hitler. Da gab es pompöse Empfänge, zu denen die Parteiführer berühmte Künstler einluden, und Dorothea war einer der bekanntesten UFA-Stars. Hitler wünschte oder befahl, daß sie seine Tischdame sei. Dorothea meinte, daß ihr umkompliziertes Naturell Hitler auflockerte und ihr deshalb diese zweifelhafte Ehre zuteil wurde. Die Gespräche waren jedoch nichtssagend, und meistens unterhielten sie sich über die Nachteile und Probleme von berühmten Persönlichkeiten, die sich niemals mehr unbefangen, frei und anonym bewegen können. Er war eigentlich sehr charmant, erzählte sie!

Schwiegervater berichtete — mehrfach —, wie er jüdischen Wissenschaftlern rechtzeitig zur Emigration geraten hätte. Aber war nicht der Konzern, für den er damals arbeitete, mitverantwortlich für Hitlers Erfolge und seinen Handlungsspielraum? Auch von seinen Erfahrungen im KZ Buchenwald erzählte er. Nicht das von der SS bewachte — das haben die meisten Insassen nicht überlebt —, sondern das von den Russen geführte, nach der Kapitulation weiter unterhaltene KZ Buchenwald. Auch sie hatten es schlimm, und Schwiegervater organisierte Vorträge und Gottesdienste.

Endlos wäre der Katalog solcher Einerseits-Andererseits-Geschichten, und daß sie mich krank machten, behielt ich für mich. Geschichten von Offizieren, die sich weigerten (natürlich erst, als die Phase anfänglicher Siege vorbei war) weiterhin «des Teufels Generäle» zu sein; Geschichten von Widerstandskämpfern, die zuvor für Hitler votierten, dann aber scheiterten, als sie zu retten versuchten, was es noch zu retten gab, oder von ehemals verführten Hitlerjungen und Mädchen, die im Kriege als Befehlsverweigerer hingerichtet wurden.

Wo waren nur diejenigen, die sagten: »Weil ich damals das und jenes gemacht, geglaubt, gesagt, geschrieben habe, wurde ich mitschuldig an einer Entwicklung, die ich zutiefst bedaure. Auf Grund dieser Erfahrung werde ich besonders wachsam sein, damit Gleiches nicht wieder geschehen kann. Ich werde die Menschen immer wieder auf die tödliche Gefahr bestimmter Tendenzen hinweisen, die, obwohl heutzutage ganz anders gelagert, nach denselben Gesetzmäßigkeiten zu ähnlichen Geschehnissen führen können.« Bestimmt gab es auch sie in großer Zahl, nur ich traf sie so gut wie nie. Ich wäre ihnen so gerne um den Hals gefallen – in Gedanken zumindest. Stattdessen wurde überall fleißig vertuscht, verschwiegen, beschönigt, entschuldigt, beschuldigt und gerechtfertigt, und zwar so lange, bis die meisten selber glaubten, daß eigentlich alles ganz anders gewesen ist, als es wirklich war.

Der Entschluß auszuwandern hatte mehrere Gründe. Die 1961 gebaute, West-Berlin einschließende Mauer, war einer von ihnen. Einen anderen lieferte das auf meiner Asientournee mit dem Berliner

Kammerorchester entdeckte New Zealand. Ein bezauberndes Land. So viel unberührte Natur, wo gibt es das noch? Hinzu kam das Angebot der University of Auckland, ein Lehramt zu übernehmen, was neue Aufgaben und Verantwortung für die Ausbildung junger Menschen bedeutete. Auckland ist die größte Stadt New Zealands, umgeben von endlosen Meeren und herrlichen Stränden. Vulkanische Hügel und subtropische Vegetation lassen eine abwechslungsreiche, schöne Landschaft entstehen. Die klare, meistens windbewegte Luft ist immer erfrischend.

Zusammen mit meiner Familie verließ ich meine bisherige Heimat in dem sicheren Gefühl, eine bessere zu finden. Unter Heimat verstehe ich hier die menschliche, kulturelle Hülle, denn die ostpreußische Heimat hatte ich unwiederbringlich verloren. Vom großen Dampfer aus hafteten Blicke und Gedanken immerzu am fernen, ewig wie neu erscheinenden Horizont, an dem irgendwann ein Stück Land auftauchte, das wir zur neuen Heimat bestimmten. Jedoch werde ich schon bald die Heimat mit unseren Eltern vergleichen, die man auch nicht nach Belieben auswechseln kann. Nach sieben Jahren wußten wir es dann ganz genau: Die Wurzeln unseres Seins ließen sich nicht aus dem deutschen Grund herausreißen. Erst am anderen Ende der Welt kam uns die Bedeutung, die sie für die seelische Verfassung haben, schmerzlich zum Bewußtsein. Wünschen und Wollen konnte wenig bewirken. Die Nahrung für diese Wurzeln wurde uns auf einmal wichtiger als die Sonne auf dem Zitronenbaum und der Strand hinterm Haus. Es war, als ob mir eingebleut werden sollte, daß sich gewisse Werte nicht als Tauschobjekte mißbrauchen lassen. Die Heimat ist ohne Zweifel eines davon.

Merkwürdig war, daß sich gerade meine neuseeländische Kollegin als ausgepichte Antisemitin entpuppte. Zusammen spielten wir recht erfolgreich Kammermusik. Bei meinem unmittelbaren Vorgesetzten, dem Leiter der Fakultät, konnte ich eine ähnliche Grundhaltung auch keineswegs ausschließen. Um genau so etwas nicht wieder erleben zu müssen, war ich ans andere Ende der Welt gewandert. (Allerdings ist dieser Antisemitismus von zwei nach dem Krieg eingewanderten Engländern nicht etwa typisch für die Neuseeländer. Hilfsbereitere Menschen gibt es nirgendwo auf der Welt. Bemerkenswert ist dabei nur, daß ausgerechnet ich mit solchen Ausnahmen zusammengekoppelt wurde.)

Eine Vermutung, die ich immer schon hatte, wurde nach meiner neuseeländischen Fernflucht zur Gewißheit: Alle Menschen, ob Musiker oder Politiker, Deutsche oder Neuseeländer, Juden oder Christen, Verfolger oder Verfolgte, gleichen sich zum Erschrecken trotz unterschiedlicher Veranlagungen, Ideale und Konventionen. In allen von uns stecken die Potentiale sämtlicher Handlungsweisen, natürlich auch die aus dem Haß geborenen. Dazu kommen machtvolle Zwänge (Reaktionstriebe), die erst dann aktiv werden, wenn sich Menschen in ganz bestimmten Situationen befinden. Zum Beispiel die der unbeschränkten Machtbefugnis oder, im Gegensatz dazu, der ohnmächtigen Abhängigkeit. Besonders gefährlich ist dabei, daß die ängstliche Unterwürfigkeit der einen die Herrschlust der anderen triebhaft steigert — und umgekehrt. Liebenswert werden die Menschen immer erst durch ihre Befähigung zur Vernunft und durch die Möglichkeit, kraft Einsicht und Erkenntnis verhängnisvollen Zwängen und Tendenzen entgegenzuwirken — sich bewußt für die

Liebe zu entscheiden. Auf dieser der menschlichen Natur mitgegebenen Fähigkeit basiert meine ganze Hoffnung.

In Neuseeland schwächten sich die Gründe ab, derentwegen wir einst Deutschland verlassen hatten. Nicht daß uns ferngerückte Grausamkeit weniger grausam erschien. Aber war es nicht so, daß Hitler mich zum Juden, und Stalin dann zum Deutschen gebrandmarkt hatte? Kennzeichneten mich nicht auch die Jahre des mit den Ostpreußen geteilten Leids? Gewiß, nach allem, was geschah, bedrückt es mich, zum Volk der Täter und Opfer gleichzeitig zu gehören. Wenn man jedoch — wie ich — erlebt hat, wie schnell auch ganz normale Menschen — ja, eigentlich alle Menschen — zu Tätern oder Opfern werden können, dann sieht man voll Furcht immer gleich beide Möglichkeiten in jedem Menschen — unabhängig davon zu welcher Gemeinschaft er gerade gehört.

Die schwere Entscheidung einer Rückkehr wurde gefaßt. Im Musikerberuf ist es ja ein besonderes Risiko, mit vierzig Jahren wieder neu anfangen zu wollen. Meine Kinder mußten auch zum zweitenmal umgepflanzt werden. Inzwischen waren Thomas 17, Miriam 16, David 13 und Emanuel 9 Jahre alt geworden.

Spiegelbilder

Freude am Leben, an der Musik und allen schönen Dingen bestimmten das weitere Leben, wofür ich Gott — wem denn sonst? — aus vollem Herzen danke. Doch Entwicklungen verdüstern den Himmel: Entwicklungen, die an die Geschichte von den Fröschen erinnern, welche zwar sofort herausspringen, wirft man sie in heißes Wasser, die aber elendiglich sterben, wenn das Wasser ganz langsam aufgeheizt wird. Dann erkennen sie die Gefahr nicht. —

Bis zu welchem Ausmaß werden wir unsere Welt mit Chemikalien und radioaktiven Substanzen vergiften? Über die Irreversibilität mancher Schäden gibt es doch keine Zweifel.

Warum nur sammeln sich so viele Jugendliche um Menschen, die mit geballten Fäusten mehr ›Sicherheit‹, ›gerechte Grenzen‹ und ›Deutschland den Deutschen‹ fordern — und was meinen jene wirklich? Grenzkorrekturen durch Stärke? Gesetze gegen Minderheiten? Hat man denn schon vergessen, wie sich auch die Täter hinter tabuisierten Begriffen verbargen? Damals schrie man ›Vaterland‹ und überfiel Nachbarn, forderte ›Deutschtum‹ und vernichtete Kultur, verherrlichte den ›Arier‹ und mordete Millionen. —

Wie gleichen sich doch die Stufenleitern zum Unheil, auch wenn die Natur mit unerschöpflichem Erfindungsreichtum die Umstände variiert. Irgendwo grenzt immer eine Gruppe die andere aus, läßt es zu, daß latent vorhandene Animosität zu Feindschaft und Haß anwächst. Und daß eine nächste Katastrophe nur deshalb nicht stattfindet, weil die verfügbaren Waffen so furchtbar sind – wer ist sich da schon sicher. Hoffnung? Ja! Es gibt sie doch, die menschliche Vernunft. So lange das Ende offen ist, darf und sollte jeder von uns hoffen.

Wenn sich Kriegsgegner von gestern, nachdem sie inzwischen Freunde geworden sind, theatralisch die Hände reichen – mit den Soldatenfriedhöfen als Kulisse –, wird das weder den letzten Krieg ungeschehen machen noch den nächsten verhindern. Um den zu verhindern, müßten sich unbedingt die Kriegsgegner von morgen heute schon die Hände reichen, und zwar nicht nur für Fernsehkameras und Propagandazwecke. Die zur Versöhnung ausgestreckte Hand und die auf Versöhnung abzielenden Handlungen sowie der Verzicht auf Machtmißbrauch sind ja auch im täglichen Umgang der einzige Weg zum friedlichen Miteinander.

Emanuel bittet mich, bei der Beerdigungsfeierlichkeit für den Vater seines besten Freundes den langsamen Satz aus dem Mozart-Duo für Violine und Viola mit ihm zu spielen. Nach der Zeremonie in der Friedhofskapelle hängt sich plötzlich eine vielleicht zehnköpfige Gruppe von älteren, finster dreinblickenden Männern ihre Ritterkreuze um den Hals und marschiert dem Sarg voraus.

Wie viele Menschenleben haben diese Vereinsbrüder des Verstorbenen getötet, um sich ihre Auszeichnungen zu verdienen, auf die sie heute noch so stolz sind?

Bei der Arbeit des Dirigenten C. konnten wir aus nächster Nähe das Verhalten eines triebhaften, genialen Egozentrikers studieren wie auch das der von ihm dominierten Menschen. Da gebraucht C. seine durch Begabung und Willensstärke erworbene Macht recht skrupellos, und sogleich weckt er Angst und Bewunderung in den Gemütern der anderen. Diese Angst bewirkt aber in einer jedesmal aufs neue erschreckenden Weise die Umwandlung vieler in willfährige Diener, stumme Dulder und nur wenige Helden. Aber ganz besonders die willfährigen Diener sind dann die Ursache dafür, daß sich die Lust an der Macht zum rauschhaften Ichwahn steigern wird.

Wieder einmal bin ich auf einer Konzerttournee, und nach einer Zwischenlandung in Moskau und mehreren weiteren Flugstunden erkennen wir auf einmal die Küste und das weite Meer. Beim genaueren Hinschauen zeichnen sich − wie auf einer Landkarte − die deutlichen Umrisse der Kurischen Nehrung ab, und schon erfaßt mich ein Fiebern und Erschauern. Denn jetzt fliegen wir direkt über Königsberg hinweg, und meine Gedanken werden zurückgezogen in die frühe Kindheit und die unseligen Kriegs- und Nachkriegsjahre. Zehntausend Meter über Königsberg komme ich mir wie mein eigener Geist vor und möchte verstehen, was es mit dem Leben und dem persönlichen Schicksal auf sich hat. Da unten verlebte ich Jahre größter Not, und jetzt fliege ich luxuriös versorgt darüber hinweg, als sei alles nur ein Traum gewesen. In der Erinnerung suche ich nach Ahnungen, die mich damals die Zukunft vorausspüren ließen. Nichts dergleichen kann ich mir ins Gedächtnis rufen, während es Ahnungen bevorstehender Gefahr und unmittelbarer Not nahestehender Menschen zweifellos gab.

Nach Meinung der Zenmeister sind persönliche Erkenntnisse nicht fixierbar. Sie sind blitzartige Gewißheiten, die das Gedächtnis behüten muß. Für mich sind' Erkenntnisse auch Empfindungen. Ein deutliches Gefühl von dem ›Dahinterliegenden‹, das sich aber immer sträubt, durch Formulierungen vordergründig werden zu sollen. Schon sehr früh hat mich die Tatsache fasziniert, daß sich hinter allem, was wir wahrnehmen, immer noch anderes verbirgt, wie eine ständige Herausforderung.

Von dem anderen, dem Dahinterliegenden Kunde zu geben, in Tönen, Farben oder dichterischen Worten, scheint mir das zu sein, worum es allen ernstzunehmenden Künstlern im Grunde geht. Aber zu oft haben ihre Werke nur die Natur von Spiegeln. Steht doch der Spiegel schon seit Tausenden von Jahren als Symbol dafür, daß er nur wiedergibt, was ohnehin da ist. Unsichtbares sichtbar machen oder etwas selbst hinzufügen kann er nicht.

Wie stark Empfindungen sein können, die das in mir ›Dahinterliegende‹ offenbaren, erlebte ich während meiner zweiten Konzertreise durch Israel. Diesmal mit dem Radio-Sinfonieorchester Stuttgart, in das ich inzwischen übergewechselt war. Die Sonne schien, wie in Israel üblich, hell und warm. Wir hatten einen freien Vormittag, und so ging ich zur Klagemauer im jüdischen Teil des alten Jerusalem. Diese eindrucksvolle Mauer mit den großen rechteckigen Steinblöcken, denen Jahrtausende und menschliche Zerstörungswut kaum etwas anhaben konnten, ist Zeuge einer fernen Vergangenheit, über die wir sicherlich weniger wissen, als uns die Bibel glauben macht. Auf dem eingezäunten Steinboden dicht vor der nackten Mauer gab es ein Durcheinander schwarz gekleideter Männer. Einige beteten und verbeugten sich unablässig gemäß ihren Ritualen. Andere kamen oder gingen, während an einzelnen mehr im Vordergrund aufgestellten Tischen Feiern im kleineren Kreis abgehalten wurden. Es war Schabbat, und mehrere Jungen hatten ihre Barmizwa. Man konnte es den Dreizehnjährigen ansehen, daß sie die jüdische Gottesverlobung als wichtiges Ereignis empfanden. Ganz in meiner Nähe stand ein Junge, der mir in meinem damaligen Alter recht ähnlich gesehen hätte; er las (›leinte‹) vor meinen Augen seinen Thoraabschnitt. Die Thora lag auf einer schönen blauen Samtdecke. Dicht dabei standen der Rabbiner, ein Kantor und vielleicht Verwandte und Freunde. Alle waren eingehüllt in weiße Tallitim. Da geschah es: Gegen meinen Willen zerbrach die Distanz zwischen mir und jener Barmizwa. Ergriffen von dem Ernst des Jungen, verwandelte sich die Jerusalemer Realität in meine eigene Königsberger Vergangenheit. Jetzt war ich es, der vor der Thora stand, und als ob alle meine Freuden, Schmerzen, Zweifel, Erinnerungen zugleich über mich herfielen, brach es aus tiefstem Seelengrund mit solcher Kraft hervor, daß ich meine Fassung verlor. Die bitteren Tränen zeugten von den nicht geheilten Wunden — wurden zur quälenden Mahnung, nicht zu vergessen — oder waren gar ein mit Donnerkraft gesprochenes »Höre Michael, ›das Ewige‹ ist dein Gott, ›das Ewige‹ ist einzig!« — Ich weiß es nicht. —

In Israel organisieren Ruth Auerbach, früher Ulla Pik, und Tamar Peled, früher Hannelore Winterfeld, ein Treffen ehemaliger Schüler der jüdischen Schule von Königsberg. Viele von ihnen sind schon Mitte der dreißiger Jahre nach Israel ausgewandert. Das kleine gemütliche Wohnzimmer im Kibbuz Maagan-Michael ist mit Menschen angefüllt. Von mir möchten sie wissen, wie es damals zu Ende ging. Als wir neun ehemaligen Königsberger Schüler — von unseren Lebensgefährten begleitet — zu erzählen beginnen, entdecken wir einen Zufall. Es ist nämlich der 9. April, 6 Uhr. An diesem Tag zur gleichen Zeit unterschrieb der Königsberger Festungskommandant Lasch seine verspätete Kapitulation. Es war also die Todesstunde des preußischen Königsberg, welches wir und unsere Eltern so geliebt hatten und das unser aller Heimat war.

Das Zusammentreffen bewegt mich sehr, kommt mir unwirklich vor und ist viel zu kurz, um das zu erfahren, was ich wissen möchte, und zu erzählen, was alle hören wollen. Trotzdem sprechen wir von den Umständen, die in jedem einzelnen Fall dazu führten, daß wir überlebten, und erinnern uns derjenigen, die wir nur noch mit Namen nennen können. Ein Treffen nach fünfundvierzig bis fünfzig Jahren ist schon ein Wiedersehen am Ziel und wird zu einer Gedenkstunde an die Zurückgelassenen, ermordeten Verwandten, Freunde, Lehrer und Schulkameraden. —

Gewiß, immer am wichtigsten — wichtiger als alles andere — ist die Sorge um die Zukunft der Kinder und Enkelkinder und die ständige Erinnerung daran, daß wir ihre Lebensbedingungen schaffen, für die wir — ganz allein wir — die Verantwortung tragen. Aber eine Voraussetzung, dieser Verantwortung gerecht zu werden, ist das Wissen um das Geschehene und die Aufmerksamkeit für die Botschaft jener Toten, denen dieses Buch gewidmet ist.

Anhang

Zur 5. Auflage

Über 400 bewegende briefliche Reaktionen hat es gegeben. Einige ergänzten meinen Bericht durch wichtige Details. Die brutale, vernichtende Behandlung der ostpreußischen Bevölkerung, durch die russischen Eroberer, wurde immer wieder bestätigt. Zwei Mitschülerinnen meldeten sich, die ich für tot gehalten hatte. Hella Saß überlebte Theresienstadt, Auschwitz und ein Arbeitslager einer Zellstoff-Fabrik; Hella Markowsky durchlitt als Sternträgerin mit ihrer Schwester Rita ebenfalls die »Russenzeit«. Vater, Mutter und der jüngere Bruder kamen um. Hella und Rita verschlug es nach Kischinjew. Erst 1990 durften sie die inzwischen zerfallene Sowjet-Union verlassen. Hellas gutem Gedächtnis verdanke ich, daß die vielen Kinderköpfe auf den wenigen noch vorhandenen, vergilbten Schulfotos wieder Namen bekommen konnten. Von den Kindern meiner Klasse, die man abtransportierte, um sie dann zu ermorden, werden deshalb in dieser Auflage mehr Namen genannt. Ich bekam die damalige Transportbestätigung der Deutschen Reichsbahn zugeschickt, sowie die Kopie eines originalen Exekutionsberichts (Geheime Reichssache), ausgestellt von SS-Standartenführer Jäger. Es gab auch telefonische und briefliche Zeugenberichte derjenigen, die den Mördern zugeschaut hatten. Bei alledem übertrifft die Unfähigkeit der Worte, Unvorstellbares zu schildern, die Unfähigkeit der Seele, Unvorstellbares nachzuempfinden. So kann auch die fürchterlichste Tragödie bald zu Geschichte, und es können aus

Geschichte effektvolle Theaterstücke – Unterhaltung – werden.

Je mehr die weiterströmende Zeit den Abstand zum Geschehenen vergrößert, um so mehr geht Realität verloren. Die Natur will es wohl so. Real ist besonders der eigene Schmerz, die eigene Freude, der selbsterlebte Augenblick – wobei die Lebensfreude eifrig alle schmerzende Realität zu verdrängen sucht. Die schnelle Vergänglichkeit der Dinge macht ihr das leicht, so, als wenn wir darüber hinweggetäuscht werden sollten, daß Menschen auch sehr schlimme Geschöpfe sein können. Aber selbst Philosophie, die schönen Künste, Gebete und alle guten Handlungen der Welt, können das zu allen Zeiten durch Grausamkeit verursachte Leid nicht wieder ungeschehen machen. Mit Sorge beobachte ich, wie die Erinnerung an grausame Geschehnisse ganz schnell zu einer Art Gruseldroge wird, die die Medien zur Unterhaltung ihrer Konsumenten vertreiben. Damit begibt man sich aber der Chance, aus der Vergangenheit zu lernen. Was geschah – und geschieht – geschah und geschieht immer durch Menschen – Menschen wie wir sie sind – und es kann (konnte) sich alles wiederholen.

Nicht erst seit ich begreife, daß wir dabei sind unsere elementaren Lebensgrundlagen zu zerstören, erkannte ich, daß wir ein falsches Gottesbild und damit auch ein falsches Menschenbild haben. Es rächt sich jetzt, daß die Idee eines abstrakten Gottes die Natur entgöttlichte, wie es sich rächt, daß die Idee von der Gottesebenbildlichkeit des Menschen verhindert hat, uns selbst gegenüber viel kritischer zu sein, als wir das bisher waren.

Januar 1993

Ein Brief

1. Sept. 1987

Lieber Menachem, liebe Schoschana,

mit Eurer so schnellen und spontanen Reaktion auf mein Buchmanuskript, habt Ihr mir eine große Freude gemacht, wofür ich gar nicht genug danken kann. Schoschanas Komplimente taten gut und alle Korrekturen und Kommentare waren wichtig. Die größte Freude bereitete aber die Bezeichnung »Ein Requiem für eine zwar kleine, aber schöne Gemeinde.« Genau das sollte es sein. –

Menachem stellt aber auch einige Fragen nach meiner ›Identität‹ und ich gestehe, daß es mir nicht leicht fällt, sie zu beantworten. Ich muß mich dabei auf einen Standort begeben, den ich lange schon verlassen habe. Heute finde ich, daß eine bestimmte Identität immer auch eine geistige Uniform ist. Oft dienen Uniformen aber nur dem Zweck, Freund von Feind zu unterscheiden. Meine Feinde sind aber nicht mehr bestimmte Menschengruppen, sondern die allen Menschen innewohnenden destruktiven Veranlagungen. (Nachher möchte ich das zu erklären versuchen.)

Deine Frage lautete: »Ist der 1948 Stalin entkommene Michael nun ein entwurzelter Ostpreuße, jüdischer Konfession, mit allem, was während der Nazizeit damit verbunden war, oder ist er ein Jude, der jetzt seine wahre und endgültige Identität gefunden hat?« Ein entwurzelter Ostpreuße war ich vielleicht noch in Berlin. Da fühlte ich Sehnsucht nach der wunderschönen ostpreußischen Landschaft und dem

Meer. Die Stadt Königsberg war aber untergegangen. Ein Trümmerhaufen begrub Tragödien und Katastrophen, an die ich nur mit Schaudern denke, begrub auch die schönen Kindheitserinnerungen. Die Berliner Studienjahre danach empfand ich als Geschenk des Himmels – als Wiedergeburt. Wir waren damals so dankbar, zu den Überlebenden zu gehören. Diesen Dank richtete ich an die gleiche Adresse, an die ich mich auch in Zeiten großer Not gewandt hatte, und jener Adressat war schon längst nicht mehr nur ein Gott der Juden. Ich gebe zwar zu, daß das Barmizwa-Erlebnis an der Jerusalemer Klagemauer ein tief im Judentum verwurzeltes Herz offenbarte, aber meine Gedanken hatten mich weit fortgetragen, von vorgeschriebener Gläubigkeit, Regeln und Gebräuchen.

Mein Judesein beschäftigt mich zwar so lange wie ich denken kann. Heute aber weniger als früher, weil ich, wie schon angedeutet, andere Fragen wichtiger finde. Zum Beispiel die, ob nicht alle Menschen (egal welcher Rasse, Nationalität oder Religion) unheilvollen psychischen Mechanismen unterliegen, die – wie sollte es auch anders sein – genetischen Programmen entstammen. Mechanismen, die, sicher nicht nur in extremen Lebenssituationen, wie z. B. bei großer Machtbefugnis oder in angsterfüllter Existenznot, unsere Reaktionen bestimmen und das Fühlen, Denken und Handeln unheilvoll beeinflussen. (Mechanismen, von denen ich befürchte, daß sie sich in ihrer letzten Konsequenz gegen unseren Fortbestand richten.) Zu oft habe ich miterlebt, wie schnell Menschen dem Ichwahn verfallen, wie rücksichtslos egozentrisch sie Macht mißbrauchen und wie demgegenüber nicht nur die in ihrer Existenz Gefährdeten angstgelähmt ihre Fähigkeit zum Widerstand verlieren. Dabei sind beide Gruppen, wie überhaupt alle Menschen, durch gleiche Veranlagungen miteinander verwandt. Natürlich in mehr oder weniger unterschiedlicher Ausprägung. Zum Zeitpunkt der Eroberung Königsbergs erschreckten mich dann die schnellen Wechsel von Verhaltensweisen.

Als ob es ›Reaktionstriebe‹ gibt; durch bestimmte Situationen geweckte Triebe. Kaum hatten die Russen gesiegt und damit die Machtverhältnisse geändert, wurden die sich eben noch als Herrenmenschen gebärdenden Verfolger zu ängstlichen Kreaturen und die eben noch zitternden Verfolgten zu erbarmungslosen Verfolgern. Mit eigenen Augen sah ich, wie Nazis nach ihrer Gefangennahme zu jammernden devoten Bettlern und die befreiten Polen zu bösen Despoten wurden, die jeden Deutschen drangsalierten, ob Nazi oder nicht. Man kann das durch das Erlittene erklären, wenn ich nicht so fest davon überzeugt wäre, daß alle Menschen, je nach Situation, ihren Trieben, und eben jenen am Anfang erwähnten psychischen Mechanismen, erliegen – außer, wenn sie sich ihnen bewußt widersetzen. Leider ist es so, daß die ebenfalls einprogrammierte Bereitschaft zum Haß und zur Aggression immer genauso auf der Lauer liegt, wie der Ichwahn beim Mächtigen oder die Hemmungen beim Verängstigten. Warum wohl wiederholen sich die gleichen Geschehensabläufe in jeder x-beliebigen Menschengruppe? –

Intermezzo: Soeben beendete ich die Lektüre einer Biographie des 1933 von den Nazis ermordeten jüdischen Philosophen Theodor Lessing. Dabei bekam ich die Perfidie und erbarmungslose Herzlosigkeit der Antisemiten der 20er Jahre vor Augen geführt. Ich war auch deshalb besonders erschüttert, weil es doch zu jener Zeit Freiheit der Meinungsäußerungen und im großen ganzen auch Rechtstaatlichkeit gab. Alle meine Gedanken rebellieren angesichts soviel Infamie in sogenannten Friedenszeiten. Jene ausschließlich einseitige Verhetzung kam doch erst später, in der Nazizeit. Da möchte man fragen: Ist Deutschland tatsächlich ein Land, in dem die Menschen schlechter sind als in anderen Ländern? Ein Land, in dem die Menschen, wie eine bestimmte Hunderasse, böser und bissiger sind? Aber genau das weigere ich mich zu glauben, und zwar weil es ein biologischer Unfug wäre. Deutsche sind überhaupt keine Rasse. Sie sind Europäer, sind Menschen wie andere auch. Gibt es nicht Grausamkeiten überall, wo Menschen Macht mißbrauchen? Ohne Frage erreichte die Grausamkeit der Nazis einen nie dagewesenen Höhepunkt. Das darf uns Überlebenden aber nicht den Blick verstellen. Unvorstellbar grausam waren auch die Chinesen während der Kulturrevolution. Man spricht von 10 Millionen zu Tode gefolterten Menschen. In Rußland sollen 12 Millionen Beschuldigte (in der Stalinära) umgebracht worden sein. Als die Amerikaner die Atombombe auf die Zivilbevölkerung warfen, als sie Vietnam mit Napalm überschütteten, waren sie grausam. Als die Spanier im 15. Jahrhundert die Juden vertrieben, die Kirchenbeamte Diener der Inquisition waren, die Afrikaner Fehden austrugen – immer waren die Menschen unvorstellbar grausam. Ich muß aber gestehen: So kurz nach den uns allen doch noch gegenwärtigen Geschehnissen der 30er Jahre, nach Auschwitz, nach zwei Weltkriegen, erscheint mir der heute immer noch virulente Antisemitismus, Fremdenhaß und Militarismus wie der Ausdruck einer unbesiegbaren menschlichen Dummheit. Was kann man bloß dagegen tun, außer Erkenntnisstand und Kritikfähigkeit zu erweitern, niemand zu verteufeln oder zu idealisieren, jederzeit verständnis- und versöhnungsbereit zu sein, nur noch verantwortungsbewußt gegenüber künftigen Generationen und der lebenden Natur zu handeln? Welcher Menschengruppe wir angehören, welche Identität wir auch immer haben mögen, alle sitzen wir doch in einem Boot, leben wir auf unserer einen verletzlichen Welt, die wir nicht zerstören dürfen, die wir uns gemeinsam erhalten müssen. –

Lieber Menachem, liebe Schoschana, mein jüdisches Herz zuckt zusammen, wenn am Sederabend (und nicht nur am Sederabend) gebetet wird: »Herr schütte Deinen Zorn über unsere Feinde!«, wie es zusammenzuckt, wenn es heißt: »Asylanten raus!« Wehe uns allen, wenn Gott heute seinen Zorn – womöglich mit Giftgas und Atombomben – irgendwo auf dieser Welt ›verschüttet‹, und wehe uns, wenn wir den Bedürftigen nicht zu helfen bereit sind. Ganz schnell werden wir selber zu Bedürftigen werden.

Warum können so viele nicht begreifen, daß Kriegs- und Rachehandlungen immer nur Eskalation oder Chaos bringen, daß sie keine Probleme lösen oder Versöhnung herbeiführen. (Sich niemals zu verteidigen, meine ich damit nicht.) Aber das, was ich von anderen verlange, muß ich zuerst selber zu tun bereit sein. Ich denke an das Abgeben, Teilen, an das Aufeinanderzugehen, das Vergeben, wenn ehrliche Einsicht und Bedauern vorhanden sind. Ich bin nämlich zutiefst davon überzeugt, kein besserer Mensch zu sein als andere – und will ich Gutes bewirken, muß ich schwer an mir arbeiten. –

Diese Abschweifungen fand ich alle nötig, um Eure Frage nach meiner Identität zu beantworten. Neben einer orthodox jüdischen Erziehung, erfuhr ich ja – wie Ihr auch – eine kulturell deutsche. Nur mit dem kleinen Unterschied, daß ich damals durch den christlichen Vater vielleicht mit der einen Hälfte mehr ›deutsch‹ empfand, als mit der von den Nazis abgelehnten jüdischen. Aber eigentlich ist das nicht richtig, denn meine Mutter empfand sich als mindestens so deutsch, wie mein Vater. Wie nun der – Menachems Meinung nach – kritische Punkt erreicht wurde, nämlich als der Judenstern von den Kleidern verschwand, begann im russisch besetzten Königsberg eine Form des Überlebenskampfes, bei dem jeder Mensch zu einem um Nahrung kämpfenden Raubtier wurde. Du schreibst dazu treffend: »Ich erhielt den Eindruck, daß an dieser Wende der Verfasser beginnt, in immer steigendem Maße, sich mit seiner Umwelt zu identifizieren, und zwar viel mehr als die Zwangslage der Sicherung der nackten Existenz und das Schicksal, von den Russen nicht als Juden und Verfolgte des Regimes anerkannt zu werden, dies nötig machen.« Religiöse, nationale oder sonstige Gefühle wichen sofort dem nackten Selbsterhaltungstrieb. Ein solcher Zustand ist schwer vorstellbar, außer, wenn man das Bild eines untergehenden Schiffes zu Hilfe nimmt. Da würde niemand erwarten, daß auch nur einer der um ihr Leben losschwimmenden Passagiere an Vergangenheitsbewältigung oder an nationale, religiöse Unterschiede denkt. So war es bei mir zum Zeitpunkt als ich den Judenstern ablegte. »Aber als Du das rettende Ufer erreicht hattest, was war dann?« höre ich Euch fragen: Zweifel, ob das Judentum eine mich befriedigende Religion ist, hatte ich doch schon vorher, und die vielen christlichen Judenhasser machten mir ihre Religion schon fast zum Schreckgespenst. Ich muß aber zugeben, daß das damals – und sonst auch – so wenig praktizierte Postulat »Liebe«, auch in meinen Augen der einzige Schlüssel zum Frieden war, und sein wird. Es ist das kostbarste Gut, das Menschen besitzen. Geht es verloren, sind wir verloren. Sogar das »liebet eure Feinde« hat tiefen Sinn. Wie denn sonst sollten sich Teufelskreise von Haß und Gegenhaß, Aggression und Racheaggression auflösen?

Ja, Menachem, als ich mich damals wiederum in einer Gemeinschaft befand, die Schlimmes erdulden mußte, die ebenfalls ›ausgerottet‹ werden sollte, habe ich mich mit diesen Mißhandelten und Verhungernden identifiziert. Es waren nun Deutsche, die mir an der Schwelle des Todes mehrfach selbstlos halfen (im KZ Rothenstein zum Beispiel). Alle waren wir nur noch Kreaturen, die um ihr Überleben kämpften und darin unterschieden wir uns nicht mehr von irgend einer anderen Kreatur auf dieser Welt. Es konnte gut sein, daß der, der mir half, vorher ein Nazi war – ich fragte ihn nicht. Denn ich sah in allen Menschen nur noch die ›Opfer‹. Das verführte, das gehorchende, das leidende und sterbende Opfer. – Siehst Du nun darin einen Verrat an unseren Toten? Das ist jetzt meine Frage an Dich, an Euch.

Auch wenn ich kein richtiger Jude, kein Christ oder sonst etwas bin (vielleicht am ehesten noch Spinozist), ein fühlender und denkender Mensch bin ich gewiß und darin Milliarden anderen ähnlich und verwandt. Verwandt – wie schon gesagt – durch die gleichen verhängnisvollen Anfälligkeiten, Leidenschaften, Empfindungen und natürlich nicht zuletzt auch durch die Freude, die das Leben trotz allem bereit hält. Jedoch am nächsten verwandt fühle ich mich immer denen, die, wie ich einmal, unterdrückt und verfolgt werden, die schmerzerfüllt sind, die Leid erfuhren oder erfahren, die sich in Not befinden. Das sind unter anderen die verfolgten Juden und waren damals auch die deutschen Zivilisten unter der russischen Besatzung, auch wenn man hier sagen kann, daß es für all den Größenwahn und die furchtbaren Taten vorher, die unausbleibliche Konsequenz war.

Vielleicht versteht Ihr nun, warum ich glaube keine ›Identität‹ haben zu müssen´, nicht eindeutig zum Juden- oder Christentum, oder zu sonst einer Gruppe gehören zu müssen. Meine Identität ist ein Mensch unter Menschen zu sein – im erweiterten Sinn, ein Lebewesen unter Lebewesen, und im noch weiteren Sinn, ein winziges Teil eines unendlichen, unbegreiflichen Ganzen zu sein. –

Zu diesen Einsichten gelangte ich aber erst, nachdem ich bereits aus Deutschland ausgewandert war und sieben Jahre in Neuseeland vergeblich eine neue Heimat gesucht hatte. Selbstverständlich war es nicht ohne Bedeutung, daß wir inzwischen eine Familie wurden, deren einzelne Mitglieder das Wohl und die Bedürfnisse der anderen berücksichtigte. (Das darf aber nicht wie eine Entschuldigung klingen – wenn es auch eine wäre.)

Dein Eindruck stimmte – lieber Menachem –, ich versuchte damals und heute auch, trotz allem, was bis dahin geschehen war, über die Musik, zusammen mit einer entsetzten Jugend (die von den Geschehnissen erst hinterher erfuhr), mit sehr vielen Gutwilligen, ja, Wiedergutmachungswilligen, etwas Neues zu beginnen. Und was wir damals begannen, sah deshalb so vielversprechend aus, weil doch kein anderes Land so hautnah erlebte, wohin Haß, Diktatur und Rassenwahn führen. Damals hielt ich Deutschland gegen eine Wiederholung solch unheilvoller Entwicklung für immun auf Jahrhunderte. Darüber, daß die Hypothek der Täter und Gesinnungstäter erst allmählich abzutragen sein wird, waren wir uns völlig im klaren. – War auch das Verrat an unseren erbarmungslos ermordeten Verwandten und Freunden? Bitte gebt mir darauf Eure ehrliche Antwort – kein einerseits und andererseits! – Es ist sicher wahr, daß ich auf Grund meiner religiös unterschiedlichen Abstammung keine wirkliche Geborgenheit in irgend einem Schoß menschlicher Gemeinschaft gefunden habe (früher hat mir das gefehlt.) Heute suche ich sie nicht mehr und fühle mich gerade deshalb geistig unabhängiger. Und überhaupt –: Ob uns nicht erst die wahre Geborgenheit, der wahre Frieden, durch den uns allen gewisse Tod beschieden sein wird? –

Möge es Euch gut gehen. Mit Dankbarkeit, Sympathie und sehr herzlichen Grüßen

Michael

Reisebericht

1. Oktober 1992

Liebe Freunde,

Ziemlich benommen sind wir von den Eindrücken und Erlebnissen unseres Kaliningrad- (Königsberg) Besuchs zurückgekommen. Daß es die Stadt, in der wir unsere Kindheit verlebten, das ehrwürdige alte Königsberg, nicht mehr gibt, wußte ich. Schließlich haben die nach 1945 aus Königsberg Vertriebenen ein Trümmerfeld zurückgelassen, das nicht so aussah, als wenn dort jemals wieder ein Haus errichtet werden würde. Doch heute, 47 Jahre danach, steht nun eine andere, neue Stadt da, deren Häuser und Straßen zwar sehr reparaturbedürftig sind, die aber immerhin 400 000 Menschen Wohn- und Lebensmöglichkeiten zu geben scheint – Kaliningrad. Eine Stadt mit vielen schnellerrichteten »sozialistischen« Zweckbauten, wie man sie aus der ehemaligen Sowjetunion und ihren Satellitenstaaten her kennt, mit seelenlosen Plätzen, auf denen ein Lenin- oder Marx-Denkmal steht, mit eintönigen Straßen und vorwiegend dunkel gekleideten Menschen, die bei ihren täglichen Einkäufen nach Produkten herumsuchen müssen. Autos und Busse sind so ramponiert, daß man sich wundert, wie sie es noch schaffen, über das löchrige Straßenpflaster davonzuholpern. Und wer heute das Sagen hat, die Geschehnisse dieser sanierungsbedürftigen Stadt beeinflußt, ist genausowenig auszumachen wie ein bestimmtes Ziel, auf das gemeinschaftlich hingearbeitet wird.

Bedeutungsvoll ist sowohl die von Gräfin Dönhoff initiierte Wiederherstellung des eindrucksvollen, neugegossenen Kantdenkmals auf der einen Seite des Universitätsplatzes als auch der auf der anderen Platzseite gelegene General-Lasch-Bunker (Ort der am 9. April 1945 stattgefundenen Kapitulation. Heute Museum). Diese beiden sich gegenüberliegenden Gedenkstätten symbolisieren nämlich den ungewöhnlichen Höhepunkt, wie auch den absoluten Tiefpunkt einer städtischen Entwicklung. Selbst als die Russen Königsberg von 1758 bis 1762 besetzt hielten, hörten ihre Offiziere die Vorlesungen von Immanuel Kant und waren tief beeindruckt von dem Wissen dieses Königsbergers der über seine Stadt schrieb: » . . . eine solche Stadt, wie Königsberg am Pregelfluß, kann schon für einen schicklichen Platz zur Erweiterung sowohl der Menschenkenntnis als auch der Weltkenntnis genommen werden, wo diese auch ohne zu reisen erworben werden kann.« Königsberg war nach Berlin die wichtigste Stadt für »Aufklärung« und »Liberalität«, und nicht nur die Russen partizipierten damals an dem kulturellen und geistigen Leben.

Als Kommandant Lasch nach der Zerstörung und verlustreichen Eroberung Königsbergs kapitulierte (die russischen Kampftruppen hatten sich bis an seinen Bunker vorgekämpft), war das der Bankrott einer politischen Kraft, die in Deutschland jahrelang den Haß auf andere schürte und den Hochmut stärkte, den Krieg vorbereitete und mit imperialem Anspruch vom Zaun brach. Doch die Blumen, die russische Bewohner am Kantdenkmal und am Kantgrab niederlegen, gelten dem Menschen, der für ein vorurteilsfreies und friedliches Miteinander der Völker, weise, brauchbare und viel zu wenig beachtete Konzepte erdacht hat (man lese nur seine aktuelle und richtungsweisende kleine Schrift »Zum ewigen Frieden«).

Wer heute nach Kalinigrad fährt, darf nicht Königsberg zu finden hoffen. Königsberg überlebte den letzten Krieg leider nicht, wie es jemand formulierte. Diese Tatsache läßt mich mit großer Bitterkeit daran denken, daß Generäle, Beamte und ein ganzes Volk es nicht fertig gebracht hatten, sich einer Diktatorenclique zu entledigen, die ihren verbrecherischen Krieg für jeden erkennbar verloren hatten. Hätte der »20. Juli« zur Beendigung des Krieges geführt, wäre Königsberg unzerstört geblieben, die ostpreußische Bevölkerung nicht geflohen und die Voraussetzungen für eine russische Totalvereinnahmung der Stadt gar nicht vorhanden gewesen. –

Vereinzelt gibt es zwar Stellen und Gebäude, die an die Vergangenheit erinnern, aber diese Reste Königsberger Lebens sind wie Knochenfunde auf einem Friedhof, wobei für mich der erstaunlichste »Knochenfund« das inmitten einer völlig zerstörten Stadt unzerstört gebliebene jüdische Waisenhaus ist, in dem ich, nach der brutalen Schändung der großen schönen Synagoge der liberalen Juden (November 1938) in die Schule ging, um dort unter anderem die Schriften von Lessing, Goethe, Schiller und Shakespeare zu lesen, während draußen die Hitlerjungen mit Steinen warfen und »Juda verrecke« an die Schulwand malten. Wir begriffen nicht, warum damals dieser Haß auf uns Kinder, auf alle Nachbarvölker, auf alle Andersdenkenden von so vielen Erwachsenen ständig angeheizt wurde, aber wir begriffen schon, daß jede Form von Haß immer in Feindschaft, Herzlosigkeit und Vernichtung mündet, und jeder, der Haß schürt – welchen auch immer –, verantwortlich ist für die daraus entstehenden Handlungen. Die traurige Ruine des zerstörten

Doms ist heute die bedrückende, fast schon resignative Zeugin für den damaligen Haß und seine Folgen.

Wie leicht müßte es eigentlich sein, aus der Vergangenheit Lehren zu ziehen. Doch was gab es da für Äußerungen von einigen gleichaltrigen, DM-bewaffneten Ostpreußen, die mit uns ihre Heimat besuchten. Sie zeigten noch den verhängnisvollen Hochmut, und eine auf uns gemünzte antisemitische Bemerkung verriet die alten Vorurteile. Manche fühlten sich wie Gutsbesitzer auf Ferien, die nachsehen kamen, ob der eingesetzte Verwalter ihr Eigentum gut bestellt hat. Natürlich bestellt er es nicht so gut wie jemand, der seinen vererbbaren Besitz bestellt. Aber besser müßten sie es in jedem Fall machen. Jedoch ließ der Stoßseufzer einer alten Ostpreußin den Denkteufel aus dem Sack. Sie meinte, daß in dem momentanen Chaos dort doch nur ein Hitler helfen könnte. (Das hörte und erzählte die mit ihrem in Königsberg geborenen Mann extra aus Israel angereiste Frau F., die als Kind nachts aus der Grube gekrochen war, in die sie sich mit ihrem jüngeren Bruder hat fallen lassen, als man ihre Eltern und die anderen jüdischen Bewohner einer russischen Stadt an deren Rand aufgestellt und zu erschießen angefangen hatte.) Also ein neuer Hitler soll helfen! Ja, war es denn nicht Hitler gewesen, dem wir den Verlust und die Zerstörung Ostpreußens zu verdanken haben? Ich frage mich immer öfter traurig, ja verzweifelt, ob denn die über 50 Millionen im letzten Krieg umgekommenen Menschen umsonst gestorben sind, wenn so kurze Zeit danach – also heute – manche sich nicht mehr daran erinnern können, was die Ursache jener großen Katastrophe gewesen ist.

Ich möchte nicht ungerecht sein. Natürlich gibt es auch viele Touristen, die Kontakte mit den Menschen dort suchen und selbstlos helfen. Die Frau Prof. S. z. B., die mit einem Rucksack voller Hilfsgüter auf das Land hinausging, um sie den wirklich Armen und Bedürftigen zu geben, die es dort so zahlreich gibt, und die ein meist schweres Schicksal dorthin verschlagen hat (wenn sie nicht zu der bereits dort geborenen Generation gehören). Nicht vergessen werde ich besonders die herzliche Umarmung der Frau, die in unserer früheren, jetzt neuerrichteten Wohnung wohnt und uns ihre Lebensgeschichte erzählte – Vater und Brüder waren gefallen! Sie beschenkte uns mit Äpfeln und lud uns warmherzig ein, bei ihr zu wohnen.

Die Kaliningrader Schriftsteller, die mich in ihrem Verbandshaus zu treffen wünschten, schienen sich unschlüssig darüber zu sein, ob es besser ist, bezahlt und zensiert oder unbezahlt und unzensiert zu arbeiten. Sie erzählten von Begegnungen mit jungen Deutschen, die ihnen gesagt hatten, daß für sie Ostpreußen nicht zu Rußland gehört. Durch solche Äußerungen fühlen sich aber die heute dort Lebenden verunsichert und bedroht. Der entlassene Offizier, der von seiner Rente nicht leben kann, meinte im Fernsehen bitter und warnend, daß er nicht verlernen werde, mit einem Gewehr umzugehen. »Es braucht alles Zeit«, sagte Maxim, der russische Dolmetscher, und kann nicht benennen, was nun in der gebrauchten Zeit geschehen soll.

In einem russischen Fernsehinterview fällt die Frage, was ich empfehlen würde, damit Kaliningrad wieder eine Kulturstadt wird, vielleicht ähnlich, wie es Königsberg einmal war. Was antwortet man darauf? So lange der menschliche Geist sich so zeitraubend mit der Erhaltung der eigenen Existenz befassen muß, wird die Kraft und die Zeit für Musik, Literatur und Malerei beschränkt sein. Das war immer so. Und trotzdem war die Philharmonie voller Menschen, als wir Mozart, Schumann, Beethoven und Sarasate spielten, trotzdem lernen Kinder in der Städtischen Musikschule, und ihre Begabung war selbst auf den schlechten Instrumenten unverkennbar.

Eigentlich mag ich keine satten Verhältnisse, deshalb störte es mich nicht so sehr, wenn es im Hotel Kaliningrad durchregnete, der Fahrstuhl nicht fuhr, das Wasser zeitweise abgestellt wurde und nur selten warm war. Aber wenn dieser Zustand existiert, obwohl man Jahrzehnte immer schon nach besseren Verhältnissen gestrebt hat, überlegt man sich natürlich, was denn da nicht stimmt. Die Antwort ist für Tierhalter und Gärtner nichts Neues, denn wenn die Lebensbedingungen der pflanzlichen, tierischen oder menschlichen Natur nicht entsprechen, kann nichts gedeihen. Das Menschenbild der Kommunisten war so falsch wie die darauf aufbauenden gesellschaftlichen Strukturen. Man scheiterte an der Nichterfüllbarkeit der angestrebten Ideale.

Unser Besuch der Stätte, an der einst Königsberg stand, kam mir wie ein Fellini-Film vor, der ja irrationale Szenenwechsel liebt. Im Hotelrestaurant essen wir mehrgängige Mahlzeiten für 3 DM und weniger, und vor dem Hotel betteln Kinder, handeln Händler, winken Prostituierte, warten Taxifahrer. Vormittags arbeite ich mit der russischen Pianistin an den Schumann-, Mozart- und Beethovensonaten, nachmittags besuchen wir das ehemalige KZ Rothenstein, in dem die deutschen Zivilisten grausam gequält wurden. Abends singt uns der rührend aussehende jüdische Kinderchor tränentreibende Lieder vor, während meine Schwester mich daran erinnert, was man mit solchen Kindern vor 50 Jahren gemacht hat. Iwanow, der Kulturbürgermeister, erzählt, daß er sich noch gut erinnern kann, wie ich 1947 als Stehgeiger Tanzmusik spielte und er dazu getanzt hat. Alle diese Stimmungswechsel sind zu vehement, um leicht verkraftet zu werden.

Erst die Reise auf die Kurische Nehrung bringt etwas Ruhe, hauptsächlich durch die Landschaft, die uns als Kinder schon so entzückte. Der weiße Ostseestrand, die großen Sanddünen am Ufer des Haffs und die freundlichen Wälder waren noch fast unverändert, wenn auch die ehemaligen Fischerdörfer vielen Erholungsheimen weichen mußten. Eine Ruderbootfahrt auf dem stillen Haff, unter wolkenbewegtem Himmel, vor den in sonnigen Momenten hellgelb aufleuchtenden Sanddünen, stimmt versöhnlich und läßt auch glückliche Gefühle aufkommen. Daß uns abends einmal eine Elchkuh über den Weg lief und sich ca. 20 Schritte von der Fahrstraße entfernt filmen ließ, wirkte dann schon fast wie effekthascherische Inszenierung – oder war es womöglich ein wichtiger Appell einer selten gewordenen Tierart, sie bei unserem rücksichtslosen Wohlstandswettlauf nicht auch noch zu vernichten?

Liebe Freunde, unsere Stadt Königsberg wäre 1945 690 Jahre alt geworden. Überheblichkeit, Haß und Vernichtungswille verursachten ihren Untergang. So müßte das untergegangene Königsberg eigentlich zum brennenden Mahnmal für all das Schreckliche werden, was aus dem Haß herauswachsen kann – für die großen Gefahren, die alle die, die neuen Haß schüren (oftmals ohne sich dessen bewußt zu sein) wiederum heraufbeschwören. Ein Mahnmal, das zur mitmenschlichen Kooperation auffordern soll und all denen, die aggressive Parolen, wie »Verzicht ist Verrat«, oder »Ausländer raus«

denken, reden oder schreiben, die völkerentzweienden, möglicherweise katastrophalen Auswirkungen vor Augen führt.

Als wir nach Stuttgart zurückkamen, fühlten wir uns erst einmal wie befreit. Ständig Not zu sehen und nicht helfen zu können, ständig an die Vergangenheit erinnert zu werden, ohne daß die unmittelbare Zukunft hoffnungsvoll ist, kann man längere Zeit nur schwer ertragen. Die Aufbauleistung im Nachkriegsdeutschland wird einem allerdings besonders bewußt, aber die Sorge, daß man anfängt alte Fehler zu wiederholen, und daß Maßlosigkeit nach innen und außen das Erreichte wieder gefährdet, läßt mich nicht mehr los.

Es grüßt sehr herzlich

Michael Wieck

Zitierte Literatur

Major Kurt Dieckert / General Horst Grossmann: *Der Kampf um Ostpreußen*. Der umfassende Dokumentarbericht über das Kriegsgeschehen in Ostpreußen. 5. Aufl. Stuttgart: Motorbuch Verlag 1984. © Gräfe und Unzer Verlag, München.

Fritz Gause: *Königsberg in Preußen*. Die Geschichte einer europäischen Stadt. München: Gräfe und Unzer Verlag 1968.

Geliebtes Königsberg. Porträt einer Stadt. Hrsg. von Martin A. Borrmann. München: Gräfe und Unzer Verlag 1967.

Königsberg in Preußen. Werden und Wesen der östlichsten deutschen Großstadt. Hrsg. vom Magistrat der Stadt Königsberg. Königsberg 1924.

General Otto Lasch: *So fiel Königsberg*. Stuttgart: Motorbuch Verlag 1984. © Gräfe und Unzer Verlag, München.

Konrad Lorenz: *Durch Domestikation verursachte Störungen arteigenen Verhaltens*. In: Zeitschrift für angewandte Psychologie und Charakterkunde, Bd. 59, H. 1 u. 2 (1940).

Das Sonderrecht für die Juden im NS-Staat. Eine Sammlung der gesetzlichen Maßnahmen und Richtlinien − Inhalt und Bedeutung. Hrsg. von Joseph Walk. Heidelberg / Karlsruhe: C.F. Müller 1981. (Motive, Texte, Materialien, Bd. 14).

Wilhelm Starlinger: *Grenzen der Sowjetmacht.*
Würzburg: Holzner 1954.

Abdruck der Zitate aus Dieckert / Großmann: »Der
Kampf um Ostpreußen« und Otto Lasch: »So fiel
Königsberg« mit freundlicher Genehmigung des
Gräfe und Unzer Verlags, München.